Daniel Barenboim
DIE MUSIK – MEIN LEBEN

DANIEL BARENBOIM

DIE MUSIK – MEIN LEBEN

Herausgegeben von Michael Lewin
Überarbeitet von Phillip Huscher

Aus dem Englischen von Michael Lewin
und Matthias Arzberger

Ullstein

Die Kapitel: »Chicago«, »Berlin«, »Regisseure und Bayreuth«,
»Israel heute«, »Weimar«, »Musikalische Gedanken zum Schluss«,
»Anhang« sowie Teile des Nachworts »Zur Entstehung« hat
Matthias Arzberger übersetzt; alle anderen Kapitel sind von
Michael Lewin ins Deutsche übertragen worden.

Die Originalausgabe erschien 1991 unter dem Titel *A Life in Music*
bei Weidenfeld & Nicolson, einem Imprint von
The Orion Publishing Group Ltd., London
Die überarbeitete und erweiterte Originalausgabe erschien 2002
bei Weidenfeld & Nicolson Ltd., London

Ullstein Verlag
Ullstein ist ein Verlag des Verlagshauses Ullstein Heyne List GmbH & Co. KG

ISBN 3 550 07563 4

Copyright © 2002 by Daniel Barenboim
© der deutschsprachigen Ausgabe 2002
bei Ullstein Heyne List GmbH & Co. KG, München
Gesetzt aus der Sabon
Satz: LVD GmbH, Berlin
Druck und Bindung: Clausen & Bosse, Leck
Alle Rechte vorbehalten. Printed in Germany

Inhalt

Vorwort	7
Argentinien	9
Europäisches Intermezzo I	23
Israel	33
Europäisches Intermezzo II	43
Vom Kind zum Erwachsenen	71
England	102
Über Dirigieren und Kammermusik	118
Israel nach 1967	150
Als Liedbegleiter und Gastdirigent	161
Frankreich	176
Oper	197
Chicago	216
Berlin	230
Regisseure und Bayreuth	239
Israel heute	249
Weimar	258
Leben in Musik	269
Musik im Leben	277
Leben und Musik	287
Über Interpretation	296
Musikalische Gedanken zum Schluss	311
Anhang	332
Zur Entstehung	336
Personenregister	340

Vorwort

Biographien haben mich in meiner Jugend immer fasziniert. Ich verschlang eine nach der anderen – Biographien von Menschen, die ich bewunderte, und auch von Menschen, die ich nicht mochte oder die ich nicht kannte. Doch sosehr es mir damals auch gefallen hat, etwas über andere Menschen zu lesen, heute denke ich anders darüber und meine, dass das Privatleben eines Künstlers privat bleiben sollte. Nun gibt es aber offensichtlich einen Zusammenhang zwischen dem öffentlichen und dem privaten Leben – und trotzdem finde ich, dass diese beiden Bereiche auseinander gehalten werden müssen. Dies ist mir deutlich bewusst geworden während der schwersten Jahre meines Lebens, nämlich während der Krankheit meiner ersten Frau, als ich sehr empfindlich gegenüber Einmischungen in den privaten Bereich wurde. Es mag also verständlich sein, wenn der biographische Faden in diesem Buch nur in dem Maße vorhanden ist, wie der Zusammenhang von Musik und Leben hergestellt werden muss.

Ich habe oft bemerkt, dass die Musik in mir sogar in Situationen vorhanden ist, die weder direkt noch indirekt in Zusammenhang mit ihr stehen, und ich habe nie die Notwendigkeit verspürt, die Musik gleichsam zur Seite zu schieben, um etwas anderes tun zu können. Ich habe an vielen Dingen des Lebens Freude, aber in irgendeiner Form ist die Musik mein ständiger Begleiter. Das ist wahrscheinlich der Grund, warum es mir nie möglich war, mich in Worten so vollkommen auszudrücken wie in der Musik.

Und doch – obwohl ich nie die Notwendigkeit oder den

Wunsch verspürt habe, eine konventionelle Autobiographie zu schreiben – habe ich das Gefühl, dass ich über mein Leben sprechen sollte, weil Musik nicht nur eine Begleiterscheinung meines Lebens ist, sondern weil ich tatsächlich mein Leben in der Musik verbringe.

Es ist für mich selbstverständlich, dass ich in diesem Buch weder beabsichtige, über private oder persönliche Dinge zu sprechen, noch – nach mehr als fünfzig Jahren auf dem Podium – die Arroganz habe zu glauben, dass ich endgültige Aussagen über Musik und Musiker zu formulieren hätte. Ich habe versucht zu beschreiben, wie es ist, von der Musik besessen zu sein, und war neugierig darauf, dieser Besessenheit nachzugehen.

Argentinien

Meine Großeltern mütterlicher- wie väterlicherseits waren russische Juden. Anfang des 20. Jahrhunderts, als in Russland grausame Pogrome stattfanden, gingen sie nach Argentinien. Meine Großeltern mütterlicherseits waren noch sehr jung – meine Großmutter war vierzehn und mein Großvater sechzehn –, als sie sich auf dem Schiff dorthin begegneten. In Argentinien lebten sie dann in der Provinz, wo auch ihre sechs Kinder geboren wurden und zur Schule gingen. Meine Großmutter war seit ihrer frühesten Jugend eine glühende Zionistin. 1929 unternahm sie mit meiner Mutter, die damals siebzehn war, und ihren übrigen Kindern eine Reise nach Palästina. Es ist heute schwer vorstellbar, was es damals bedeutete, sich von Argentinien aus auf die Reise zu begeben, nur um das Heilige Land zu sehen. Die älteste Schwester meiner Mutter blieb dort und lebte bis zu ihrem Tod im späteren Israel.

Das gesellschaftliche Umfeld, in dem meine Großeltern lebten, war politisiert. Das Haus meiner Großmutter wurde ein Treffpunkt für Zionisten, man diskutierte zionistische Hoffnungen und Ziele und träumte von einem Staat Israel, dessen Fundament der zionistische Sozialismus – Mapai – bilden sollte. Das war kein Sozialismus im späteren sowjetischen Sinn, sondern eher in der westlichen Bedeutung des Wortes. Heute würde man ihn sozialdemokratisch nennen. Ich habe meine Großeltern mütterlicherseits noch sehr gut gekannt. Sie zogen 1952, also fast zur gleichen Zeit wie meine Eltern und ich, nach Israel. Zuerst lebten wir sogar in einer kleinen Wohnung zusammen, und wir standen uns während meiner Kindheit und Jugend sehr nahe.

Meine Großmutter väterlicherseits habe ich dagegen nie gekannt. Sie starb, bevor meine Eltern heirateten, und mein Großvater, ein Uhrmacher, starb, als ich vier oder fünf Jahre alt war. Ich kann mich also kaum an ihn erinnern, ich weiß nur, dass er – anders als die Eltern meiner Mutter – in jüdischen Angelegenheiten überhaupt nicht engagiert war. Meine Großeltern väterlicherseits kamen auch aus ganz anderen Verhältnissen, und doch hielten beide Familien zusammen. Mein Vater war, obwohl seit frühester Jugend leidenschaftlich an Musik interessiert, zeitlebens hin und her gerissen zwischen einer Karriere als Pianist und der Erhaltung der familiär gewachsenen Geschäftsbeziehungen. Als er in den 1930er Jahren das Angebot bekam, in den USA zu spielen, schlug er es aus, weil für ihn die Belange der Familie im Vordergrund standen.

Mein Vater hat sich für rein intellektuelle Dinge immer mehr interessiert als für realpolitische. Ich weiß, dass er Vorlesungen des Philosophen Ortega y Gasset in Buenos Aires besuchte. Er verkehrte mehr in intellektuellen Kreisen. Als meine Eltern einander begegneten und schließlich heirateten, eröffneten sich ihnen beiden neue Welten. Meine Mutter lernte eine intellektuelle Neugier kennen, die sie zu Hause nicht erfahren konnte, und mein Vater wurde zunehmend in jüdische Probleme involviert und sich seines Jüdischseins überhaupt stärker bewusst.

Ich glaube, Argentinien hatte zum letzten Mal in den 1930er Jahren so etwas wie eine demokratische Regierung. Dann kam Juan Perón, der den Grundstein für die chaotische jüngere Geschichte des Landes legte. Argentinien war damals ein sehr reiches Land und nahezu autark. Perón, ein begnadeter Demagoge, versuchte, es von einem Agrarland in ein Industrieland zu verwandeln. Durch finanzielle Unterstützung ermutigte er zahlreiche Menschen, die Dörfer zu verlassen und in die Städte zu ziehen. Heute lebt fast ein Drittel der Bevölkerung Argentiniens in Buenos Aires und den Städten der Umgebung.

In internationalen Fragen war Perón sehr geschickt. Er öffnete die Grenzen nicht nur für die jüdischen Opfer des Naziregimes, sondern auch für die Nazis selbst. Bariloche, der Süden Argentiniens, war eine Nazihochburg, und während der letzten Jahre des Zweiten Weltkrieges sah man nicht selten Leute, die ganz offen den Nazigruß austauschten.

Gleichzeitig akzeptierte man im Großen und Ganzen die jüdischen Immigranten und die jüdische Gemeinde. Ungefähr 700 000 Juden waren in Argentinien beheimatet, als ich dort lebte. Es war – nach der sowjetischen und der US-amerikanischen – die drittgrößte jüdische Gemeinde der Welt. Ich erinnere mich noch gut, dass der Oberrabbiner von Buenos Aires in engem Kontakt zu Peróns Regime stand; die gesellschaftlichen Kräfte wurden äußerst geschickt gesteuert. Perón übte eine sehr strenge Diktatur aus, aber es gab keinen Antisemitismus; zumindest bin ich ihm als Kind nie begegnet und habe ihn privat oder im öffentlichen Leben nie gespürt. Das Leben in der jüdischen Gemeinde selbst war gut organisiert und sehr offen. Ich ging später in eine jüdische Schule und in den jüdischen Sportklub der Maccabee.

Ich wurde am 15. November 1942 geboren. Damals, in den 1940er Jahren war Buenos Aires ein musikalisches Zentrum, was man heute leider nicht mehr sagen kann. Arturo Toscanini und Wilhelm Furtwängler kamen in die Stadt, der junge Herbert von Karajan und zuvor Richard Strauss. Und auch Wilhelm Backhaus, Walter Gieseking, Artur Rubinstein, Erich Kleiber und Claudio Arrau waren in Buenos Aires häufig zu Gast. Natürlich gab es zu dieser Zeit nur wenige Schallplatten – damals noch die 78er –, und so pflegten die Menschen zu Hause noch Kammermusik. Es gab eine deutsche und eine italienische Spielzeit im Teatro Colón und auch zahlreiche symphonische Konzerte. Eine meiner frühesten Erinnerungen an eine internationale Berühmtheit geht zurück ins Jahr 1949, als Adolf Busch Beethovens Violinkonzert spielte und Händels Concerti grossi mit einem Kammerorchester dirigierte. Ich ging zu vielen seiner Proben und spielte ihm auch vor.

Mein Vater hatte bei Vicente Scaramuzza, einem großen italienischen Musikpädagogen, Klavier studiert. Scaramuzza, der sehr alt wurde, unterrichtete sogar noch Martha Argerich, die dreißig Jahre jünger als mein Vater ist. Mein Vater spielte regelmäßig in Argentinien und gab auch zusammen mit anderen Konzerte. Aber seine wahre Leidenschaft war das Unterrichten, und deshalb versuchte er erst gar nicht, Konzertpianist im engeren Sinn zu werden. Eigentlich waren meine Eltern beide Klavierlehrer. Meine Mutter unterrichtete Kinder und Anfänger, mein Vater die Fortgeschrittenen – und so wusste ich, als ich klein war, dass jedes Mal, wenn die Türglocke läutete, jemand zur Klavierstunde kam. Ich wuchs in dem Glauben auf, dass alle Menschen Klavier spielen, und es dauerte lange, bis ich begriff, dass manche Menschen es nicht tun.

Als ich ungefähr vier Jahre alt war, gab mein Vater einige Konzerte zusammen mit einem Geiger. Oft übte er mit ihm in unserer Wohnung, und auf einmal wollte auch ich Geige lernen, damit ich mit meinem Vater spielen konnte. Ich war eher klein, und während meine Eltern begannen, nach einer Geige zu suchen, die die richtige Größe hatte, sah ich, wie mein Vater mit jemandem Duette auf zwei Klavieren spielte. Da begriff ich, dass ich auch so mit meinem Vater gemeinsam spielen konnte, und entschied mich nun doch für das Klavier. Ich war fünf Jahre alt, als ich mit dem Klavierspielen begann. Meine Mutter lehrte mich Noten lesen und gab mir die ersten Klavierstunden. Danach fing ich an, mit meinem Vater zu üben. Ich habe seit diesen frühen Jahren keinen anderen Lehrer gehabt, und die Basis meines Klavierspiels, die ich durch den Unterricht meines Vaters erhielt, ist mir bis heute geblieben.

Alle Musiker in Buenos Aires und jeder Musiker, der in Argentinien gastierte, besuchte Talcahuano Nr. 1257, das Haus der österreichisch-jüdischen Familie Ernesto Rosenthals, wo am Freitagabend Kammermusik gespielt wurde (Rosenthal selbst war Amateurgeiger). Dort hatte ich zwei Begegnungen, die mich entscheidend beeinflussten. Ich lernte Sergiu Celibidache kennen, dem ich vorspielte, als ich sieben oder acht Jahre alt war. Ich sah ihn dann später oft in Israel, wo ich, wann immer ich konnte, seine Proben und Konzerte besuchte, weil man unendlich viel von ihm lernen kann. Nach dieser Zeit in Israel sah ich ihn allerdings erst in den 1960er Jahren wieder. Meine erste Frau, Jacqueline du Pré, spielte mit ihm in Stockholm. Erst als er nach München ging und die Münchner Philharmoniker leitete, begann unsere regelmäßige Zusammenarbeit.

Die andere wichtige Begegnung im Hause Rosenthal war die mit Igor Markewitsch, dem russischen Dirigenten und Komponisten. Später sollte ich weniger Kontakt mit Markewitsch als mit Celibidache haben, aber damals, als ich neun Jahre alt war, sagte Markewitsch zu meinem Vater: »Ihr Sohn spielt wunderbar Klavier, aber an der Art, wie er spielt, kann ich hören, dass er in Wirklichkeit Dirigent ist.« Er hatte diesen Eindruck wohl deshalb gewonnen, weil mein Vater mich gelehrt hatte, so Klavier zu spielen, dass es wie ein Orchester klang.

Auf den ersten Blick ist das Klavier weit weniger interessant als andere Instrumente. Jedes Gewicht, das auf die Tasten niedergeht, erzeugt einen Ton, ob es Rubinsteins Finger, ein Aschenbecher oder ein Stein ist. Nur – der bloße Druck auf die Tasten produziert nicht notwendigerweise

13

einen interessanten Ton oder einen Ton von schöner Klangfarbe. Wenn man sich der Neutralität des Klaviers jedoch bewusst wird, erkennt man, dass ebendiese Neutralität dem Klavier so viele Ausdrucksmöglichkeiten bietet. Man könnte den Pianisten vergleichen mit einem Maler, der mit einer vollkommen weißen Wand konfrontiert wird. Die Wand an sich ist vielleicht weniger attraktiv als eine blaue oder eine grüne Wand, aber wenn man darauf malen möchte, bietet die weiße Fläche die größere Freiheit. Dies trifft für die Violine oder die Oboe nicht zu: Sie besitzen eine individuelle Färbung. Große Geiger müssen natürlich einen besonderen Ton haben; das Spiel von David Oistrach klingt anders als das von Isaac Stern. Dennoch ist es immer der Ton einer Violine. Was den neutralen Ton des Klaviers anbelangt, so produziert der Druck auf die Tasten den Ton, und deswegen ist das Klavier am Anfang zwar einfacher zu spielen, dafür jedoch auch weniger interessant. Ich glaube aber, dass das Klavier im Gegensatz zu allen anderen Instrumenten die Illusion anderer Töne hervorrufen kann. Das neutrale Klavier wurde für mich zu einer Art Schein-Orchester, und vielleicht war das der Grund, warum Markewitsch dachte, dass ich der geborene Dirigent sei. Auch machte mich mein Vater mit der Bedeutung von Rhythmus vertraut, die für einen Dirigenten unentbehrlich ist.

Es war Adolf Busch, der dann meine Eltern dazu ermutigte, mich öffentlich spielen zu lassen – ganz im Gegensatz zu dem, was er, wie man erzählte, dem jungen Yehudi Menuhin geraten hatte, nämlich nicht öffentlich aufzutreten, sondern sich zuerst auf sein Studium zu konzentrieren. Mir schien es ganz natürlich, auf ein Podium zu gehen und vor Publikum zu musizieren. Ich liebte es geradezu, für die Menschen zu spielen. An den Kammermusikabenden bei Rosenthals spielte ich gern für jeden, der bereit war zuzuhören, und die Leute waren immer neugierig, was ein Siebenjähriger vollbringen konnte. Im August 1950, also mit nur sieben Jahren, gab ich mein erstes öffentliches Konzert in Buenos Aires. Ich spielte viele verschiedene Stücke, unter anderem eins von Prokofjew.

Noch in Argentinien wurde ich eingeschult, später ging ich in Israel zur Schule. Selbst nachdem ich im Alter von dreizehn oder vierzehn Jahren angefangen hatte Konzerte zu spielen, machte ich keine langen Tourneen, sodass ich eine ganz normale Schulausbildung erhielt. War ich mitten im Schuljahr einmal fort, holte ich das versäumte Pensum nach. Rückblickend kann ich nicht sagen, dass ich durch meine Konzerte etwas von meiner Jugend oder meiner Schulzeit versäumt hätte. Die einzige negative Auswirkung, die diese Unterbrechungen meiner Schulzeit auf mich hatten, war eine gewisse Schwierigkeit, meine Arbeit zu organisieren und mich einer Disziplin unterzuordnen. Ich war und bin kein sehr disziplinierter Mensch. Ich pflegte eineinhalb bis zwei Stunden am Tag zu üben, aber einmal in der Woche durfte ich spielen, was ich wollte und so lange ich wollte. So konnte ich mein Blattspiel entwickeln und mir ein großes Repertoire aneignen.

Mein erstes Konzert mit Orchester spielte ich noch in Buenos Aires, als ich acht Jahre alt war. Es war Mozarts Klavierkonzert Nr. 23 in A-Dur (KV 488). Obwohl ich Mozart seit Beginn meines musikalischen Lebens gespielt hatte, war Beethoven damals der Komponist, der mir von allen am meisten bedeutete. Meine Großmutter, die nichts von Musik verstand, sagte immer: »Beethoven, pfui!«, und wenn ich mich, noch als Kind, ans Klavier setzte und spielte, sagte sie: »Jetzt spielst du wieder Beethoven!«

Als 1948 der Staat Israel gegründet wurde, beschlossen meine Eltern dorthin auszuwandern. Wir waren nicht gezwungen Argentinien zu verlassen, und der Grund für unseren Umzug war auch keineswegs Antisemitismus. Es war eine sehr bewusste Entscheidung für Israel, auch wenn es meinem Vater schwer fiel, Argentinien zu verlassen. Im Gegensatz zu meiner Mutter ist er kein enthusiastischer Zionist, und sein jüdisches und zionistisches Bewusstsein entwickelte sich erst relativ spät.

Mein Vater unterrichtete mich, bis ich ungefähr siebzehn war. Ich glaube heute, dass es ein großes Glück für mich war, dass ich nicht den Lehrer wechseln musste. Viele Instrumentalisten gehen von einem Lehrer zum anderen und lernen jedes Mal eine völlig andere Art zu spielen. Sie müssen vergessen, was ihnen vom früheren Lehrer erzählt worden ist, und sich einer neuen Methode anpassen. Das trifft oft auch auf die Technik zu; so sagen manche Lehrer, dass man mit einem hohen Handgelenk spielen soll, andere wieder, dass man mit einem tiefen Handgelenk spielen soll, mit flachen oder gewölbten Fingern. Alle diese Veränderungen beeinträchtigen die Unmittelbarkeit und Spontaneität im Vortrag.

Für mich war es ebenso natürlich, Klavier spielen zu lernen wie laufen zu lernen. Mein Vater war besessen von der Idee, dass alles natürlich sein muss. Ich wuchs mit der Überzeugung auf, dass es keine Trennung zwischen musikalischen und technischen Problemen gibt. Das war ein wesentlicher Teil seiner Philosophie. Ich musste nie Tonleitern oder Akkordzerlegungen üben. Der Unterricht meines Vaters basierte auf dem Glauben, dass es genug Tonleitern in Mozarts Klavierkonzerten gibt. Was ich brauchte, um meine Geschicklichkeit als Pianist zu entwickeln, wurde ausschließlich dadurch geübt, dass ich die jeweiligen Stücke spielte. Früh schon wurde mir der Grundsatz eingeschärft, nie auch nur eine einzige Note mechanisch zu spielen, und noch heute halte ich mich daran.

Ich begegne oft Musikern, die zuerst versuchen, bestimmte

Probleme auf eine technische, mechanische Art zu lösen, um dann das »Musikalische« hinzuzufügen – wie Schlagsahne auf eine Torte. Doch diese zwei Dinge – Technik und Interpretation – müssen von Anfang an miteinander verknüpft werden, weil die technischen Mittel, die eingesetzt werden, um gewisse physische Probleme zu überwinden, den Ausdruck beeinflussen.

Ich übe die technisch schwierigen Passagen immer zuerst – separat und langsam –, sodass ich lerne, sie zu beherrschen und zu phrasieren. Man muss der Versuchung, das richtige Tempo auszuprobieren, so lange widerstehen, bis man im langsameren Tempo perfekt ist. Eine technisch schwierige Passage muss langsamer gespielt werden, bis man sie beherrscht – aber mit dem richtigen musikalischen Ausdruck. Ich habe solche Passagen nie mechanisch gespielt in der Absicht, die Phrasierung später hinzuzufügen. Das Technische vom Ausdruck in der Musik zu trennen wäre gerade so, als wolle man Körper und Seele trennen.

Mein Vater legte auch großen Wert auf Polyphonie – auf die Unabhängigkeit der Stimmen – und ließ mich deshalb in meiner Kindheit viel Bach spielen. Man sollte Klavier nicht mit zwei Einheiten, also mit zwei Händen spielen, sondern entweder mit einer Einheit, bestehend aus zwei Händen – Liszt verwendete und komponierte Arpeggios und Passagen, die nahtlos von einer Hand in die andere übergehen, und zeigte uns damit, dass die zwei Hände eine Einheit sind –, oder mit zehn Einheiten, nämlich den unabhängigen Fingern. Der Idealfall ist wohl eine Kombination von beiden, aber die Hände sollten nie als zwei separate Einheiten betrachtet werden. Ich finde, es ist fast ein physisches Handicap, zwei Hände zu haben – für das Klavier hat es absolut keine Bedeutung.

Die Bedeutung des polyphonen Hörens und Spielens wurde mir sehr früh eingeimpft. Die Überzeugung meines

Vaters, dass alles ganz natürlich sein sollte, kam aus der humanistischen Tradition, dass ein gesunder Geist nur in einem gesunden Körper existiere. Er behauptete, dass die Art, wie man am Klavier sitzt, den geistigen Zustand andeutet, und bestand auf einer natürlichen Haltung, in einem Abstand, der es ermöglicht, das volle Gewicht auf die Tasten zu legen. Der Hocker sollte weder zu niedrig noch zu hoch sein, sodass der Rücken gerade blieb. Mein Vater wollte, dass ich so natürlich am Klavier sitze wie bei Tisch, weil Arme und Hände dann in natürlicher Haltung auf die Tasten sinken würden. Die Schultern sollten nicht hochgezogen werden, weil das Energie verschwendet, die man zum Spielen braucht. Wenn man gerade am Klavier sitzt und die Kraft aus den entspannten Schultern kommt, wird das Handgelenk zur natürlichen Verlängerung des Arms, und man erhält eine ununterbrochene Linie von der Schulter bis zur Fingerspitze. All das sind Grundsätze, die ich angenommen und später angewendet habe.

Das nächste Problem besteht darin, die Bewegung des Handgelenks zu kontrollieren und zu entscheiden, ob man mit flachen oder gebogenen Fingern spielt. Man könnte vielleicht das Handgelenk mit dem Bogen eines Streichinstruments vergleichen, der horizontal bewegt werden sollte, nie vertikal. Dies ist die wichtigste Voraussetzung, um legato zu spielen. Die Finger, nicht die Auf-und-ab-Bewegung des Handgelenks, sind verantwortlich für die Artikulation. Manche glauben, legato sei nichts anderes, als eine Note an die andere zu binden. Aber jede Note muss artikuliert sein, selbst im Legato. Hier kommt die Bedeutung von flachen oder gebogenen Fingern ins Spiel. Um die korrekte Haltung zu erlangen, kann man sich vorstellen, dass man einen kleinen Apfel in der Hand hält – alle Finger scheinen die gleiche Länge zu haben. Wenn man die Finger flach hält, ist der kleine Finger viel kürzer – es sei denn, man hat eine so ungewöhnliche Hand wie Rubinstein, dessen Finger alle mehr oder weniger die gleiche Länge hatten. Mein kleiner Finger ist nicht nur viel kürzer als die anderen, er biegt sich auch nach innen, doch wenn ich alle Finger leicht gebogen halte, sind sie fast gleich lang, und es ist viel leichter, das Gewicht und den Druck jedes einzelnen Fingers zu kontrollieren.

Klavier spielen und Musik sind nicht nur Teil meines Lebens, sie machen dessen Essenz aus. Sie sind ebenso wichtig für mich wie Essen und Trinken. Und obwohl Leiden und Leidenschaft eine große Rolle im musikalischen Ausdruck spielen, glaube ich, dass man ein normales, gesundes Leben führen und eine positive Einstellung zu den Dingen haben muss, um diese Gefühle ausdrücken zu können. Sind die eigenen Gefühle zu unmittelbar involviert, stellen sie sich einem in den Weg und verhindern, dass man expressive Qualitäten einer Musik zum Ausdruck bringen kann.

Um in Musik etwas ausdrücken zu können, ist es notwendig, eine gewisse Distanz einzunehmen und sich auf die Musik zu besinnen. Den leidenschaftlichsten Moment in *Tristan und Isolde* zum Beispiel kann man nur vermitteln, wenn man ihn bis zu einem gewissen Grad durchdacht hat. Nachdenken und Besinnung sind ebenso wichtig für einen Musiker wie die Fähigkeit zu leidenschaftlichem Einfühlen. Im Englischen gibt es einen deutlichen Unterschied zwischen dem Erinnerungsvermögen *(recollection)*, der Erinnerung *(remembrance)* und dem Gedächtnis *(memory)*. Sich zu besinnen und sich zu erinnern oder sich etwas ins Gedächtnis zu rufen sind zwei verschiedene Dinge, und in der Musik und im musikalischen Vortrag ist das ein wesentlicher Unterschied. Ein junger Mann ruft sich etwas ins Gedächtnis, und ein alter Mann erinnert sich. Das Gedächtnis ist etwas, das einem sofort zu Hilfe kommt, wohingegen die Erinnerung nur durch Nachdenken zustande kommen kann. Nachdenken ist eine Kunst, in der man sich eine gewisse Fertigkeit im Gebrauch von Illusion aneignen kann. Ein einfaches Beispiel: das Gefühl von Heimweh, obwohl man zu Hause ist. Das hat mit Nachdenken zu tun und nicht mit Gedächtnis. Das ist etwas sehr Wichtiges, und es verursacht den heutigen Interpreten eine Menge Probleme, da sie so viel Repertoire aus dem Gedächtnis spielen. Nachdenken erfordert eine ganz eigene Anstrengung. Alles im musikalischen Vortrag hängt vom Ausmaß dieses Sich-Besinnens ab. Mit anderen Worten: Selbst wenn man *Tristan und Isolde* auswendig gelernt hat und auswendig kennt und die weiß glühende Intensität der Musik fühlen kann, muss man fähig sein, sich auf diese Weißglut zu besinnen und nicht nur sie sich ins Gedächtnis zu rufen. Und jeder Vorstellung muss man die Summe dieser Momente des Sich-Besinnens aus den vorangegangenen hinzufügen.

Auswendig zu dirigieren heißt, wirklich jedes einzelne Detail, jede Note zu kennen und sich nicht auf das Orchester zu verlassen. Es genügt nicht, sich an die Noten zu erinnern, sondern auch daran, wie sie gespielt werden sollen. Das Gedächtnis allein, wenn die Unterstützung des Nachsinnens fehlt, wird unsicher und mechanisch. Die Fähigkeit, sich zu besinnen, ist die Voraussetzung aller Kreativität. Selbstverständlich muss man arbeiten, muss üben. Aber »üben« ist ein recht unmusikalisches Wort (ebenso wie das englische »*practising*«). Hingegen haben im Hebräischen die Worte Kunst, Üben und Glaube die gleiche Wurzel (לנלכ), und ich glaube nicht, dass das ein Zufall ist.

Jeder Mensch hat ein anderes Konzentrationsvermögen. Ich selbst halte keine strengen Regeln ein, wie acht Stunden am Tag üben oder nicht mehr als fünfundvierzig Minuten. Beide Extreme sind gleich unergiebig. Ich spiele nie auch nur eine einzige Note, wenn meine Konzentration nicht mehr voll da ist. Trotzdem zu üben würde bedeuten, in die Falle des mechanischen Spielens zu tappen. Viele Musiker üben viele Stunden aus nichtmusikalischen Gründen, zum Beispiel um ihr Selbstvertrauen zu fördern. Selbstvertrauen kann nur gewinnen, wer weiß, was er tut und wie er es tut. Für den, der sein Selbstvertrauen aufbauen muss, ist Musizieren nicht der richtige Weg. Die großen Komponisten – Beethoven, Wagner, Debussy, Boulez oder Mozart – brachten nicht ihre innersten Gefühle zu Papier, damit wir miserablen Pianisten daran unser Selbstvertrauen aufbauen. Selbstvertrauen hängt ab vom Charakter und der Fähigkeit, vernünftig zu denken. Wir können es nur stärken durch größeres Wissen und Einsicht, nie durch mechanische Wiederholung.

Ein Teil dieses Wissens oder dieser Einsicht kann vom Blattlesen kommen. Eine Technik, die man lernen kann. Ich verabscheue es, aus Bequemlichkeit zu sagen: »Ach, das ist zu schwierig, ich will mich damit nicht quälen.« Es ist nicht nur eine Frage der Geduld, sondern auch des Wissens um diese Schwierigkeiten, und es ist natürlich eine Frage der Übung. Wer sich regelmäßig damit beschäftigt, kann Blattlesen lernen, wenn der Geist, die Augen und die Finger sich daran gewöhnen, einen ganzen Ausschnitt eines Notensystems in einem zu erfassen. Dann kann er ins Detail gehen. Wer nur die Details sieht, kann nicht vom Blatt lesen. Genau definiert bedeutet Blattlesen: nach vorn zu schauen und mit Augen und Gedanken bei Takt fünf zu sein, wenn man Takt eins spielt.

Was mein Vater mir beigebracht hat, habe ich später weiterentwickelt, aber ich habe – nach mehr als fünfzig Jahren als Pianist – nichts von dem, was er mich gelehrt hat, vergessen oder wesentlich verändert. Also kann ich keineswegs behaupten, als Pianist Autodidakt zu sein. Dagegen habe ich als Dirigent meine eigenen Methoden entwickelt, auch wenn die musikalische Erziehung, die ich von meinem

Vater erhalten habe, mir ebenso geholfen hat wie der Einfluss vieler berühmter Musiker und der Umstand, dass ich seit frühster Kindheit große Dirigenten bei der Arbeit beobachten konnte.

Europäisches Intermezzo I

Im Juli 1952 kamen wir auf unserem Weg nach Israel auch durch Europa. Meine Familie wollte seit langem nach Israel. Der innigste Wunsch meiner Eltern war, dass ihr Sohn als Mitglied einer großen Gemeinschaft aufwachsen sollte, nicht als Teil der jüdischen Minderheit irgendwo in der Diaspora.

Als ich Markewitsch damals bei Rosenthal in Buenos Aires vorspielte, erzählte er meinen Eltern, dass es ein grundlegendes Rhythmusgefühl in meinem Spiel gebe, das er gern entwickeln würde. Er hatte das Gefühl, dass ich der geborene Dirigent war. Markewitsch besaß damals das, was man *folie de grandeur* nennen könnte. Er hatte seine eigene, sehr individuelle Art zu dirigieren und wollte eine Schule für Dirigenten eröffnen. Er sagte zu meinen Eltern: »Bringen Sie ihn nach Salzburg, und er kann im letzten Konzert der Dirigentenklasse der Sommerakademie mitwirken« – was ich dann auch tat, ich spielte Bachs d-Moll-Konzert. Und im Sommer 1952 besuchte ich seine Dirigentenklasse.

Wir flogen von Buenos Aires nach Rom und fuhren dann mit dem Zug nach Salzburg. Heutzutage wäre die Reise ganz einfach, ein vierzehn- oder fünfzehnstündiger Flug von Buenos Aires nach Rom, vielleicht eine, höchstens zwei Zwischenlandungen, und dann weiter mit dem Flugzeug von Rom nach Salzburg. Doch 1952 – als wäre der Umstand, Argentinien zu verlassen, nicht schwierig genug – dauerte die Reise zweiundfünfzig Stunden. Das Flugzeug landete, wenn ich mich nicht irre, in Montevideo, machte dann zwei Zwischenlandungen in Brasilien, eine in São

Paulo und eine in Recife, eine weitere auf einer Insel namens Isla del Sol, die zwischen Amerika und Afrika liegt, bevor wir dann nach Madrid weiterflogen und schließlich nach Rom kamen. Dort fuhren wir direkt vom Flughafen zum Bahnhof und nahmen den Zug nach Salzburg.

Ich war sehr aufgeregt, als ich meinen Fuß zum ersten Mal auf den Boden – nicht irgendeiner europäischen Stadt, sondern – dieser Stadt setzte. Die Mozart-Stadt Salzburg bedeutete mir als jungem Musiker sehr viel. Wir hatten privat Zimmer gemietet, da wir ziemlich lange in Salzburg bleiben wollten und unsere Finanzen es nicht erlaubten, in einem Hotel zu wohnen. Wir ließen unsere Sachen im Zimmer, machten uns frisch, zogen uns um und gingen zum Festspielhaus. Es war später Nachmittag; auf dem Weg besichtigten wir Mozarts Geburtshaus in der Getreidegasse und beobachteten die vielen Menschen, die ins Festspielhaus gingen. Zu dieser Zeit existierte das Große Festspielhaus noch nicht, nur die Felsenreitschule und das Kleine Festspielhaus. Ich weiß nicht, ob das Konzertpublikum damals schon so imponierend aussah wie heute. Ich kann mich aber auch nicht erinnern, dass es weniger elegante und gesellschaftlich weniger hoch gestellte Leute waren. Auf jeden Fall aber war es sehr beeindruckend, diese kleine Straße, die zum Festspielhaus führte, mit all den Menschen zu beobachten.

Meine Neugier war natürlich grenzenlos, und ich sah, dass an diesem Abend *Die Zauberflöte* gespielt wurde – dirigiert von Karl Böhm. Ich war noch nie in einer Oper gewesen, war schrecklich aufgeregt und wollte unbedingt hingehen. Es war natürlich unmöglich, Karten zu bekommen, aber ich sagte meiner Mutter, dass ich versuchen wollte, ohne Karte in den Zuschauerraum zu schlüpfen – ich war ein kleiner Junge, erst neun Jahre alt, und niemand würde mich bemerken. Das Problem war nur, wo ich meine Eltern, die viel zu gesetzestreu waren, um sich in die Vorstellung zu mogeln, nachher wieder finden würde. Sie sahen sich um und sagten mir, dass sie im Café Tomaselli, das man vom Festspielhaus zu Fuß erreichen kann, auf mich warten würden. Versteckt in der Menge, wo niemand mich beachtete, wartete ich, bis alle im Saal zu sein schienen, und öffnete dann eine Tür, die glücklicherweise in eine leere Loge führte. Ich setzte mich hin, es war sehr bequem, und ich fühlte mich außerordentlich glücklich und war stolz, dass ich es geschafft hatte, ohne Karte hineinzukommen. Ungeduldig wartete ich auf den Dirigenten und den Beginn der Vorstellung. Als er das Podium betrat, war ich überglücklich; alle applaudierten, und die Ouvertüre begann. Ich erinnere mich vielleicht an zehn oder zwanzig Takte – vermutlich hat mich dann die völlige Erschöpfung nach der Reise überwältigt, und die Aufregung war ja auch sehr groß, denn ich schlief sofort ein und hörte keinen einzigen Ton mehr, weder von der Ouvertüre noch von dem Gesang oder dem Dialog, die darauf folgten. Als ich aufwachte, bekam ich plötzlich schreckliche Angst. Ich hatte keine Ahnung, wo ich war; ich hörte, dass Musik gespielt wurde, und alle saßen und hörten zu, und für einen Moment hatte ich vergessen, wo meine Eltern waren. Und was tat ich, weit weg von meiner vertrauten Umgebung? Ich fing laut an zu weinen, woraufhin der Platzanweiser kam, mich sehr bestimmt aus der Loge entfernte und aus dem Festspielhaus warf. Nun erinnerte ich mich wieder, dass meine Eltern im Café Tomaselli saßen, und lief, immer noch weinend, zu ihnen. Aber in diesem Augenblick weinte ich wegen meiner Dummheit, weil ich nicht geistesgegenwärtig genug gewesen war zu erkennen, wo ich mich befand, nicht dageblieben war und zugehört hatte – und dann war es zu spät gewesen. Das war meine erste Begegnung mit einer Mozart-Oper, die nichts Gutes für die Zukunft zu verheißen schien.

Viele Jahre später, in den 1960er Jahren, trat ich bei den Salzburger Festspielen im Großen Festspielhaus auf, ich spielte Brahms' d-Moll-Konzert mit den Wiener Philharmonikern. Wieder dirigierte Karl Böhm. Ich war dumm genug, ihm diese Geschichte zu erzählen, weil ich dachte, er würde es amüsant finden, dass seine Opernvorstellung die erste gewesen war, die ich je besucht hatte und dass ich dabei eingeschlafen war. Aber ich glaube, er fühlte sich von meinem mangelnden musikalischen Geschmack fast schon beleidigt, und ich musste einsehen, dass sein Sinn für Humor wohl eher in der Musik als in solchen Situationen zu finden war.

Damals in Salzburg hatte ich meine erste Begegnung mit dem Schweizer Pianisten und Dirigenten Edwin Fischer. Ich spielte ihm vor und besuchte oft seinen Kurs als Zuhörer. Einige Jahre später hörte ich ihn mit dem Königlichen Dänischen Orchester während einer Tournee in Europa, als sie Mozarts Haffner-Symphonie, die Klavierkonzerte in c-Moll (KV 491) und Es-Dur (KV 482) und als Zugabe das Rondo in D-Dur spielten. Es war faszinierend für mich zu sehen, wie Fischer vom Klavier aus dirigierte – und wie er dirigierte.

Er war sehr freundlich zu mir, sehr liebenswürdig, und ich war begeistert von seiner Art, Musik zu machen. Ich erzählte ihm, dass es ein Traum von mir war, auch eines Tages Mozarts Konzerte vom Klavier aus zu dirigieren, und er sagte: »Wenn Sie die Mozart-Konzerte vom Klavier aus dirigieren wollen, müssen Sie zuerst lernen, unabhängig davon zu dirigieren. Sie können nicht einfach auf die Qualität des Orchesters vertrauen. Sie müssen sowohl spielen als auch dirigieren, und nur dann werden Sie eine Homogenität erreichen, die mit einem eigenen Dirigenten nicht so leicht erzielt werden kann.«

Fischer hatte zwei Fähigkeiten, die ich sehr bewunderte:

Er spielte das natürlichste Legato, das ich je bei einem Pianisten gehört habe. Er hatte die Fähigkeit, legato ohne Pedal zu spielen, was bedeutete, dass er es als zusätzliches Ausdrucksmittel einsetzen konnte. Ein Legato, das ohne Pedal gespielt wird, hat eine Direktheit und Klarheit der Artikulation, die sich sehr von einem Legato unterscheidet, das nur durch die Verwendung des Pedals erreicht wird. Und da war noch diese natürliche Leuchtkraft des Klanges, wenn er Akkorde spielte, wie zum Beispiel am Anfang des langsamen Satzes in Schuberts *Wandererfantasie*. Das war ganz wunderbar. Er spielte die Mozart-Konzerte genau so, wie sie gespielt werden sollten. Er brachte es zu einer Lebendigkeit in den schnellen Sätzen und einer Einfachheit und einem Ausdrucksreichtum in den langsamen, die ihresgleichen suchen. Ich höre fast nie Schallplatten, aber wenn ich ein Mozart-Konzert hören wollte, würde ich eine Aufnahme von Fischer wählen.

Der andere Komponist, dem er sich verbunden fühlte – und in diesem Punkt hat er mich stark beeinflusst –, war Bach. Fischers Aufnahmen des Wohltemperierten Klaviers und der Chromatischen Fantasie und Fuge sind bis heute unvergleichlich. In seiner Interpretation von Bach gab es etwas Ungehemmtes, eine außerordentliche Vitalität in den Fugen. Er gelang ihm, ein fast bäuerliches, plebejisches Element in Bachs rhythmische Struktur zu bringen.

Es ist sehr schade, dass Fischer viel besser im Konzert als in seinen Aufnahmen war. Vielleicht hat ihn die Studiosituation gehemmt. Es gibt überhaupt nur wenige Schallplatten von Fischer – insbesondere von ihm in seiner besten Form –, aber ich erinnere mich, wie sehr mich seine Aufnahme von Beethovens Fünftem Klavierkonzert mit Furtwängler beeindruckte. (Es gibt auch einige wenige, wirklich wunderbare Schallplatten, wo er nur dirigiert, darunter Haydns herrliche Symphonie Nr. 104 mit den Wiener Philharmonikern.) Ich besuchte Fischers letztes Konzert in Salzburg. Er spielte Beethovens Sonaten Opus 28, Opus 53 und Opus III und dann die Fantasie Opus 77 als Zugabe. Er hatte die wundervolle Gabe, alles improvisiert klingen zu lassen; es schien geradezu, als ob er sich etwas zurechtlegte, während er es spielte. Fischer war vielleicht kein großer Virtuose und versuchte auch nicht, einer zu sein; aber sein Spiel konnte atemberaubend sein, zum Beispiel im letzten Satz von Mozarts Klavierkonzert in Es-Dur (KV 482). Sein Spiel hatte eine natürliche Brillanz und Vitalität. Er war durch und durch Musiker und fähig, ein Orchester dazu zu bringen, so zu spielen, wie er es wollte.

Wenn man ein Land im Alter von neun Jahren verlässt, kann man nicht sagen, dass man dort aufgewachsen ist, doch viele meiner Denkgewohnheiten – ganz zu schweigen von den gastronomischen Vorlieben – wurden sehr früh gefestigt. Ich sprach nur Spanisch und ein bisschen Jiddisch, das ich von meiner Großmutter gelernt hatte. Viel später wurde mir bewusst, wie sehr ich von der argentinischen Mentalität und Sprache beeinflusst worden war und dass ich nicht den Wunsch verspürte, dies alles aus meinem Leben zu streichen. Meine Eltern dagegen – und ich lebte ja weiterhin bei ihnen, bis zu der Zeit, als ich ausschließlich allein zu reisen begann – waren ganz und gar von Argentinien geformt und geprägt.

Die argentinische Wesensart verdankt der europäischen Kultur sehr viel. Insbesondere der spanische Einfluss, diese besondere Gabe, das Leben zu genießen – eine sehr südländische oder besser gesagt mediterrane Eigenschaft –, ist sehr ausgeprägt. Bei all der Bewunderung und Liebe, die ich für viele andere Lebensweisen empfinde – für die angelsächsische oder die deutsche –, finde ich diese Fähigkeit, sehr einfachen Dingen, einem Mittagessen etwa, eine große Bedeutung beizumessen, überaus anziehend. Ich kann mit der amerikanischen Gewohnheit, nur einen Hamburger zwischen zwei Proben zu essen, nichts anfangen. In Argentinien genießt man ein anständiges Mittagessen mit einem guten Stück Fleisch. Ich sitze gern am Nachmittag in einem Café mit einer Tasse Kaffee und einer Zigarre. Ich kann die Notwendigkeit eines gelegentlichen *dolce far niente,* selbst während eines total ausgefüllten Tages, gut verstehen. Und ich identifiziere mich bis zu einem gewissen Grad mit diesem gänzlich spanischen Zug des Don Quijote – nicht, dass ich wie Don Quijote gegen Windmühlen kämpfen möchte, aber ich habe einen gewissen Respekt vor Dingen, die im Bereich der Phantasie liegen und von der Vorstellungskraft abhängen. Ich kann mich mit den Texten von Verdis Opern oder Mozarts Da-Ponte-Opern identifizieren, was ich vielleicht nicht gekonnt hätte, wenn ich in Wien, New York oder London aufgewachsen wäre. All das wurde besonders deutlich während meiner fünfzehnjährigen Arbeit in Paris, weil es eine gewisse Ähnlichkeit zwischen der spanischen und der französischen Mentalität gibt.

Eine der Schwierigkeiten des Lebens in Argentinien – und ich glaube nicht, dass das heute sehr viel anders ist – bestand darin, dass, auch wenn die europäische Kultur von vielen argentinischen Intellektuellen akzeptiert und angenommen wurde, die Argentinier als Nation einen leichten Minderwertigkeitskomplex hatten. (Ich bin mir bewusst, dass dies eine sehr starke Generalisierung ist.) Dieses Phänomen trifft übrigens auch auf die Australier zu, die die europäische Kultur und das europäische Denken angenommen haben, sich aber durch die geographische Entfernung zu Europa abgedrängt fühlen. Der Schock, zum ersten Mal als Kind nach Europa zu kommen, nach Salzburg, war eine besondere Erfahrung. Obwohl ich schon Musiker war und öffentlich gespielt hatte, war es ein wichtiges Ereignis für mich, Mozarts Geburtsort aufzusuchen – das Zentrum der Dinge.

Ich hatte eine ganze Menge über europäische Musik und europäische Traditionen gehört. Die Rosenthals zum Beispiel hatten ein Haus und führten ein Leben, das Anfang des 20. und während des 19. Jahrhunderts auch in Berlin und Wien durchaus üblich war; es wurde regelmäßig Hausmusik gespielt, begleitet von vielen interessanten Gesprächen. Österreichisches Essen war zum Beispiel etwas, das ich auf meine kindliche Art mit solchen Gelegenheiten assoziierte – bei Rosenthals gab es immer Apfelstrudel mit Schlagsahne. Für mich stand das in Verbindung mit Mozart, Schubert und Brahms – einfach zu der Kammermusik, die man an diesen Abenden spielte. Salzburg und das Leben dort waren also kein gänzlich unbekanntes Terrain für mich.

Essen ist überhaupt ein guter Indikator dafür, wie unsere Zivilisation sich entwickelt hat. In den 1950er Jahren, als ich nach England fuhr, war das Angebot an internationaler Küche sehr klein – es gab zum Beispiel nicht so viele italienische Restaurants in London wie heute. Es schien, als ob jedes Land großen Wert auf das nationale Erbe, die nationale Kultur und seine Nationalspeisen legte. Heute sind einem, wenn man zufällig in Buenos Aires oder in London geboren ist und im Alter von neun Jahren zum ersten Mal nach Italien fährt, Spaghetti nicht neu, weil es Hunderte italienische Restaurants in allen großen Städten gibt.

Wir blieben in Salzburg bis Ende August 1952. Dann fuhren wir weiter nach Wien, wo mein Vater an der Akademie einen Vortrag hielt. Ich spielte eine Reihe von Konzerten in Wien, unter anderem im Amerikanischen Institut, wo das Programm zur Hälfte amerikanischen Komponisten gewidmet war. Der Dirigent, mit dem ich spielen sollte, Heinrich Hollreiser, wurde im letzten Moment krank, und am Tag des Konzerts nahm ein sehr junger, damals unbekannter Dirigent seinen Platz ein, Michael Gielen.

Es war sonderbar, Wien als besetzte Stadt mit den vier Sektoren der Alliierten zu erleben. Ich erinnere mich, dass bestimmte Dinge verboten waren – etwa den russischen Sektor zu betreten –, aber als Kind konnte ich diese Dinge nicht begreifen, obwohl ich natürlich in gewisser Weise realisierte, dass es zum Beispiel einen politischen Unterschied zwischen dem sowjetischen und dem amerikanischen System gab. Ich wusste sehr wohl von Amerikas Beitrag in materieller, nicht politischer Hinsicht – überall in Wien gab es Coca-Cola. Die Russen waren damals schlauer: Sie schickten kein Coca-Cola, sondern David Oistrach! Sie wollten ihren Einfluss auf kulturellem Gebiet ausüben. Ich erkannte den Wunsch der Sowjetunion, kulturelle Kontakte zu schaffen und so das Leben in Österreich – und ich nehme an, auch in Deutschland – zu beeinflussen. Auf der anderen Seite kann die Bedeutung des amerikanischen Marshallplans für Europa natürlich nicht hoch genug geschätz werden.

Wir lebten in dem engen Verbund einer jüdischen Familie, und als ich Kind war, verkehrten wir entweder in jüdischen oder in Musikerkreisen. Doch es gab so viele jüdische Musiker, dass diese beiden Bereiche oft nicht zu trennen waren. Während ich mir in Argentinien keines jüdischen Problems bewusst gewesen war, begann ich es in Österreich zu spüren. Ich erinnere mich, dass mich österreichisch-jüdische Freunde irgendwohin in die Nähe von Salzburg mitgenommen hatten – ich glaube, es war Badgastein –, wo es einen großen Wasserfall gab, und mir erzählten, dass Juden während der Nazizeit dort hineingeworfen worden waren. Da bekam ich zum ersten Mal eine dunkle Ahnung von solchen Gräueltaten.

Als jüdischer Knabe in Wien konnte ich es dann nicht lassen, mich jedes Mal, wenn ich einem Nichtjuden begegnete, zu fragen, was er während des Krieges gemacht hatte. War er an der Ausrottung so vieler Juden aktiv oder passiv, einfach durch Billigung der Geschehnisse, beteiligt gewesen? Dieses Problem hatte es in Argentinien nicht gegeben. Natürlich war es für mich als Kind unmöglich, die volle Bedeutung des Holocaust zu verstehen, aber ich erinnere mich sehr deutlich, in welch hohem Maß mich die Geschichten beunruhigten, die ich hörte. Erst später konnte ich das ganze Grauen dieser Epoche richtig einschätzen. Aber schon damals hinterließen die Berichte einen tiefen Eindruck bei mir. Meine Eltern hatten natürlich über die Ereignisse in Europa gesprochen und mir erklärt, dass dies einer der Gründe gewesen war, warum sie nach Israel gehen wollten.

Von Wien fuhren wir nach Rom, wo ich im November oder Dezember ein Konzert gab. Damals wurde noch nicht auf Jahre hinaus geplant. Selbst der berühmteste Künstler spielte bis zum Ende der Saison im April oder Mai und machte dann Pläne für die nächste, die im Oktober oder November begann – abgesehen von einigen Festspielen wie Luzern, Salzburg und Edinburgh. In Rom spielte ich vielen Organisationen vor und wurde engagiert, für die Societá Filarmonica Romana zu spielen, deren Generalsekretär zu dieser Zeit Massimo Bogianckino war. Er wurde später Direktor der Opéra in Paris und danach Bürgermeister von Florenz. Doch diese Erfahrungen entstanden zufällig . Wir fuhren nur nach Rom, weil unser Flug nach Israel von hier aus startete – das war alles.

Israel

Die Gründung und Ausgestaltung des Staates Israel wurden vor allem von David Ben Gurion beeinflusst. In Israel war ein Jude nicht notwendigerweise aus der Diaspora und zumeist Akademiker oder Künstler; hier gab es auf einmal auch jüdische Bauern. Mit anderen Worten: Es fand eine Erweiterung des jüdischen Lebens statt, als Juden sich in einem Staat zusammenfanden, wo sie nicht mehr eine Minorität bildeten. Dieser Übergang wurde von der damaligen Bevölkerung – trotz des großen Unterschieds zwischen den europäischen Juden, den Juden aus den arabischen Ländern und jenen, die aus Süd- und Nordamerika kamen, und trotz der Grausamkeiten, die die jüdischen Bevölkerungen während des Zweiten Weltkriegs dezimiert hatten – auf bemerkenswerte Weise vollzogen. Dieser evolutionäre Prozess setzte sich bis 1967 ohne Unterbrechung fort.

Uns allen war bewusst, dass das jüdische Volk zum ersten Mal seit zweitausend Jahren in einem eigenen Staat lebte. Die jahrhundertealten Bedenken, wie Nichtjuden auf Juden reagieren würden, hatten ein Ende genommen, und die Notwendigkeit, sich nichtjüdischen Bräuchen anzupassen, war null und nichtig geworden. Dafür gab es aber ein gewichtiges europäisches kulturelles Element, und ich kam nur selten mit sephardischer Kultur in Berührung.

Die groß angelegte Immigration außereuropäischer Juden, die während der Zeit, als ich in Israel lebte, stattfand, brachte auch weniger gebildete Menschen nach Israel. Damals gab es dort einen großen Zustrom von Juden aus dem

Jemen, bekannt als der »Fliegende Teppich«, weil El-Al-Flugzeuge in den Jemen flogen und Juden von dort oder aus dem Irak holten. Die Frage, wie man sie integrieren konnte, wurde viel diskutiert. Ich kann mich noch an einen Jungen aus unserer Schule erinnern, der gerade aus dem Jemen gekommen war und nicht wusste, wie man eine Gabel benutzt. Diese Menschen waren nicht einmal mit den in unseren Augen elementarsten Dingen des Alltags vertraut.

Damals zählte für die Israelis nur das, was sie als wesentlich erachteten, alles Überflüssige wurde mit Missbilligung aufgenommen. Als wir uns den Jugendorganisationen anschlossen, entwickelten wir starke Ressentiments gegen alles, was wir für oberflächlich hielten. Ein Junge, der sich einen Oberlippenbart wachsen ließ, wurde zum Beispiel als bürgerlich angesehen; auf ein Mädchen, das Lippenstift verwendete, wurde herabgeblickt. Es war das erste Mal, dass ich eine Gesellschaft erlebte, die auf Idealismus aufgebaut war. Dies hatte großen Einfluss auf mein weiteres Leben; es beeinflusste meine Art zu denken und später meine Art, Musik zu machen. Ich kam aus einer ganz anderen Tradition, aus einem latinischen Land, wo die äußere Erscheinung wichtiger ist als alles andere. Die Argentinier legten großen Wert auf ihre Kleidung. Gute Umgangsformen waren äußerst wichtig in Argentinien, während solche Oberflächlichkeiten in Israel leidenschaftlich abgelehnt wurden. Das ging so weit, dass sogar so elementare Dinge wie Höflichkeit gering geschätzt wurden. Das war die weniger angenehme, weniger attraktive Seite des Lebens in Israel. Aber es war nicht ein Standpunkt des *je m'en fou;* es entstand aus einem gesunden Idealismus und einem positiven Denken.

Menschen außerhalb Israels tendierten noch immer dazu, die Juden so zu sehen, wie man sie aus der Diaspora kannte. Aber es war vieles anders geworden – Pioniergeist hatte die Menschen ergriffen, Leistungsbereitschaft und Zielstrebigkeit. Ich glaube, dass das wie auch die Bildung, die ich zu Hause erfuhr, die Grundlage für meine Erfolge war. Für mich als Musiker, also für jemanden, der unwillkürlich im Licht der Öffentlichkeit steht, war das sehr wichtig. Denn es bleibt immer die bange Frage: Werden sie mögen, was ich mache, oder werden sie es nicht mögen? Doch die positive Seite des – zwar nicht jüdischen, aber israelischen – Denkens in den 1950er Jahren bestätigte die Überzeugung von der Unabhängigkeit der Gedanken, von der auch unser Familienleben durchdrungen war. Heimat und Staat wurden zu einer Einheit, und ich hatte ein Gefühl von emotionaler Sicherheit, das mir sehr lange geblieben ist. Erst viel später, als ich versuchte, die persönlichen Probleme zu bewältigen, die durch Jacquelines Krankheit entstanden, wurde diese emotionale Stabilität von äußeren Kräften angegriffen.

Das Gefühl emotionaler Sicherheit und die ständige Beschäftigung mit dem Aufbau von etwas – einem selbst, der Gesellschaft, des Lebens und der Heimat – ließen die Israelis nach außen oft arrogant erscheinen. Manchmal zu Recht, denn – um es vorsichtig auszudrücken – ihr Benehmen grenzte an eine Art von Arroganz, die von der völligen Missachtung des guten Benehmens herrührte. Ich hoffe sehr, dass mir davon in der Hauptsache nur die positiven Seiten geblieben sind.

Als wir nach Israel gingen, musste ich mit dem gewaltigen Problem einer neuen Sprache fertig werden. Es war eine Sache, einige Sommermonate in Salzburg und Wien zu verbringen, aber eine ganz andere, im Dezember, mitten im Schuljahr in Israel anzukommen. Ich hatte schon ein halbes Schuljahr verloren, weil der Sommer in Europa in die Zeit des Winters in Argentinien fiel, und 1952 hatte das

Schuljahr in Argentinien für mich im März oder April angefangen und war dann im Juli mit unserer Abreise zu Ende gegangen. Mit der Schule in Israel zu beginnen, mitten im Schuljahr, zudem in einer Sprache, von der ich kein Wort verstand, ganz zu schweigen von dem hebräischen Alphabet, war – gelinde gesagt – alles andere als einfach.

Niemand in meiner Familie konnte Hebräisch, was beweist, dass unser Umzug nach Israel relativ schnell beschlossen wurde, höchstwahrscheinlich ausgelöst von Markewitschs Einladung, nach Salzburg zu kommen. Andernfalls hätte man mich sicher zuerst Hebräisch lernen lassen und mir den Schuleintritt mitten im Jahr erspart. Ansonsten fühlte ich mich gleich wohl und kam gut mit den anderen Kindern aus, aber die Sprache war ein großes Problem. Natürlich gab es in Israel viele Immigranten aus vielen verschiedenen Ländern, aber der große Zustrom aus Europa hatte bereits früher, um 1948, stattgefunden. Ich kann mich nicht mehr erinnern, ob es außer mir überhaupt andere Spanisch sprechende Kinder in meiner Schule gab.

Als der erste Schock vorüber war, passte ich mich den neuen Bedingungen, wie das bei Kindern so üblich ist, recht schnell an. Ich war nicht besonders zurückhaltend oder schüchtern und fand leicht Freunde. Auf Grund des Klimas verbrachten die Kinder den Großteil ihrer Freizeit draußen. Ich lernte Fußballspielen in den Straßen von Tel Aviv – heute etwas ganz Undenkbares; aber damals war Tel Aviv nur eine kleine Stadt. Abgesehen von der Zeit, die ich mit dem Klavier und der Schule verbrachte, spielte ich fast den ganzen Tag in den Straßen. Später schloss ich mich einigen Jugendgruppen an, aber damals spielte sich das Leben eines Jungen hauptsächlich auf der Straße ab. Die Probleme von heute, Drogen und Kriminalität, gab es nicht. Israel war das Zentrum des jüdischen Idealismus. Wir glaubten damals, dass gewisse Dinge den Juden nicht passieren konnten, solange sie in einem jüdischen Staat lebten. Sogar die Vorstellung, dass es jüdische Polizisten gab, war seltsam. In der Diaspora hatten viele Juden so genannte freie Berufe wie Arzt, Anwalt, Künstler, Schriftsteller oder Bankier, aber Begriffe wie jüdischer Polizist, jüdischer Soldat oder auch jüdischer Dieb – alle diese Anzeichen eines normalen Lebens waren neu in Israel. Damals schloss niemand sein Haus ab. Türen und Fenster waren offen, und die Leute verständigten sich durch Zurufen von einem Haus zum anderen über die engen Gassen hinweg.

Jeder hatte das Ziel, ein neues Leben, eine neue Heimat, eine neue Gesellschaft aufzubauen – diese Mischung aus zionistischen und sozialistischen Idealen war praktisch überall und immer anzutreffen, und jeder hatte eine sehr positive Lebenseinstellung. Ich erinnere mich, dass ich einige Jahre später in der Schule etwas über Auguste Comte und positivistisches Denken lernte, was eine intellektuelle Bestätigung der Art und Weise war, wie wir damals dachten und lebten. Wir wurden täglich mit der Tatsache konfrontiert, dass das Land eine Wüste gewesen war, und wir versuchten, es zu bewässern, Parks anzulegen und Häuser zu bauen. Solche kreativen Herausforderungen waren damals die treibende Kraft der israelischen Gesellschaft.

Zwischen Dezember 1952 und Sommer 1954 verließ ich Israel kein einziges Mal. Unsere ganze Familie – meine Eltern und meine Großeltern – lebte gemeinsam in einer Wohnung. Es war ein wirkliches Zuhause, und es gab außerhalb dieses Zuhauses nichts, was mein Gefühl der Sicherheit stören konnte. Zugleich reagierte ich in dieser Zeit auf alles, was Argentinien betraf, und überhaupt auf alles, was mit der Diaspora zusammenhing, fast allergisch. Für mich war das Vergangenheit, und ich wollte nichts darüber hören und auch kein Spanisch sprechen. Es war natürlich eine kindische Reaktion, aber für mich war nun Israel unser Land, unsere Gesellschaft und unsere Heimat.

Ich hatte das Glück, in meiner ersten israelischen Schule einen hervorragenden Direktor zu haben. Er half mir nicht nur, die Sprache zu erlernen, er war auch ein Verfechter der gleichen Werte, die mir im Elternhaus vermittelt wurden. Ich begann Englisch zu lernen – auch heute noch ist das die zweite Sprache in israelischen Schulen –, aber, und das ist von überragender Bedeutung, ich fing an, ein jüdisches Bewusstsein zu entwickeln. Dieses Bewusstsein unterschied sich von dem der Juden in der Diaspora, das daraus entstand, dass sie »anders« waren und dass sie von den Nichtjuden auch so empfunden wurden. Jüdisches Bewusstsein ist in Israel historisches Bewusstsein. Israel war in seinen Anfängen ein sehr weltlicher Staat, obwohl es immer orthodoxe Elemente gegeben hat. Die Bibel wurde als ein Teil unserer Geschichte studiert – als unser Erbe, etwas, das eng mit dem täglichen Leben verbunden war. Feiertage wie das Passahfest, ja eigentlich alle jüdischen Feiertage sind in Wirklichkeit eher historische als religiöse Ereignisse. Die jüdische Vergangenheit – die Vergangenheit vieler Jahrtausende – wurde uns in der Schule als etwas beigebracht, das noch sehr lebendig ist. Dies unterschied sich deutlich von der Art, wie Geschichte, auch heute noch, etwa in Frankreich oder in den USA gelehrt wird – man erfährt etwas über Karl den Großen oder die amerikanische Revolution auf eine Weise, als wären es Dinge, die nur einen sehr geringen oder gar keinen Bezug zur Gegenwart haben. Ich finde, das, was man in der Schule lernt, sollte immer einen Bezug zu unserem heutigen Leben haben. Unser Instinkt, Analogien herzustellen, sollte trainiert werden, und wir sollten das, was wir in einem Fach lernen, auch in einem anderen anwenden.

Das Gefühl der Bedeutung von Geschichte war sehr stark

in Israel. Ich wurde mir dessen bewusst, als ich begann, Opern zu studieren, und das, was auf der Bühne stattfand, irgendeinen Bezug zum aktuellen Leben haben sollte. Ich versuchte ganz bewusst, die Verbindung zwischen Geschichte und Alltag in Opernvorstellungen einzubringen; aber auch in der absoluten Musik – symphonischer Musik, Klaviermusik oder Kammermusik – ist dieses Erkennen, dass hier etwas vor zweihundert Jahren geschrieben wurde, was heute noch relevant ist, von großer Bedeutung. Die Erkenntnis, dass die jüdische Geschichte eine aktive Rolle im heutigen Leben spielt, hat mir geholfen einzusehen, dass jedes große Musikstück zwei Seiten hat: eine, die sich auf die Entstehungsperiode bezieht, und eine für die Ewigkeit. Aus diesem Grund hält unser Interesse für Musik, die vor zwei oder drei Jahrhunderten komponiert wurde, bis heute an.

Während meiner Schulzeit begann ich mich für Philosophie zu interessieren. Ich las viel von Spinoza und Kierkegaard. Später, als junger Mann, wurde ich von zwei Persönlichkeiten beeinflusst, die mich sehr beeindruckten: von Max Brod und Martin Buber. Von Martin Buber lernte ich, dass die Dinge nie sind, was sie zu sein scheinen, sondern das, was man über sie denkt. In der Schule hatten wir die Bibel nicht in einem religiösen Sinn studiert, sondern als Teil der jüdischen Tradition. Die verschiedenen Bücher der Bibel wurden aus einem philosophischen Blickwinkel heraus diskutiert. Schon sehr früh hatte ich großen Respekt vor dem Denken und dessen Bedeutung für das alltägliche Leben. Viele der menschlichen Sorgen und Nöte werden durch einen Mangel an Denken verursacht. Doch selbst kluge Menschen halten die Philosophie und das Philosophieren zwar für gut und hilfreich in Musik, Politik und Geschichte, meinen aber, dass man im täglichen Wechselbad des Lebens ohne sie auskommen kann.

Mein Vater war noch immer mein Musiklehrer, aber ich studierte auch eine Zeit lang Komposition bei dem israelischen Komponisten Paul Ben-Haim, der aus München gekommen war und eigentlich Paul Frankenburger hieß. Er war ein ganz guter Komponist und unterrichtete mich in Harmonielehre, aber er war nicht streng genug. Erst 1955, in Paris bei Nadia Boulanger, kam ich in eine, wie man so schön sagt, wirklich harte Schule. Ihr verdanke ich eine strenge musikalische Erziehung.

Ich gab einige Konzerte in Israel und führte auch Kammermusik auf. Im Sommer 1953 hatte ich mein erstes Konzert mit dem Israelischen Philharmonischen Orchester. Der Dirigent war Milton Katims, ein sehr guter Musiker, der unter Toscanini im NBC-Orchester Solo-Bratsche gespielt hatte und später Dirigent in Seattle war. Ich wurde von Musikern und Publikum mit gemischten Gefühlen aufgenommen. Auf der einen Seite spürten sie, dass ich ein kommendes Talent war, ein junger viel versprechender Bursche, und auf der anderen Seite stand die typisch jüdische Reaktion in der Art: Schön, aber wir haben schon zu viele Wunderkinder gesehen.

Das Israelische Philharmonische Orchester bestand erst seit siebzehn Jahren, als ich das erste Mal mit ihm spielte. Bronislaw Hubermann hatte es 1936 gegründet, und die meisten der ersten Mitglieder – hauptsächlich Deutsche und Polen – waren noch dabei, als ich debütierte. Es war eigentlich ein sehr zentraleuropäisches Orchester.

Dies alles kam dem Publikum und mir wieder in Erinnerung, als ich mit den Berliner Philharmonikern im April 1990 in Israel gastierte und das Orchester diesen Klang, den die älteren Menschen in Israel kannten, mitbrachte, den Klang, mit dem ich aufgewachsen war. Es war nicht nur der Klang der Streicher, sondern auch der Holzbläser. Die israelischen Musiker hatten eine Art zu phrasieren, die man in den besten zentraleuropäischen Orchestern findet.

In den 1960er Jahren erlebte das Israelische Philharmonische Orchester einen Wandel, nicht nur weil die Mitglieder aus der Anfangszeit durch jüngere Musiker ersetzt wurden, sondern auch durch den Zustrom jüdischer Musiker aus der Sowjetunion. In der ersten Zeit war es ein deutschjüdisches und ein polnisch-jüdisches Orchester gewesen. Heute sind amerikanische Holzbläser, russische Streicher, eine neue Generation israelischer Streicher – und einige argentinische Oboisten dabei. Das Orchester ist zu einem Schmelztiegel vieler Stilarten geworden. Doch in der Anfangszeit hatte es eine Wärme, eine Gefühlsintensität und einen Ausdrucksreichtum, den wir mit so vielen jüdischen Violinisten assoziieren: Bronislaw Hubermann, David Oistrach oder Isaac Stern. Doch es gibt noch immer ein florierendes Musikleben in Israel. Die Israelische Philharmonie hat über dreißigtausend Abonnenten, obwohl in Tel Aviv und Jerusalem nur etwas mehr als eine Million Menschen leben.

In der Anfangszeit gab es keine Gewerkschaft im heutigen Sinn. Die Mitglieder des Orchesters empfanden ihre Tätigkeit nicht als Dienstleistung oder als Job, Musik war vielmehr ein organischer Teil ihres Lebens. Damals traf ich einen sehr guten Dirigenten tschechischer Herkunft, George Singer. Er war ein Mann mit großer Erfahrung und verstand etwas von Oper. Er zeigte mir die erste Wagner-Partitur, die ich je zu Gesicht bekam: *Siegfried*. Ich konnte sie natürlich nicht lesen, es war das erste Mal, dass ich alle diese merkwürdigen Instrumente wie die Wagner-Tuben sah. Aber ich war viel zu jung und auch absolut desinteressiert. Doch später, als ich begann, mich für Wagner zu interessieren und ihn zu studieren, wurde mir klar, dass es George Singer gewesen war, der mir als Erster die Komplexität der orchestralen Instrumentation Wagners gezeigt hatte. Wenn Rubinstein nach Israel kam, wollte er immer von Singer begleitet werden, weil er ein solch genauer Musiker war, mit einem offenbar grenzenlosen Wissen. Auch ich spielte in Haifa und in Jerusalem mit ihm.

Europäisches Intermezzo II

Im Sommer 1954 entschieden meine Eltern, dass ich nach Salzburg gehen sollte, um mit dem Dirigentenstudium bei Markewitsch zu beginnen. Ich verbrachte Stunden damit, Partituren zu lernen und vorzubereiten, um in der Lage zu sein, seine Klasse zu besuchen. Es gab zwischen meinem Vater und Markewitsch lange Diskussionen, weil Markewitsch wollte, dass ich mit dem Klavierspielen aufhörte, um meine Karriere ausschließlich als Dirigent fortzusetzen. Mein Vater meinte, dass ich mich auch als Pianist weiterentwickeln und ein Repertoire aufbauen sollte. Er sah keine Notwendigkeit für mich, mit nur elf Jahren eine so drastische Entscheidung zu treffen und alles auf eine Karte zu setzen, und er hatte Recht. Auch wenn ich später hart kämpfen musste, um mich auf beiden Gebieten gleichermaßen zu engagieren.

Ich war der jüngste Teilnehmer in der Dirigentenklasse, da alle anderen weit über zwanzig Jahre alt waren. Ich erinnere mich, dass viele meiner so genannten Kollegen, die schon Dirigenten waren, mich nicht besonders freundlich behandelten; ich war – alles in allem – doch noch ein Kind. Es gab eine Ausnahme: Herbert Blomstedt. Er war sehr nett zu mir und gab sich immer Mühe, mir Dinge zu erklären, wenn ich sprachliche Probleme hatte – ich sprach damals ein sehr dürftiges Englisch, und meine minimalen Deutschkenntnisse beschränkten sich auf Worte, die ich als Neunjähriger in Wien und Salzburg aufgeschnappt hatte.

Markewitschs Assistent in der Klasse war Wolfgang Sawallisch. Von der Liste der Werke, die ich vorbereiten sollte, bevor ich nach Salzburg kam, erinnere ich mich an Mendelssohns Italienische Symphonie, Beethovens Vierte Symphonie und Brahms' Haydn-Variationen, die ich am Ende des Kurses dirigierte. Ich hatte sie vorbereitet, verfügte aber ganz offensichtlich nicht über die praktische Erfahrung, sie zu dirigieren und zu spielen. Was das Transponieren anging, so war ich dadurch benachteiligt, dass Ben-Haim bei meinen theoretischen Studien in Israel die Dinge zu sehr vereinfacht hatte. Er ließ mich alle vierstimmigen Übungen nur im Bass- und Sopran-Schlüssel ausführen und nicht auch in verschiedenen Tonarten. Erst als ich im Winter 1955 bei Nadia Boulanger studierte, lernte ich mit vier oder fünf Tonarten gleichzeitig zu arbeiten.

Gewiss gibt es Vereinfachungen, die zeitsparend sein können, aber – und das gilt nicht nur in der Musik – es ist gefährlich, sie anzuwenden, ohne eine ungefähre Ahnung von dem tatsächlichen Schwierigkeitsgrad zu haben, denn oft gehen durch geringe Vereinfachungen ganz wesentliche Elemente der Musik verloren. Dieser Problematik bin ich mir auch beim Klavierspielen immer bewusst. Eine schwierige Passage in einer Beethoven-Sonate würde vielleicht leichter zu spielen sein, wenn man die Noten zwischen den beiden Händen aufteilte, weil sie sich auf diese Weise besser beherrschen lassen, aber ein Teil des Ausdrucks, die Notwendigkeit, mit der Schwierigkeit zu ringen, geht dann verloren. So ist am Anfang der Hammerklavier-Sonate der Sprung vom tiefen B zu dem Akkord in der linken Hand sehr heikel. Man spielt leicht falsche Noten in dem Akkord. Wenn man aber diese Passage zwischen beiden Händen aufteilt und die tiefe Note mit der linken Hand und den Akkord mit der rechten spielt, was einfach ist, geht das Gefühl der enormen räumlichen Entfernung zwischen der Bassnote und dem Akkord verloren und damit sehr viel vom Ausdruck.

Markewitsch verlangte rhythmische Präzision und exakte Balance vom Orchester und war ganz versessen auf die Klarheit des Klangs, die Klarheit des Rhythmus und die Klarheit der Gestik. Der Hauptaspekt des Dirigierens, so wie er es unterrichtete, bestand darin, unnötige Bewegungen zu vermeiden und Gestikulation, die nur ablenkt, zu eliminieren. Ich fand, dass er Dinge manchmal zu sehr vereinfachte, aber er hatte ganz sicher trotzdem einen fördernden Einfluss auf mich. Er legte großen Wert auf die Haltung – wie man steht, in welcher Position man den Arm hält, dass man den Taktstock auf eine bestimmte Weise hält. Er war fest davon überzeugt, dass die rechte Hand nicht nur dazu da war, den Takt zu schlagen, sondern auch um anzuzeigen, was der Dirigent in puncto Dynamik vom Orchester erwartet. Er hatte das Konzept der horizontalen Figur der 8 erfunden, und auf diese Weise sollte man legato schlagen. Mit anderen Worten, man sollte nicht in einer eckigen Art taktieren, sondern mit abgerundeten Bewegungen des Armes eine ungebrochene musikalische Linie beschreiben. Er besaß auch einen sehr vereinfachten Gestus für die linke Hand, um viel oder wenig Volumen anzuzeigen. Der Salzburger Kursus hatte den großen Vorteil, dass ein Orchester die ganze Woche fünf oder sechs Stunden am Tag zur Verfügung stand, sodass die Studenten enorm viel praktische Erfahrung gewinnen konnten.

In jenem Sommer 1954 in Salzburg lernte ich Wilhelm Furtwängler kennen. Ich wurde ihm vorgestellt, spielte ihm vor, und er war von meinem Spiel beeindruckt. Er schrieb einen Brief, der mir, wie ich gestehen muss, viele Türen öffnete. Darin hieß es: »Der elfjährige Barenboim ist ein Phänomen ...« Dieser Brief wurde für die nächsten zwanzig Jahre mein Empfehlungsschreiben. Furtwängler lud mich auch ein, mit ihm und den Berliner Philharmonikern zu spielen. Das war die größte Ehre, die er mir zuteil werden lassen konnte, aber mein Vater lehnte ab. Ich denke, dass er, nach all den Grausamkeiten, die den Juden widerfahren waren, es als zu früh empfand, von Israel nach Deutschland zu fahren. (Es war mir immer ein Rätsel, wieso es zu dieser Zeit keine diplomatischen Beziehungen zwischen Israel und Deutschland gab, wohl aber zwischen Israel und Österreich. Irgendwie haben die Österreicher es zustande gebracht, die Welt davon zu überzeugen, dass sie Opfer Hitlers und der Nazis waren. Die Österreicher sind wirklich die schlauesten Leute der Welt: Sie haben es fertig gebracht, Beethoven zu einem Österreicher zu machen und Hitler zu einem Deutschen.)

Furtwängler ließ mich auch seinen Proben beiwohnen. Er probte *Don Giovanni*, das auch verfilmt werden sollte. Ich erinnere mich, dass ich in der Nähe des Cembalos gesessen habe. Ich war auch bei einem seiner Konzerte, bei dem ausschließlich Beethoven auf dem Programm stand, gespielt von den Wiener Philharmonikern: die Achte Symphonie, die Große Fuge und die Siebte Symphonie. Im gleichen Jahr, im November 1954, starb Furtwängler. Als Dirigent waren seine Methoden fast genau das Gegenteil von dem, was uns tagtäglich im Unterricht gelehrt wurde. Man hatte uns beigebracht, keine überflüssigen Bewegungen zu machen, während Furtwänglers Dirigierweise, was die Gestik anbelangte, sehr intuitiv war, eine Art instinktives »Bewegungsrepertoire«. Ich war von der Intensität, die vom Orchester ausging, sehr beeindruckt. Wenn er die Siebte Symphonie einstudierte, probte er nur die Übergänge – jedenfalls ist das meine Erinnerung. Ich kann mich nicht erinnern, dass er jemals ein Stück ganz durchspielte; es waren immer nur Teile, zum Beispiel der Übergang von der Introduktion zum Allegro. Auch wenn dieser Übergang eher unbedeutend war, gab er sich große Mühe, jedes einzelne Detail zu proben. Das galt nicht nur für die Phrasierung oder die Balance in dieser konkreten Phrase, sondern auch in den Takten davor, die zu dieser Stelle hinführten. Ich bekam eine deutliche Vorstellung von dieser übergenauen Vorbereitung, als ich Furtwängler später live hörte, und war von der Persönlichkeit, dem Menschen an sich, fasziniert. Alles andere, was ich von oder über Furtwängler lernte, kam später, durch Platten und Gespräche mit Menschen, die mit ihm gespielt hatten, und durch das Studium seiner Partituren in seinem Haus in der Schweiz.

Wenn man Furtwänglers Anweisungen zu Dynamik und Tempo in den Partituren verfolgt, erkennt man die Gründe, die seinen Dirigierstil so außergewöhnlich machten. Er hatte seine eigene Terminologie, die für seine Art, Musik zu machen, notwendig war. Es ging nicht nur darum, das C des Wortes »Crescendo« mit dem Vergrößerungsglas zu suchen, sondern um die ganze psychologische Vorbereitung und darum, den architektonisch richtigen, fast topographischen Platz in der Struktur am Anfang des Crescendos zu treffen. Das Problem des postumen Einflusses von Furtwängler besteht darin, dass es relativ einfach ist, die äußeren Manifestationen seiner Tätigkeit zu imitieren; nur führt das meistens zu Übertreibungen.

Es fasziniert mich zu beobachten, dass Musiker, wenn sie eine leichte dynamische Veränderung brauchen, in neun von zehn Fällen das Tempo zurücknehmen, um mehr Ausdruck zu erreichen. Viele Musiker zögern nicht, langsamer zu werden, würden aber nicht im Traum daran denken, schneller zu werden. Es ist wichtig zu verstehen, dass die Terminologie, die in der Musik benutzt wird – sie stammt hauptsächlich aus dem Italienischen oder dem Deutschen –, wirklich etwas aussagt: Die Worte haben eine genaue Bedeutung, die analysiert werden muss. Rubato zum Beispiel bedeutet »rauben« – und wenn man etwas geraubt hat, sollte man es zurückgeben. Musikalisch gesprochen heißt das: Wenn man sich die Zeit nimmt, um etwas ausdrucksstärker zu machen, muss man diese Zeit an einer anderen Stelle wieder »zurückgeben«. Modifikation, Flexibilität und Fluktuation des Tempos müssen mit rhythmischer Genauigkeit verbunden sein. In einer idealen Situation, wenn ein Rubato über drei oder vier Takte geht, sollte der Tempoverlust über acht oder sechzehn Takte, je nachdem, wie die rhythmischen Gegebenheiten sind, kompensiert werden. Das gilt für ein Rubato, wie man es bei Mozart und Chopin kennt. Die Melodie ist gewissermaßen frei, aber die metrische Begleitung bleibt streng.

Furtwängler setzte das Rubato niemals willkürlich oder kapriziös ein, oder um bloß die Schönheit oder Dramatik des Augenblicks zu unterstreichen. Es war ein zusätzliches Mittel, um die Struktur zu verdeutlichen. Er konnte sich sowohl rational als auch emotional auf etwas konzentrieren und die ganze notwendige Intensität auf das Orchester übertragen. Ich weiß bis heute nicht genau, wie viel er rational durchdacht und wie viel er mit Gefühl umgesetzt hat. Manchmal sind bei ihm diese zwei Ebenen so eng miteinander verbunden, dass man den Eindruck gewinnt, er habe eine ideale Situation hergestellt: mit dem Herzen zu denken und mit dem Kopf zu fühlen.

Nach Furtwänglers Tod fuhr ich in sein Haus in der Schweiz, und seine Frau ließ mich dankenswerterweise seine Partituren durchsehen. Einige davon waren auf interessante und sehr genaue Weise mit Vermerken versehen. Die meisten dieser Anmerkungen hatten mit Balance und der relativen Stärke der Dynamik zu tun. Es ist kein Zufall, dass die meisten Tempoindikationen im Deutschen verneinend ausgedrückt sind – wie »nicht zu geschwind«, »nicht zu schnell«, »nicht zu langsam«, während es im Italienischen zum Beispiel »*allegro, piu vivace*« heißt. Furtwängler beschäftigte sich unaufhörlich mit der Relativität der Dynamik – man sieht dies in den kurzen Filmausschnitten, wo er Schuberts Unvollendete Symphonie dirigiert – und mit dem Legato. Man hat oft den Eindruck, dass alles, was er tat, intuitiv geschah, und wenn man mit Menschen spricht, die mit ihm arbeiteten oder ihn regelmäßig beobachteten wie Celibidache oder Fischer-Dieskau, erfährt man, dass er oft unterbrochen und etwas gesagt habe wie: »Es ist nicht schön genug« oder »Es klingt nicht richtig«, und dass er manchmal mit eher linkischen Handbewegungen das erreichte, was er wollte. Wenn man allerdings seine Schriften liest, erkennt man, wie viel von dem, was er wollte und erreichte, tatsächlich durchdacht war.

Bei Furtwängler gab es nie irgendeine Manipulation oder Verwendung von Klang nur um ihrer selbst Willen. Manches klingt unglaublich schön und ergreifend, korrespondiert aber immer mit dem Ausdruck, den er erreichen wollte. Er hatte die Fähigkeit, das Orchester mit fast beängstigender Intensität spielen zu lassen, wie im Höhepunkt des ersten Satzes von Beethovens Neunter oder in der Wiederholung der Passacaglia in Brahms' Vierter Symphonie, wo das hohe A beim Einsatz der Streicher fast physisch schmerzt. Es ist gefährlich, über Musik in poetischen Ausdrücken zu sprechen, weil Musik ganz andere Dinge beinhalten kann; aber ich habe den Ausdruck der Verzweiflung bei keinem anderen Dirigenten so klar gehört wie bei Furtwängler. Seine Haydn-Symphonien und einige seiner Schubert-Interpretationen sind – für mein Empfinden – von wunderbarer Schwerelosigkeit. Wenn man heute, nach so vielen Jahren, die Berliner Philharmoniker spielen hört, spürt man – jedenfalls tue ich es –, dass vieles, was man mit Furtwängler assoziiert, dabei noch immer mitklingt.

Ich glaube, dass die musikalische Beziehung zwischen Furtwängler und den Berliner Philharmonikern so fruchtbar und positiv war, weil man letztendlich nicht sagen kann, was er ihnen und was sie ihm gegeben haben. Je mehr Zeit ich mit dem Orchester verbringe und je öfter ich Furtwänglers Schallplatten höre oder seine Schriften wieder lese, umso mehr spüre ich, dass es eine Symbiose zwischen ihm und dem Orchester gegeben hat. Er konnte nur mit den Musikern zu der Interpretation gelangen, die ihm vorschwebte, aber gleichzeitig gab er ihnen etwas, das sich immer weiter, von einer Generation auf die nächste überträgt.

Ich glaube, Furtwängler war sich der Parallelen zwischen Musik und Natur sehr bewusst – zu strömenden Flüssen und Stürmen –, und gleichgültig, wie oft ein Werk geprobt worden war – sozusagen in Alkohol gut konserviert –, am Abend des Konzerts hatte es eine Art explosiven Charakter, der bis heute unvergleichlich geblieben ist. Furtwängler wurde immer als der letzte Romantiker bezeichnet. Doch was bedeutet das eigentlich? Wenn man nicht streng im Rhythmus spielt und sich eine gewisse Freiheit in der Dynamik nimmt, denken die Leute, dass man ein Romantiker ist. Wenn man ausdrucksvoll, aber im Tempo spielt, ist man ein klassischer Dirigent.

Jean Cocteau definierte Imitation als die höchste Form der Schmeichelei. Vielleicht schmeichelt man Furtwängler, indem man ihn imitiert, aber Imitation kann nur die Oberfläche, das Äußere wieder erschaffen. Ein Furtwängler-Accelerando oder ein Furtwängler-Ritardando oder ein agogischer Furtwängler-Akzent rühren von einer inneren Notwendigkeit her, und wenn man sich dieses inneren Zwanges nicht bewusst ist, wird die äußere Darstellung zur Karikatur. In den späten 1960er Jahren sagten viele jüngere Musiker, dass Furtwängler ihr Idol sei, dass er den Drang nach Freiheit gehabt hätte – das war gerade in Mode. Aber Furtwänglers Freiheit hatte eine Verbindung zur Struktur, die vielen seiner Imitatoren fehlte.

Es gibt eine wundervolle Plattenaufnahme, auf der Furtwängler das Klavier in Bachs Fünftem Brandenburgischen
Konzert spielt und wo die Kadenz geradezu atemberaubend
ist. Ich weiß nicht, bis zu welchem Grad man die Fremd-
heit des Stils tolerieren sollte, aber die Bandbreite und Far-
bigkeit lassen einen glauben, dass er auf einer Orgel spielt.
Ich finde es faszinierend. Der erste und der letzte Satz in
Mozarts Symphonie in g-Moll (KV 550) sind bei Furtwängler wirklich »*allegro molto alla breve*«, ohne den überele-
gischen Charakter zu haben, den man so oft hört. Ich habe
nie eine überzeugendere Interpretation gehört.

Wenn ich keine Konzerte gab, ging ich in Israel zur Schule;
aber ich fuhr zu den verschiedensten Gelegenheiten ins
Ausland. Ich spielte 1954 oder 1955 in Zürich und ab und
zu auch in Amsterdam. Ich erinnere mich, dass ich auch in
Bournemouth spielte; es war mein erstes Konzert in England. Ich musste ein Concertino für Klavier und Orchester
des amerikanischen Komponisten Walter Piston einstudieren. Im Winter 1955/56 fuhr ich nach Paris, wo ich eineinhalb Jahre blieb, um bei Nadia Boulanger zu studieren.
Ich glaube, dass der Kontakt mit ihr von Igor Markewitsch
hergestellt wurde, er war einer ihrer engen Freunde. Meine
Eltern begleiteten mich, und wir führten auch in Paris ein
normales Familienleben. Meine Eltern meinten, dass ich
die Nähe der Familie brauchte. Ein Stipendium, das ich
von der Amerikanisch-Israelischen Kulturstiftung bekommen hatte, half uns, die Kosten unseres Aufenthaltes zu de-
cken; außerdem hatte mein Vater hin und wieder auch Schüler.
   Es war fast wie ein Spiel. Wenn ich zu Nadia Boulanger
in den Unterricht kam, hatte sie immer die Noten zu Bachs
Wohltemperiertem Klavier auf dem Flügel stehen, blätterte
darin und sagte: »Spiel dieses Stück in es-Moll« – mit ande-

ren Worten, transponiere es. Ich fand das am Anfang außerordentlich schwierig. Nadia Boulanger war sehr streng, wenn sie Kontrapunkt unterrichtete, aber sehr tolerant, was meine Kompositionen betraf. Sie war nie pedantisch in ihrem Urteil über das, was ich komponierte, und es gab nichts Starres in ihren Methoden. Ich hatte ein- oder zweimal in der Woche Privatstunden bei ihr, und hin und wieder, am Mittwoch, besuchte ich einen Gruppenunterricht. Sie machte mir klar, dass die musikalische Struktur kein trockener Stoff ist, sondern ein unerlässlicher Bestandteil der Musik, der emotional wahrgenommen werden kann und nicht nur rational. Der ideale Musiker – nach ihrer Vorstellung – sollte mit seinem Herzen denken und mit seinem Verstand fühlen.

Im Januar 1956 spielte ich zum ersten Mal in London, und Josef Krips dirigierte. Zuvor aber musste ich während des Dirigentenkurses im Sommer 1955 von Salzburg nach St. Moritz fahren, wo Krips Urlaub machte, um ihm vorzuspielen. Er hatte schon eine ganze Menge über mich gehört, wollte mich aber nicht ohne Vorspielen engagieren. Er achtete sehr auf einen schönen singenden Ton, insbesondere bei Mozart und Schubert, und verwarf die geringste Unebenheit. Gleichzeitig legte er großen Wert auf Korrektheit im Tempo und im Rhythmus. Er wäre nie der Versuchung erlegen, zugunsten des Ausdrucks langsamer zu werden. Er sagte immer, dass Musik aristokratisch und nicht demokratisch sei; sicherlich eine richtige Auffassung, was Tempo und Rhythmus betrifft.

Zu dieser Zeit machte ich meine erste Schallplattenaufnahme – für Philips. Dass man in einem Aufnahmestudio die Möglichkeit hatte, alles zu wiederholen, sooft man will, sollte eigentlich ein spontanes und sorgloses Spiel bewirken. In Wahrheit aber ist zumeist das Gegenteil der Fall. Bei Studioaufnahmen tendiert man häufig dazu, alle Elemente der Musik herausarbeiten zu wollen, an die man in der Vorbereitung gedacht hat. So entsteht eine sehr bewusste Leistung. Obwohl der Interpret auch in einem Konzert versucht, alles auszudrücken, was er zu einem Stück gedacht, analysiert und gefühlt hat, bleibt die Zeit nicht stehen, er kann nicht abbrechen, wodurch der notwendige Druck entsteht.

Ich teile überhaupt nicht Glenn Goulds Meinung, dass die Plattenproduktion heutzutage der einzige Weg ist, Musik zu machen. Für mich gibt es eine Parallele zwischen Musik und Natur und eine Beziehung zu dem, was war, und dem, was kommen wird. Der leidenschaftliche Wunsch, die Zeit anzuhalten, zielt am Leben vorbei – die Zeit schreitet immer weiter fort. Die naturalistische Idee der Musik ist geradezu die Antithese zu einer Studioaufnahme, und eine Schallplattenaufnahme kann – im besten Fall – nur eine historische Aufnahme eines vergangenen Augenblicks sein.

Glenn Gould hatte daher vollkommen recht, als er einmal in einem polemischen Artikel schrieb, dass ich einem Produzenten für gewöhnlich nicht erlauben würde, mehr als zwei Aufnahmen von einem Satz zu machen, und dass ich mit den Resultaten zufrieden sei. Ich glaube nicht, dass das Resultat viel besser werden würde, wenn ich ein paar Wochen in einem Studio verbringen würde, um eine Klaviersonate aufzunehmen, da ich das Natürliche zugunsten der Sterilität aufgeben würde. Heute ziehe ich überhaupt Liveaufnahmen den reinen Studioproduktionen vor. Sie sind Zeugnisse einer musikalischen Auffassung zu einem bestimmten Augenblick, Bestandsaufnahmen eines bestimmten Konzerts, und sie besitzen die Spontaneität und Intensität einer öffentlichen Darbietung, die man in einem Studio nie erreichen kann.

Obwohl ich fast mein ganzes Leben lang an den Goldberg-Variationen gearbeitet habe, habe ich sie bis 1989 nicht öffentlich gespielt – erst bei einem Konzert in Buenos Aires im Teatro Colón aus Anlass des vierzigjährigen Jubiläums meines Debüts. Dieses Konzert wurde als Liveaufnahme veröffentlicht, und ich bin sicher, dass eine Studioaufnahme kein besseres Resultat gebracht hätte. Wer weiß denn, wie ich dieses Werk zwei, fünf oder zehn Jahre später interpretieren werde? Glenn Gould ließ der ersten Plattenaufnahme seiner Interpretation der Goldberg-Variationen Jahre später eine ganz andere folgen, und niemand kann sagen, ob diese seine endgültige Version geblieben wäre, wenn er heute noch leben würde.

Im April 1956 nahm ich an einem Klavierwettbewerb in Neapel teil. Ich wurde von Carlo Zecchi dorthin geschickt und machte ein Diplom, nachdem ich seine Klavierkurse in der Accademia Santa Cecilia in Rom als außerordentlicher Hörer besucht hatte. Im Sommer jenes Jahres nahm ich auch an seinem Dirigentenkurs in Siena teil. Ich hatte Zecchi in Salzburg getroffen, wo ich ihm auch vorspielte. Er war besonders freundlich zu mir und ermutigte mich, meine Studien als Dirigent fortzusetzen. Damals schloss ich Freundschaft mit meinen Mitstudenten Claudio Abbado und Zubin Mehta, die dieselbe Klasse besuchten. Im Musikerzimmer der Berliner Philharmonie hängt ein Plakat, das ich dem Orchester einmal geschenkt habe. Ich hatte es im alten Haus meiner Eltern gefunden. Es kündigt das letzte Konzert in jenem Sommer 1956 an, bei dem wir drei dirigierten. Claudio ist zehn und Zubin sechs Jahre älter als ich, aber wir waren richtige Kameraden und trieben alle möglichen dummen Späße miteinander.

Meine Freundschaft mit Claudio Abbado dauert bis heute an, doch zwischen Zubin Mehta und mir bestand von Anfang an eine ganz besondere Beziehung, die uns zu noch engeren Freunden machte. Wir sind heute genauso eng befreundet wie 1956. Der Altersunterschied von sechs Jahren war damals natürlich viel deutlicher spürbar, als er zwanzig und ich vierzehn war. Als ich heranwuchs, sah ich in ihm einen älteren Bruder, der viel erfahrener und erwachsener war – erfahrener nicht nur, was das Dirigieren anbelangte, sondern auch, was das Leben im Allgemeinen betraf. Er war schon nahe daran zu heiraten, während ich noch ein Anfänger in Bezug auf Mädchen war.

Sehr bald – 1962 – wurde Zubin Chefdirigent des Montreal Symphony Orchestra und wenige Monate später auch noch Chefdirigent des Los Angeles Philharmonic Orchestra; er hat eigentlich während seines ganzen Lebens zwei Orchester gleichzeitig geleitet: zuerst in Montreal und Los Angeles, später in Los Angeles und Israel, dann in Israel und New York (das New York Philharmonic Orchestra). Von Anfang an war ich von der Leichtigkeit fasziniert, mit der er die Musik lernte und musikalische Ideen in Gestik übersetzte, und davon, wie er mit Menschen im Allgemeinen und mit Orchestermusikern im Besonderen umging.

Er ist wohl der einzige Mensch, der mir – und zwar sehr früh – eine Art Seelenverwandter wurde und es bis heute geblieben ist. So viele Ereignisse haben eine sehr enge Verbindung zwischen uns geschaffen, insbesondere solche, die Israel betreffen. Es war nicht nur sehr ergreifend, sondern bewundernswert, wie er, als 1967 der Sechstagekrieg ausbrach, all seine Engagements absagte und nach Israel flog, einfach aus dem Wunsch heraus, bei seinen Freunden zu sein, und damit waren nicht nur Jacqueline und ich gemeint, sondern vor allem auch seine Freunde im Orchester. Zubins Gefühle für den Staat Israel sind ein immer wiederkehrendes Leitmotiv geblieben, sowohl in seinem Leben als auch für die Israelischen Philharmoniker.

Für mich ist Zubin Mehta auch das erste und wichtigste Beispiel von jemandem, der die Musik »internationalisiert« hat, und zwar im besten Sinn des Wortes. Noch bis Ende des Zweiten Weltkriegs war die Auffassung verbreitet, dass deutsche Musiker deutsche Musik spielen, französische Musiker französische Musik und die Italiener sich Verdi und Puccini widmen sollten. Das ist natürlich eine sehr vereinfachte Darstellung, und es gab viele Gegenbeispiele, aber im Großen und Ganzen glaubte man, dass es so zu sein hatte. Ich erinnere mich, dass ich ein faszinierendes Buch von Wilhelm Furtwänglers Kompositionslehrer, Walter Riezler, gelesen hatte, ein fast philosophischer Versuch, der beweisen sollte, dass man deutsch sein muss, um Beethoven zu verstehen. Und auf einmal ist da ein Inder, ein Parse, der zufälligerweise in Wien studiert hat und der nicht nur ein umfassendes Gefühl der Identifikation mit der westlichen Musik erreicht hat, sondern auch einer der eklektischsten Dirigenten unserer Zeit ist – in gleichem Maße zu Hause in der Oper bei Wagner und Strauss wie Puccini und Verdi, ganz zu schweigen von seinem symphonischen Repertoire. In diesem Sinne wurde Zubin Mehta zu einem Vorbild, nicht nur für mich, glaube ich, sondern für viele jüngere Dirigenten der nachfolgenden Generation. Es war ganz besonders berührend, ihn in den frühen 1960er Jahren mit den Wiener Philharmonikern zu hören, wenn er Bruckner-Symphonien mit einer Natürlichkeit dirigierte, die glauben machte, er sei in einem Vorort von Linz geboren. Ich erinnere mich an ein Interview in einer österreichischen Zeitung nach seiner Interpretation von Bruckners Neunter Symphonie, das die Überschrift: »Von Bombay nach Linz ist es nicht so weit« trug. Durch Mehta fing ich an, mich sehr stark für jene Musik zu interessieren, die ich bis dahin nicht kannte, insbesondere auch für die Oper und speziell für Richard Strauss und Anton Bruckner.

1968 ernannte das Israelische Philharmonische Orchester Mehta zu seinem Chefdirigenten. Später machten sie ihn sogar zum Chefdirigenten auf Lebenszeit. Er war der Erste, der diesen Titel erhielt: Die Musiker waren bis dahin sehr stolz darauf gewesen, dass sie fähig waren, sich sowohl künstlerisch als auch administrativ selbst zu verwalten, aber in Zubins Fall bestand nicht nur eine starke gegenseitige musikalische Bindung, sondern auch große Bewunderung und ein Gefühl der Dankbarkeit für sein Engagement für Israel. Sein erster Besuch in Israel 1961 hatte sofort eine enge Bindung zwischen ihm und dem Orchester entstehen lassen. Das Programm bestand aus Dvořáks Siebter Symphonie, Strawinskys Symphonie in Drei Sätzen und Kodálys Tänzen aus Galánta.

Zubin Mehtas Zugehörigkeitsgefühl zu Israel ist schwer zu erklären. Wie schon erwähnt, stammt er aus einer parsischen Familie. Die Parsen sind eine Minorität – es gibt nur ungefähr einhunderttausend Parsen auf der ganzen Welt – und Anhänger der Religion des Zarathustra. Man sagt, dass sie Nachkommen des persischen Königs Kyros seien, der den Juden in Israel nach der babylonischen Invasion die Unabhängigkeit und Freiheit zurückgab. Aber ich glaube nicht, dass dies Mehtas Nähe zu Israel erklärt. Er ist sehr kosmopolitisch und passt sich in jede Gesellschaft hervorragend ein, sei es in Wien, Los Angeles oder Florenz, wo er auch sehr aktiv ist. Aber ich glaube, dass er in der Tiefe seines Herzens kein wirkliches Gefühl der Zugehörigkeit zu irgendeiner dieser Gesellschaften empfindet – außer zu Israel, vielleicht durch seine einzigartige Bindung zum Orchester und auch wegen des Lebens dort, das ihn wohl an Bombay erinnert. Ich bin sogar sicher, dass es die große Ähnlichkeit zwischen Tel Aviv und Bombay ist – die es zwischen Wien und Bombay nicht gibt –, wegen der er sich in Israel so zu Hause fühlt. Die Großzügigkeit, mit der er über all die Jahre der Israelischen Philharmonie begegnete, hatte zur Folge, dass sie eine feste Säule des kulturellen Lebens im Land geworden ist.

1991, während des Golfkriegs, waren wir zum dritten Mal zusammen in Kriegszeiten in Israel; das erste Mal 1967, das zweite Mal 1973. 1991 gaben wir Konzerte, sobald es dem Orchester erlaubt war, wieder zu spielen – aus Sicherheitsgründen war dies einige Wochen lang nicht möglich. Mitte Februar kam Isaac Stern dazu, und der Welt wurde deutlich gemacht, was Musik nicht nur für die Musiker des Orchesters, sondern auch für das Publikum bedeutete, als mitten in einem Konzert in Jerusalem – mit Stern, Mehta und den Philharmonikern – die Sirenen heulten, das Orchester zu spielen aufhörte und alle Zuschauer ihre Gasmasken aufsetzen mussten – und Isaac mit seiner Violine auf die Bühne zurückkam, allein dastand und Bach spielte. Mein junger Kollege Yefim Bronfman trat auch auf, und ich spielte in den letzten Tagen des Krieges mit dem Orchester und Zubin.

Dieses Erlebnis und der Fall der Berliner Mauer im November 1989 haben mich dazu gebracht, über das Argument nachzudenken, dass Kultur etwas sei, dem man sich nur widmen oder das man sich nur leisten könne, wenn die »wirklichen Probleme« gelöst worden sind – ein Argument, das viele Politiker benutzen, wenn sie mit Einsparungsmaßnahmen in erster Linie beim Kulturetat beginnen. Diese zwei unterschiedlichen Erlebnisse haben mir sehr deutlich gemacht, dass Musik etwas anderes bedeuten kann und sollte, als diese Politiker glauben, die tatsächlich meinen, sie würden auch die Haltung des Publikums repräsentieren.

Als im Februar 1991 in Israel die Sirenen wegen der Raketenangriffe des Iraks aufheulten, mussten die Menschen dort oft mehrmals in der Nacht aufstehen, ihre Gasmasken aufsetzen und in abgedichtete Räume gehen. Sie konnten nur hoffen, dass sie den Angriff überleben würden. Das übte einen gewaltigen psychologischen Druck auf die israelische Bevölkerung aus. Und doch, sobald es ungefährlich war, fingen die Israelischen Philharmoniker an, zwei Konzerte am Tag zu spielen, um zwölf Uhr mittags und um fünfzehn Uhr, denn am Abend war es nicht sicher genug. Nur fünfhundert Menschen durften zugleich im Zuschauerraum sitzen, und sie mussten ihre Gasmasken mitbringen. Die Menschen hatten ein vitales Bedürfnis nach Musik – die Musiker und das Publikum gleichermaßen. Für manche bot Musik eine Möglichkeit, den Druck der vorangegangenen Nacht zu vergessen, für andere war sie ein Augenblick der Hoffnung, ein Augenblick, der sie die nächste Nacht mit dem unvermeidlichen Alarm vergessen ließ. Auf jeden Fall war sie alles andere als eine oberflächliche Art der Unterhaltung.

In Berlin, im November 1989, als die Mauer fiel, waren es die Musiker der Berliner Philharmonie, die spontan für die Menschen aus Ostdeutschland spielen wollten, die während der Jahre, als die Mauer die Stadt teilte, keine Gelegenheit hatten, das Orchester live zu hören. Das Konzert am 12. November 1989, das ich dirigieren durfte, war nicht nur ein Ausdruck der Freude, die die Musiker empfanden, weil sie für ihre Landsleute aus Ostdeutschland spielen konnten, oder der des Publikums, weil sie die Berliner Philharmoniker hören konnten, sondern ein Ausdruck des Bedürfnisses, Musik zu machen und zu hören, das Menschen in Zeiten heftiger Emotionen einfach haben.

Nachdem ich Carlo Zecchis Dirigentenkurs in Siena beendet hatte, ging ich nach Israel zurück. Im Oktober 1956 begann die Sinaioffensive, die außerhalb Israels als Suezkrieg bekannt wurde. Die Israelis marschierten zusammen mit den Franzosen und den Engländern in Ägypten ein. Obwohl ich nicht aktiv involviert war, ist es meine erste Erinnerung an Krieg. Es wurde Verdunklung angeordnet in Tel Aviv, allerdings hauptsächlich als Vorsichtsmaßnahme. Es war erstaunlich, dass wir trotz des Krieges weiterhin jeden Abend mit dem Israelischen Philharmonischen Orchester Konzerte gaben. Das Publikum schien die Musik in dieser schwierigen Zeit noch dringender zu benötigen. Der Dirigent war Francesco Molinari-Pradelli, der durch seinen Mut, in Israel zu bleiben, die Sympathien aller gewann. Ein anderer nichtjüdischer Musiker, der es ablehnte abzureisen, war Zino Francesatti.

Israel war im Krieg und umgeben von Feinden, die »die Juden ins Meer werfen« wollten. Wenn man die geographische Situation des Landes betrachtet, sieht man, wie leicht das hätte geschehen können. Es ist bekannt, dass Israel dank der Entschlossenheit, sich selbst zu verteidigen, und dank seiner starken Armee überlebte. Es gab ein Gefühl der Klaustrophobie in Israel: Wenn man das Land verlassen wollte – zum Urlaubmachen oder auch sonst –, war man gezwungen, auf einen anderen Kontinent zu fahren. In gewisser Weise konnte man unsere Situation mit der Westberlins vergleichen, mit dem Unterschied, dass es nicht die erklärte Absicht der Ostdeutschen war, die Einwohner Westberlins ins Meer zu werfen. Und auch eine Frage wie, ob wir mit dem Zug die wenigen Stunden durch die Schweiz nach Italien reisen sollten, stellte sich uns nicht – wir hätten das Flugzeug oder das Schiff nehmen müssen.

Im Dezember 1956 trat ich meine erste Reise nach Nordamerika an und konnte dort, dank der unschätzbaren Hilfe Artur Rubinsteins, erste Konzerte geben. Mein erstes Konzert in New York, im Januar 1957, war ein leidlicher Erfolg. Es war kein Misserfolg, aber auch keine Sensation. Ich glaube, dass mein Agent Sol Hurok hart arbeiten musste,

60

An Mozarts Spinett in Mozarts Geburtshaus, Salzburg 1952

Das erste Orchesterkonzert – mit Bruno Bandini und dem Rundfunkorchester, Argentinien 1951

Mit meinen Eltern in Salzburg, 1955

Meine Eltern und ich mit Wilhelm Furtwängler in Salzburg, 1954

In der Dirigentenklasse von Igor Markewitsch in Salzburg, 1954

Probe mit Josef Krips für mein Debüt in der Royal Festival Hall, London 1956

Mit Zubin Mehta in Tel Aviv, 1965

Bártoks Erstes Klavierkonzert mit den Berliner Philharmonikern, 1964

Mit Jacqueline bei unserer Hochzeit in Jerusalem, 1967

Bei unserem Hochzeitsempfang in Tel Aviv: *Links* mit Zubin Mehta, Sir John und Lady Barbirolli und *rechts* mit David Ben Gurion und seiner Frau Paula

Jacqueline in der Royal Albert Hall, etwa 1969

Schallplattenaufnahmen mit Jacqueline und Pinchas Zukerman
in den Abbey Road Studios in London, 1969

um mir weitere Engagements zu sichern. Ich war kein Kind mehr und auch noch kein Erwachsener – ein schwieriges Alter, nicht nur für mich persönlich, sondern auch hinsichtlich der öffentlichen Akzeptanz. Doch Sol Hurok wurde ständig von Rubinstein ermutigt, den Glauben an mich nicht zu verlieren – und er tat es nie.

Während meiner Kindheit in Buenos Aires hatte Rubinstein oft Konzerte dort gegeben. Es war immer ein großes Ereignis gewesen – er war einer der populärsten Musiker, und die Menschen standen die ganze Nacht und manchmal sogar noch länger Schlange, um eine Karte zu bekommen –, alle waren verrückt nach ihm. Ich erinnere mich an das stolze Gefühl, als man mich für erwachsen genug erachtete, um für zwei Stunden in der Schlange stehen zu dürfen. Jedes Mitglied der Familie hatte sich abwechselnd angestellt, und ich durfte von zehn Uhr morgens an Schlange stehen, um Karten für das Konzert im Teatro Colón zu kaufen.

An zwei der Stücke, die Rubinstein spielte, erinnere ich mich besonders gut – das eine war Schumanns Karneval und das andere Beethovens Appassionata-Sonate. Ich erinnere mich lebhaft, dass ich von seinem Spiel vollkommen fasziniert war, von dem Ton, den er produzierte, und einfach von der Art, wie er am Klavier saß – gerade und ganz normal, ohne all diese Verrenkungen, die ich später bei anderen Pianisten gesehen habe. Er war wirklich eine Legende. Meine Eltern hatten ein Foto von ihm mit einer Widmung an meinen Vater. Als ich ihn später traf, erzählte er mir, dass er meine Eltern schon gekannt hatte, als meine Mutter mit mir schwanger war.

Unter den Menschen, denen ich 1955 in Paris begegnete, war auch der polnische Komponist Alexandre Tansman, ein Freund von Strawinsky. Er schien recht eingenommen von mir zu sein und war der Meinung, ich solle Rubinstein vorspielen. Mein Vater wollte sich nicht selbst an Rubinstein wenden, da er das Gefühl hatte, dass dieser vielleicht denken würde, »das ist also dieser Bekannte aus Argentinien, der mir nun seinen ›talentierten‹ Sohn aufdrängen will«. Aber wenn Tansman es arrangieren konnte, wäre es natürlich wunderbar. Also spielte ich für Rubinstein. Begleitet von Tansman, fuhr ich nach Paris, wo Rubinstein an der Place de l'Avenue Foch wohnte. Rubinstein hatte sich schrecklich verspätet und war völlig außer sich, dass er uns hatte warten lassen. Wir setzten uns, und ich spielte ihm vor. Ich war damals zwölf oder dreizehn Jahre alt, und am meisten beeindruckt war er, als ich Prokofjews Zweite Sonate spielte. Ich erinnere mich daran, weil er dies später oft erwähnte. Ich spielte alles, was mir einfiel, und dann, nach etwa einer Stunde, kamen meine Eltern, um mich abzuholen. Man kann sich Rubinsteins Überraschung vorstellen, er hatte nämlich keine Ahnung gehabt, wessen Sohn ich war.

Er war außerordentlich freundlich und großzügig. Er schlug vor, dass ich in Amerika spielen sollte, und sagte, dass er mich seinem Manager vorstellen würde. Zu dieser Zeit war New York das Zentrum der musikalischen Welt. Europa befand sich noch im Wiederaufbau. Deutschland hatte zusätzlich noch eigene Probleme: Viele Künstler wollten dort nicht auftreten – Rubinstein, Wladimir Horowitz, Jascha Heifetz, Isaac Stern und andere.

Eines Tages rief Frau Rubinstein an und fragte, ob ich am Abend zu ihnen kommen könnte. Es waren ziemlich viele Leute dort, unter ihnen Sol Hurok und Ernesto de Quesada – Letzterer war seit dem Ersten Weltkrieg Rubinsteins Manager in Spanien und Lateinamerika gewesen. Ich spielte für sie, und Rubinstein sagte zu Hurok, dass er das Gefühl hätte, ich sollte in Amerika spielen, aber ich sollte nicht ausgenutzt werden, und er würde zusehen, dass meine Eltern mich begleiteten, da ich noch so jung war. Er sagte auch, dass Hurok einige Jahre kein Geld mit mir verdienen würde, aber dass er das sichere Gefühl hätte, dass ich eine große Karriere machen würde. Rubinstein handelte tatsächlich meinen ersten Vertrag aus. Ich habe seine Großzügigkeit nie vergessen. Und er blieb immer in Verbindung mit mir. Zwei oder drei Jahre später kam er nach Israel, wo ich natürlich alle seine Konzerte besuchte. Er bat mich immer zu kommen und ihm vorzuspielen; er war sehr begierig zu sehen, wie ich mich entwickelte, und behielt mich stets im Auge.

Ich erinnere mich an einen lustigen Vorfall damals in Israel. Rubinstein wohnte in einem Hotel außerhalb Tel Avivs, und eines Morgens, als ich seiner Probe mit den Israelischen Philharmonikern beiwohnte, lud er mich ein, ihn am folgenden Nachmittag zu besuchen. Ich muss damals fünfzehn oder sechzehn gewesen sein. Als ich ins Hotel kam, sagte mir der Portier, dass Herr Rubinstein mit seiner Familie zu einem Ausflug nach Galiläa aufgebrochen sei. Ich sagte, dass das sonderbar sei, da ich um fünf Uhr mit ihm verabredet sei. Ich war zwar krank und hatte hohes Fieber, aber das letzte, was ich wollte, war, diese Verabredung abzusagen. Also saß ich in der Hotelhalle und wartete mindestens zwei Stunden. Endlich kam Rubinstein, und ich konnte die Bestürzung auf seinem Gesicht lesen – er hatte unsere Verabredung vergessen, und er sah, dass ich nicht gesund war. Aber ich war so glücklich, ihn zu sehen, und so froh, dort zu sein, dass er ganz gerührt war. Wir gingen auf sein Zimmer, und ich spielte ein Schubert-Impromptu in f-Moll, Brahms' Händel-Variationen und die Liszt-Sonate. Er gab mir einige Ratschläge, speziell für die Liszt-Sonate, in der er eine Art Faust-Thema sah, und erklärte mir seine Ideen von den Beziehungen zwischen den Tempi und über Klang. Als ich gehen wollte, sagte er: »Nein, nein, Sie müssen bleiben und mit uns zu Abend essen«, was für einen so jungen Burschen wie mich ein außergewöhnliches Angebot war. Es war das erste Mal, dass ich Wodka trank, und er gab mir meine erste Zigarre. Man kann sich das Gesicht meiner Mutter vorstellen, als ich um zwei Uhr morgens nach Hause kam. Meine Eltern hatten keine Ahnung, wo ich gewesen war, und ich hatte ziemlich viel zu erklären.

Rubinstein war für den einzigartigen Ton, den er auf dem Klavier hervorbrachte, berühmt. Sein Ton war wahrhaft nobel und voll – und er verabscheute das, was man einen seelenlosen, nüchternen Klang nennen mag (der aber ganz brauchbar sein kann, um französische Musik zu spielen). Für ihn musste der Ton einen Kern und eine natürliche, expressive Qualität haben. Er warnte mich immer wieder – besonders hinsichtlich der Liszt-Sonate – vor einem Pianissimo, das so flüchtig wird, dass der Ton keinen Körper mehr hat. Aber selbst wenn Rubinstein sehr laut spielte, war der Klang dennoch nie hart. Er hatte eine Art, fast an der Klaviatur zu lehnen – manchmal stand er sogar vom Stuhl auf, noch immer mit seinen Fingern auf dem Akkord, um den Kontakt deutlich zu machen. Er bestand darauf, dass man in den dramatischsten Momenten eines Stückes nie schnell werden darf, dafür aber die Phrase am Höhepunkt der Melodie, am Höhepunkt der dramatischen Entwicklung, singen lassen muss. Er hatte auch ein einzigartiges Gefühl für Rhythmus, für korrekten Rhythmus; es war etwas fast Physisches in seiner rhythmischen Sicherheit. Er behauptete, dass er, als er jünger war, viele Sachen zu schnell gespielt habe, aber sein wundervolles Rhythmusgefühl hatte seinem Spiel manchmal ein zusätzliches Gefühl von Stolz gegeben, insbesondere bei den typisch polnischen Stücken wie Chopins Polonaisen und Mazurkas.

Rubinstein machte mich auf die Beziehung zwischen Rhythmus und Stolz aufmerksam. Er brachte mir den Zusammenhang zwischen kurzen Staccatofiguren und einem gewissen komischen Effekt bei, insbesondere wenn diese von den Posaunen im Orchester gespielt werden. Eine ähnliche Assoziation kann man in einer Haydn-Symphonie erzeugen: Wenn es eine unerwartete Pause oder einen leeren Takt gibt, kann auch ein komischer Effekt entstehen. Wenn man an Musik denkt, die stolz ist, hat diese immer einen konkreten Rhythmus. Sie muss nicht militärisch wirken, aber sie sollte ein starkes Rhythmusgefühl haben. Rubinstein besaß dieses Gefühl bis zum Ende seines Lebens. Es war einer seiner wertvollsten Vorzüge, genauso wie sein Ton unverwechselbar und einzigartig war. Sein Rhythmusgefühl gab seinem Spiel eine unnachahmliche Lebendigkeit. Chopins Polonaise in fis-Moll klang wie ein Orchester, wenn Rubinstein sie spielte.

Als ich zu dirigieren begann, war Rubinstein einer der wenigen Menschen, die nicht sagten: »Sei vorsichtig, denn dein Klavierspiel wird darunter leiden.« Er interessierte sich auch für andere Musik neben der Klavierliteratur. Er kannte *Salome* auswendig, er liebte *Die Meistersinger,* er ging in die Oper, er kannte die symphonische Literatur. Er war ein Allround-Musiker mit einem musikalischen Allround-Bewusstsein und ermutigte mich sehr, als ich zu dirigieren begann.

1966 war ich in Prag zur gleichen Zeit wie Rubinstein und seine Frau. Er spielte mit dem Tschechischen Philharmonischen Orchester, und ich dirigierte das English Chamber Orchestra. Es war eine meiner ersten Reisen mit diesem Orchester, und Rubinstein war sehr interessiert an dieser neuen Phase meiner Karriere. Er war lediglich unsicher darüber, ob Spielen und Dirigieren zur gleichen Zeit eine gute Idee sei, und erst später, als er eines meiner Konzerte besuchte und sah und hörte, wie ich beides zugleich tat, war er überzeugt. Er besuchte meine Konzerte, wann immer er konnte – in New York und in Paris in den frühen 1960er Jahren –, und er lud mich immer ein, ihn danach in seinem Haus zu besuchen.

1966 kaufte Rubinstein ein Haus in Marbella und lud mich ein. Ich musste absagen, weil ich Ende August und Anfang September beim Edinburgh Festival engagiert war, und danach bekam ich Drüsenfieber – so lernte ich Jacqueline du Pré kennen: Sie hatte auch diese Krankheit, es ging ihr sehr schlecht, und wir fingen an, miteinander zu telefonieren und Erfahrungen auszutauschen. Wenige Monate später war Rubinstein in Portugal, wo er Jacquelines erste Plattenaufnahmen hörte; er war von ihrem Spiel sehr eingenommen. Dann – wir waren zu dem Zeitpunkt schon verheiratet – lud er uns beide in sein Haus in Spanien ein. Er bewegte uns immer dazu, für ihn zu spielen, denn er liebte es, Jacqueline zuzuhören – und so gab es unzählige Gelegenheiten, bei denen wir bis in die frühen Morgenstunden bei ihm musizierten.

Im Januar 1967 dirigierte ich mein erstes größeres Konzert in Europa, abgesehen von den Konzerten mit dem English Chamber Orchestra. Es fand in London mit dem Philharmonia Orchestra statt, damals als das New Philharmonia Orchestra bekannt, und wir spielten Mozarts *Requiem*. Das Konzert war öffentlich groß angekündigt worden, weil ich es wenige Tage zuvor von einem erkrankten Dirigenten übernommen hatte, und man erwartete von mir nicht sehr viel; schließlich war ich als Pianist viel bekannter. Ich vermute, dass man mich nur deswegen darum bat, weil sie sonst niemanden fanden. Es wurde jedoch ein Erfolg und eröffnete mir viele neue Möglichkeiten an vielen verschiedenen Orten.

Einige Monate später, es muss im Frühling 1967 gewesen sein, als ich mich in Paris aufhielt und bei den Rubinsteins zum Essen eingeladen war, sagte Artur Rubinstein zu mir: »Der Manager der Israelischen Philharmoniker war gerade hier. Ich soll im September dort spielen – würden Sie mitkommen und das Konzert dirigieren?« Es war ein Konzert zur Feier des zehnten Jahrestages der Eröffnung des neuen Konzertsaales in Tel Aviv. So wurde Rubinstein mein erster Solist. Es war ein wunderbares Zeichen seines Vertrauens in mich, danach begleitete ich ihn sehr oft.

Jacqueline und ich fühlten uns bei Rubinsteins fast wie Familienmitglieder. Als ich zum Chefdirigenten des Orchestre de Paris bestellt wurde, besuchte ich Artur Rubinstein regelmäßig – sein Haus stand mir immer offen –, und wir gaben jedes Jahr gemeinsame Konzerte in Paris, bis zu dem Zeitpunkt, wo er endgültig zu spielen aufhörte.
Doch zuvor wollte Rubinstein Beethovens Klavierkonzerte noch einmal aufnehmen, aber nicht das Erste und Zweite, da er beide nicht so oft gespielt hatte. Bei einem Konzert in London verpflichtete er sich, das Vierte und Fünfte am gleichen Abend zu spielen. Das Konzert fand an einem Sonntag statt, und Rubinstein kam am Samstag an. Wir hatten eine kurze Probe, gingen dann zusammen essen und blieben ziemlich lange aus. Zu dieser Zeit war ich ein ganz guter Imitator – ich imitierte alle möglichen Leute, andere Pianisten und so weiter, aber natürlich nicht ihn. Meine Imitation von Rubinstein hob ich für die anderen Mitglieder seiner Familie auf. Ich hatte nie wirklich den Mut, sie ihm vorzuführen – sowohl aus Respekt als auch aus Angst, dass er nicht lachen würde. Am nächsten Morgen gingen wir zur Probe – er war damals achtundachtzig, aber sehr glücklich, beide Konzerte von Anfang bis zum Ende noch einmal spielen zu können. Von allen großen

Künstlern, mit denen ich in meinem Leben gearbeitet habe, war Rubinstein bei weitem der direkteste und am wenigsten prätentiöse. Er sagte immer: »Sie sind der Dirigent und für das Konzert verantwortlich: Wann muss ich dort sein?« Er hätte seine eigenen Bedingungen festlegen können, aber er war von einer beispielhaften Professionalität.

Wir gaben das Konzert an diesem Abend, am nächsten Tag nahmen wir die zwei Konzerte in zwei Sitzungen auf und am Tag danach das dritte Konzert. Er war ganz aufgeregt, weil alles so gut gegangen war, und sagte, dass er auch die anderen zwei aufnehmen wolle, aber er würde ungefähr eine Woche brauchen, um sie aufzufrischen. Zwei oder drei Wochen später nahmen wir sie dann tatsächlich auf.

Über Rubinstein ist viel geschrieben worden – dass er ein Bonvivant war und gute Zigarren mochte. Natürlich stimmte das alles, aber ich glaube nicht, dass das geschriebene Wort jemals dem Menschen oder der Vielfältigkeit seines Charakters gerecht werden kann. Es war so etwas Lebendiges, so etwas Charmantes, Vitales, Intelligentes und Kultiviertes an ihm. Er war ein phantastischer *»raconteur«* – wie man auch bei seinen Fernsehauftritten sehen konnte –, aber er hatte darüber hinaus eine ganz seriöse Seite, vor allem als Musiker. Sein großes Interesse und seine Neugier gegenüber allen Dingen bewahrte er sich bis zu seinem Lebensende. Selbst als er nicht mehr Klavier spielen konnte, beschäftigte er sich die meiste Zeit mit all den Kammermusikstücken, die er aus Zeitgründen nie gehört oder studiert hatte. Ich erinnere mich, wie fasziniert er war, als er Mozarts Quintett für Klavier und Bläser entdeckte.

Rubinstein spielte von November bis Februar oder März regelmäßig in Amerika und in Europa dann im Frühjahr. 1974 spielten wir zusammen in Paris im Champs-Élysées-Theater und sollten 1975 wieder dort spielen, als er bereits achtundachtzig Jahre alt wurde. Aber er wollte sich nicht festlegen, bis er aus Amerika zurückkam, da er langsam sein Alter zu spüren begann und Schwierigkeiten mit seinen Augen hatte. Er war sehr stolz darauf, dass er während seines ganzen Lebens nie oder fast nie ein Konzert absagen musste, und er wollte keine Verpflichtung mehr eingehen, jetzt, wo er sich nicht sicher war, ob er sein Versprechen würde halten können. Als er im März aus Amerika zurückkam, sagte er mir, dass er sich gut fühle und gern spielen wolle.

Zu dieser Zeit war das riesige Palais des Congrés in Paris schon gebaut und stand für einen Abend zur Verfügung, aber alle anderen Säle waren ausgebucht. Das Publikum bedauerte, dass Rubinstein nur ein Konzert geben würde. So viele Menschen wollten ihn spielen hören, aber es war unmöglich, einen anderen Termin zu finden, an dem sowohl der Saal als auch das Orchester verfügbar waren. Als ich es ihm erklärte, sagte er, dass alles, was wir machen könnten, sei, zwei Konzerte an einem Tag zu spielen – wie im Kino, eines am frühen und eines am späten Abend. Er spielte Beethovens Fünftes Klavierkonzert. Das erste Konzert war um achtzehn Uhr dreißig oder neunzehn Uhr und das zweite um einundzwanzig Uhr oder einundzwanzig Uhr dreißig, und es gab absolut keine Anzeichen dafür, dass er physisch erschöpft war.

Orchester unterliegen überall auf der Welt bestimmten Regeln, wovon eine besagt, dass nicht mehr als zwei Sitzungen an einem Tag stattfinden dürfen, was im Prinzip auch richtig ist, da die Musiker ansonsten leicht überbeansprucht werden können. Das bedeutete, dass wir in einer schwierigen Lage waren. Wenn wir das Konzert geben wollten, mussten wir zusätzlich am Vormittag mit dem Orchester proben. Rubinstein mit seinen achtundachtzig Jahren war bereit, drei Sitzungen an einem Tag durchzustehen.

Der Orchestervorstand wurde gebeten, eine Ausnahme zu machen, und sie wurde gemacht – für Rubinstein. Ich glaube, es war das erste Mal, dass so etwas passiert ist. Es war mein letztes Konzert mit ihm. Zum letzten Mal sah ich ihn ungefähr drei Wochen, bevor er starb. Er war schon sehr krank, aber glücklich, mich zu sehen, weil er wusste, dass ich Vater werden würde. Ich sagte ihm, dass, wenn es ein Junge werden würde, ich ihn nach ihm benennen wollte … Der Name meines ältesten Sohnes ist David Arthur.

Einer der interessantesten Aspekte meiner Arbeit als Dirigent mit Rubinstein war, dass wir die meisten der Stücke, die ich in meinem Spielrepertoire hatte, spielten, mit Ausnahme von Chopins f-Moll-Konzert. Rubinstein hatte ein einzigartiges Gespür dafür, wie er einen davon überzeugen konnte, dass die Art, wie er ein Stück spielte, die einzig mögliche war. Man konnte sich nicht vorstellen, dass es noch eine andere gab. Er war auch sehr aufmerksam und empfänglich für alles, was im Orchester passierte – er wusste, wie man mit einem Symphonieorchester Kammermusik spielt. Er spielte nicht eine Phrase auf eine bestimmte Art, weil er sie immer so gespielt hatte, sondern achtete während des Konzertes immer darauf, wie die Einleitung im Orchester zum Einsatz des Klaviers führte. Er war der galanteste Begleiter, wenn es im Orchester ein großes Solo gab, wie zum Beispiel das Klarinettensolo im ersten Satz des Schumann-Konzertes, und es machte ihm viel Spaß, dem Orchester zu folgen. Eine Attitüde wie »Ich bin der große Rubinstein, und ich spiele in diesem Tempo, und jeder andere muss zusehen, dass er sich anpasst« war ihm fremd. Er hatte im Gegenteil großen Respekt vor seinen Kollegen, insbesondere vor dem Orchester.

Vom Kind zum Erwachsenen

Als ich in Paris lebte und bei Nadia Boulanger studierte, hatte ich eine weitere Begegnung, die für meine Entwicklung sehr wichtig war: Ich spielte – ebenfalls in Alexandre Tansmans Haus – für Leopold Stokowski. Ich hatte viel über Stokowski gehört, war er doch in Hollywood berühmter als die meisten Musiker, hauptsächlich wegen seiner Arbeit an Walt Disneys *Fantasia* . Später war ich erstaunt festzustellen, was er mit dem Philadelphia Orchestra erreicht hatte, und verwundert über sein Interesse an moderner Musik. Er spielte bereits sehr früh Arnold Schönbergs Gurrelieder in Philadelphia als amerikanische Erstaufführung.

Auch er war außerordentlich freundlich zu mir. Ich spielte verschiedene Stücke unterschiedlicher Stilrichtungen, und sein Kommentar war: »Das ist sehr gut, würden Sie gern in New York spielen?« Was für eine Frage! Natürlich, antwortete ich. Er fragte: »Was würden Sie spielen wollen?« Ich sagte: Beethovens Drittes Klavierkonzert. »Sehr gut«, antwortete er, »Sie werden Prokofjews Erstes Klavierkonzert spielen.« Selbst heute wird Prokofjews Erstes Klavierkonzert äußerst selten gespielt – damals war es vollkommen unbekannt. Natürlich hatte ich keine Wahl – ich wollte unbedingt in New York spielen –, und es war eine einzigartige Gelegenheit, mit Stokowski zu spielen. Also setzte ich mich hin und lernte Prokofjews Klavierkonzert. Wenn man bedenkt, dass ich hauptsächlich die deutschen Klassiker und Romantiker wie Beethoven, Mozart und Brahms gespielt hatte, war es sonderbar, dass mein erstes Konzert in New York ein Prokofjew-Konzert wurde.

Auch das Programm für mein erstes Konzert mit den Berliner Philharmonikern als Pianist war eher ungewöhnlich: Bartóks Erstes Klavierkonzert, das ich ebenfalls eigens für diesen Anlass einstudieren musste. Ich glaube, dass es sehr wichtig ist, in jungen Jahren gezwungen zu werden, gewisse Dinge zu lernen. Später kann man seine eigene Auswahl treffen, doch Bartóks Erstes Klavierkonzert ist Teil meines Repertoires geblieben. Ich habe es unzählige Male in Amerika, Europa und Israel aufgeführt, und noch immer ist es ein Abenteuer, es zu spielen. Das Prokofjew-Konzert allerdings habe ich seit diesem Debüt im Januar 1957 nicht mehr gespielt.

Ich werde meinem Vater immer dankbar sein, dass er mich als Kind und Jugendlichen ein so breites Repertoire lernen ließ. Ich spielte alles, was man sich vorstellen kann – zum Beispiel Prokofjews Neunte Sonate, seine letzte, 1955 in Paris, nur zwei Jahre nach seinem Tod. Ich glaube, es war die erste Aufführung des Stückes im Westen. Das einzige Gebiet, das ich damals wahrscheinlich vernachlässigt habe, war die zweite Wiener Schule.

Erst sehr viel später kam ich zu Arnold Schönberg und Alban Berg, hauptsächlich durch meinen Kontakt mit Pierre Boulez. In den frühen 1960er Jahren war mein Interesse an der Musik des 20. Jahrhunderts noch geprägt von meinem Elternhaus und später auch von Nadia Boulanger, die jedoch an den Werken Schönbergs und Bergs kein Interesse hatte.

Zweifellos war Stokowski ein großer Showman; aber er hatte auch ein sehr detailliertes technisches Wissen über das Orchester, und seine Beschäftigung mit Klang und Farbe war nicht nur auf Effekt ausgerichtet. Man könnte ihn einen Klangmanipulator nennen. Ende der 1960er Jahre gab es in England eine Fernsehsendung, in der er Beethovens Fünfte Symphonie dirigierte. Ich sah sie selbst nicht, aber zu meiner Überraschung hatte Otto Klemperer sie gesehen und Stokowski als großen Dirigenten bezeichnet.

Stokowskis Karriere war alles andere als orthodox – ganz im Gegensatz etwa zu Arturo Toscanini, der lange in New York bei den Philharmonikern blieb und für den dann später das NBC-Orchester geschaffen wurde. Stokowski interessierte sich für junge Musiker und junge Orchester. Das All American Youth Orchestra war eines davon – es kam sogar in den 1940er Jahren nach Argentinien. Heute gibt es das wunderbare Jugendorchester der Europäischen Gemeinschaft (European Community Youth Orchestra), aber in den späten 1950er Jahren war man überhaupt nicht an Jugendorchestern interessiert. Stokowski dirigierte das Symphony of the Air Orchestra, den Nachfolger des NBC-Orchesters nach Toscaninis Tod, und das Amerikanische Symphonie-Orchester. Nach dem Höhepunkt mit dem Philadelphia Orchestra war er noch viele Jahre sehr aktiv, allerdings auf weniger konventionelle Art. Er verbrachte seine letzten Lebensjahre zum größten Teil in Europa, wo er unter anderem viele Konzerte in England dirigierte.

Die Stokowski-Legende ist natürlich eng verknüpft mit seiner Zeit in Hollywood, denn die Neigung, Menschen in gewisse Rollen zu drängen, ist allzu groß. Unter den Komponisten gilt Mozart oft als Rokokokavalier, Beethoven als ein Titan, Chopin als ein tuberkulöser Melancholiker und Liszt als Don Juan – in seinen späteren Jahren, als er sich mit einer religiösen Aura umgab. Das Gleiche gilt für Musiker, wird ihnen aber selten gerecht. Ich habe oft wunderbare Darbietungen von Werken gehört, die völlig anders waren als meine Erwartungen. Ich erinnere mich an eine wunderschön dirigierte Franck-Symphonie in d-Moll von Furtwängler, an eine herrliche Darbietung von Berlioz' *Symphonie fantastique,* dirigiert von Klemperer. Die zufriedenstellendste Interpretation von Debussy, welche ich je live gehört habe, war jene von Claudio Arrau.

Ab 1957 begann ich regelmäßig jedes Jahr in der Wigmore Hall in London zu konzertieren. Die Queen Elizabeth Hall wurde erst 1967 gebaut, und die Wigmore Hall war tatsächlich der einzig verfügbare Saal für solche Konzerte, außer für Künstler wie Rubinstein, die in der riesigen Royal Festival Hall spielten. Der Konzertzyklus in der Wigmore Hall unter dem Titel »*The London Pianoforte Series*« fand an Sonntagnachmittagen statt, und ich spielte dort regelmäßig über acht oder zehn Jahre. Der Erfolg stellte sich sehr langsam ein. Bei meinem ersten Konzert waren vielleicht fünfzig bis achtzig Menschen im Publikum. Aber nach und nach und mit viel Beharrlichkeit machte ich mir mit dieser Konzertreihe einen Namen. Und doch dauerte es zehn Jahre, bis ich mein erstes Konzert in der Royal Festival Hall spielen konnte.

Zwischen 1957 und 1959 gab ich regelmäßig jedes Jahr fünf oder sechs Konzerte in den USA. Bei einem dieser Auftritte – 1957 – musizierte ich auch mit Dimitri Mitropoulos und Mitgliedern des New York Philharmonic Orchestra. Mitropoulos hatte das unglaublichste Gedächtnis, das ich je erlebt habe. Ich erinnere mich, dass ich 1955 in Salzburg einer seiner Proben zu Alban Bergs *Wozzeck* mit den Wiener Philharmonikern beiwohnte. Er probte immer ohne Partitur und kannte jede Note und auch den Text auswendig – es war absolut umwerfend. Es hieß, dass er als Chefdirigent in Minneapolis die Welturaufführung eines neuen amerikanischen Stückes dirigieren sollte, die Orchesterstimmen bis zum Tag vor der ersten Probe aber nicht eintrafen und die Dirigierpartitur überhaupt nie ankam. Daraufhin nahm er die Orchesterstimmen mit nach Hause, verteilte sie entsprechend der Sitzordnung des Orchesters auf dem Boden, prägte sich das Stück über Nacht ein und probte es am nächsten Morgen auswendig.

Dimitri Mitropoulos war ein Vollblutmusiker von großer Intensität und Integrität. Als ich mit ihm in New York spielte, stand Mendelssohns g-Moll-Konzert auf dem Programm. Es war ein Wohltätigkeitskonzert für die Amerikanisch-Israelische Kulturstiftung in New York, von der ich das Paris-Stipendium erhalten hatte. Mitropoulos, ein ehemaliger Busoni-Schüler, war ein ausgezeichneter Pianist. Ich hatte eine Klavierprobe mit ihm vor der Orchesterprobe, und er spielte den Orchesterteil – selbstverständlich auswendig – mit großem Geschick. Er war sehr bescheiden und vermutlich einer der altruistischsten Menschen, denen ich je begegnet bin.

1958 fuhr ich erstmals nach Australien zum Konzertieren, was wesentlich komplizierter war als heute, da es keine Direktflüge gab. Eine Tournee durch Australien war nur sinnvoll, wenn man sich relativ lange im Land aufhielt – meine erste dauerte vier Monate. In Australien sind die Monate der Saison – wie auch in Südamerika – um ein halbes Jahr zeitversetzt zu denen in Europa, weshalb die Reise in die Zeit meiner Sommerferien fiel. Juli und August waren in Australien die wichtigsten Monate für Konzerte. Ich hatte über vierzig Auftritte und spielte zum ersten Mal mit Rafael Kubelík. Ich erinnere mich noch heute mit großer Freude an meine erste Begegnung mit ihm. Er beeindruckte mich sehr durch sein Wesen, eine Verbindung aus Ernst und großer Lebendigkeit. Ich war schon häufig lebhaften Menschen begegnet, aber sie waren zumeist oberflächlich, und den ernsten Menschen, die ich kannte, fehlte Kubelíks Lebendigkeit. In Melbourne spielte ich mit ihm Beethovens Drittes und Viertes Klavierkonzert. Bei einer Phrase im Dritten Klavierkonzert spielte ich ein unverzeihliches Crescendo mitten in einer Passage mit dem Vermerk »piano«, und Kubelík sagte zu mir: »Natürlich ist das wunderbar effektvoll, was Sie da machen, sogar sehr schön, aber manchmal muss man auf die Schönheit des Moments zugunsten der Schönheit einer langen Linie und einer Struktur verzichten.« Das Konzept war mir nicht neu, da ich damit aufgewachsen war; aber Kubelíks Aussage war so klar und auf ein derart konkretes Beispiel bezogen, dass ich mich immer daran erinnert habe. Ich bewundere Kubelík als Musiker und als Mensch. Er ist einer der wenigen wirklich unabhängigen Musiker – er hat einen Weg ohne jeglichen künstlerischen Kompromiss gewählt, den Weg des größten und nicht des geringsten Widerstandes.

Die Resonanz auf meine Konzerte in Australien war freundlich, aber nicht überwältigend – die Rezensionen immer gemischt. Ich spielte in jeder kleinen Stadt ein umfassendes Repertoire – ein Brahms-Konzert ebenso wie Tschaikowskis Zweites Klavierkonzert und natürlich die Beethoven-Konzerte. Der Leiter des australischen Rundfunks zu dieser Zeit war Charles Moses – eine sehr beeindruckende und kompetente Persönlichkeit mit viel Sinn für Humor. Er fand besonderen Gefallen an mir und lud mich ein, 1962 wieder nach Australien zu kommen. Nur in Australien plante man damals bereits drei oder vier Jahre im Voraus. Nun hatte ich inzwischen schon einige Konzerte mit dem Haifa-Orchester – damals ein kleines Orchester – in Israel dirigiert und wollte gern mehr dirigieren. So kam ein Konzert mit dem Melbourne Symphony Orchestra und eines mit dem Sydney Symphony Orchestra zustande. Seit dieser zweiten Australienreise habe ich regelmäßig dirigiert.

Nach meiner ersten Australientournee 1959/60 ging ich in Israel wieder zur Schule. Ich war siebzehn, und das Leben war, was meine Karriere betraf, nicht leicht. Ich war kein Kind mehr und noch kein Erwachsener; das Interesse am »Wunderkind« war also geschwunden und das Interesse an meiner Entwicklung als Erwachsener noch nicht erwacht. Ich gab keine Konzerte mehr in den USA und hatte überhaupt sehr wenig zu tun, zudem steckte ich mitten in der Pubertät. Ich war sehr unglücklich über mein Leben und fragte mich, was ich tun sollte. Nun gab es in Tel Aviv, im so genannten Journalistenhaus Beit Sokolow, einen kleinen Konzertsaal, und der Organisator der Konzerte bot mir ein paar Auftritte an. Ich beschloss, alle Beethoven-Sonaten zu spielen. Es war Frühling 1960, mein letztes Schuljahr, und ich gab jeden Samstag ein Konzert. Das war eine Therapie gegen all mein Unglück. Ich hatte etwas begonnen und musste hart und ausdauernd arbeiten. Ich lernte alle Beethoven-Sonaten und spielte sie in acht aufeinander folgenden Konzerten.

Bei öffentlichen Auftritten besteht die Gefahr, dass man sich des Publikums zu bewusst wird. Man darf nicht mit dem Vorsatz auf die Bühne gehen, beeindrucken zu wollen, und auch nicht mit dem Willen, dieses oder jenes zu vermitteln. Die beste Kommunikation zwischen Künstler und Publikum kommt zustande, wenn der Künstler das Publikum nicht mehr bemerkt, sobald er zu spielen anfängt. Das Publikum erhält den stärksten Eindruck einer musikalischen Darbietung, wenn sich der Künstler ausschließlich auf die Musik konzentriert. Aber das ist natürlich nicht immer einfach. Rubinstein konnte nie wirklich arbeiten oder üben, wenn jemand zugegen war. Er erzählte mir die charmante Geschichte, dass er sogar, wenn er in seinem Hotelzimmer übte und der Kellner das Frühstück hereinbrachte, sofort und ganz automatisch begann, für den Kellner zu spielen.

Die Tatsache, dass das Klavier solch ein neutrales, uninteressantes Instrument ist, ist der Grund, warum man viel mehr Farben mit ihm erzeugen kann. Die Ursache ist einfach: Man kann keinen einzelnen schönen Ton auf dem Klavier produzieren. Nimmt ein großer Geiger eine wunderbare Stradivari in die Hand, so kann er einen einzelnen schönen Ton dadurch erzeugen, dass er die Färbung, die Intensität und die Lautstärke variiert. Beim Klavier beginnt das Konzept der Schönheit bei zwei Tönen. Sobald ein Ton weicher oder lauter oder kürzer ist und ich fähig bin, den Unterschied zwischen zwei Tönen deutlich erkennbar zu machen, kann ich beginnen, Ausdruck auf dem Klavier zu erzeugen. Der logische, fast lächerlich klingende Schluss liegt nahe, dass eine der wichtigsten Voraussetzungen, die man zum Klavierspielen benötigt, die Fähigkeit ist, das zu erzeugen, was für den Maler die Perspektive ist. Wenn ich ein Bild betrachte, kann ich sehen, dass einige Elemente näher und andere weiter entfernt zu sein scheinen. Das Klavier funktioniert auf ähnliche Weise. Es erzeugt eine Illusion. Man kann die Illusion eines Legato erzeugen. Um ein Portamento wie das eines Sängers erklingen zu lassen, muss man von einem Ton zum nächsten gehen, ohne zu unterbrechen. Alle großen Pianisten der Vergangenheit wie Busoni oder Eugen d'Albert – ich kann das selbstverständlich nur von Schallplatten beurteilen – besaßen diese Fähigkeit.

Die Töne auf dem Klavier sind so auszubalancieren, dass einige für das Ohr näher zu sein scheinen. Das bedeutet, wie ich schon gesagt habe, dass die zwei Hände nicht zwei, sondern einer oder zehn Einheiten entsprechen. Die Unabhängigkeit der Finger ist wichtiger als alles andere, und ich kann nur jedem Pianisten ausdrücklich empfehlen, immer wieder an den Fugen in Bachs Wohltemperiertem Klavier zu arbeiten.

Es kommt nicht darauf an, welches Instrument man spielt oder ob man dirigiert oder singt – man kann nur den Ton erzeugen, den man hervorbringen möchte, wenn man ihn den Bruchteil einer Sekunde vorher im Kopf hört. Das ist die Seite der Musik, die nicht unterrichtet werden kann. Ich könnte jemandem beibringen, wie er die Hände halten soll, wie er die zwei D, die drei G und die drei B im Eröffnungsakkord von Beethovens G-Dur-Konzert ausbalancieren muss, dass es eine Tonlage gibt, wo die Töne die Tendenz haben, lauter zu sein, und dass der Daumen mehr Gewicht als der kleine Finger hat. Aber wenn der Student unfähig ist, sich den Ton vorzustellen, bevor er ihn spielt – auch wenn sich seine Vorstellung von dem unterscheidet, was ich versuche, ihm zu erklären –, wird er nie den Ton erzeugen, den er anstrebt. Diese Fähigkeit, den gewünschten Ton und die Phrasierung in seinem inneren Ohr hören zu können, ist eine der wichtigsten Eigenschaften jedes Musikers.

Die andere Eigenschaft, die man nicht unterrichten kann, ist die Intensität des Gefühls für die Musik, die Beziehung zwischen Musiker und Musik. Viele Elemente der Musik kann man erklären, jene Elemente, die nicht nur intuitiv sind. Was man nicht erklären kann, ist der Grad der Intensität. Die Größe eines Musikers wird an dem Grad des Fanatismus gemessen, den er seinem Spiel zuführt. Will man zum Beispiel ein Sforzando spielen, das nicht schroff klingen soll, kann man sich auf den Ton lehnen. Wenn man nicht fähig ist, so etwas zu einem gegebenen Zeitpunkt zu erzeugen, sollte es einem fast physische Schmerzen verursachen. Wenn man sagt: »Also, der Akzent war ein bisschen schroffer, als ich es eigentlich wollte«, war es einfach nicht gut genug. Der Grad der Intensität, die zwischen Musiker und Musik besteht, überträgt sich auf das Publikum.

Die physischen Merkmale der Hände können Vor- und Nachteile haben. Es gibt Passagen bei Chopin und Liszt, wo man eine sehr große Spannweite braucht und die für mich schwieriger sind als vielleicht für manchen anderen

79

Pianisten. Es gibt einige Stücke, die ich nicht spielen kann, zum Beispiel Bartoks Zweites Klavierkonzert, eines meiner liebsten Stücke der Musik des 20. Jahrhunderts, weil ich meine Hand nicht weit genug dehnen kann. Aber ich habe Pianisten mit viel größeren Händen gesehen, die all das mühelos schaffen, die jedoch Schwierigkeiten haben, die Größe der Hand zu reduzieren, wenn sie Passagen spielen, die eine präzise Beherrschung der Finger voraussetzen. Es gibt gewisse Stücke wie Brahms' Erstes Klavierkonzert, wo die tatsächliche physische Spannung beim Spielen Teil der Musik ist. Robert Schumann wollte seine Hand größer machen. Er verunstaltete sie, indem er eine mechanische Einrichtung verwendete, die zur Ausdehnung der Spannweite entworfen worden war.

Musik wirklich gut zu spielen ist eine Frage der Balance zwischen der technischen und der musikalischen Seite. Man kann sie nicht voneinander trennen – jede technische Lösung hat einen Einfluss auf den musikalischen Ausdruck. Im letzten Satz von Beethovens *Appassionata* zum Beispiel ist es für einen Pianisten kompliziert genug, die Noten im verlangten Tempo zu spielen, aber nicht so kompliziert, wie die Sonate mit vollem Ausdruck zu spielen, was den musikalischen Bogen, die Phrasierung und die Intensität angeht. Das griechische Wort *techne* (τεχνή) bedeutet »Kunst«, aber die Bezeichnung »technisch« wird heute ausschließlich verwendet, um den mechanischen Aspekt einer künstlerischen Darbietung zu bezeichnen. Wenn die technischen Probleme der Fingerfertigkeit gelöst sind, ist es zu spät, um Musikalität, Phrasierung und musikalischen Ausdruck zu gewinnen. Das ist der Grund, warum ich nie mechanisch übe. Man muss eine gewisse Einheit von Anfang an wahren. Wenn wir rein mechanisch arbeiten, gehen wir das Risiko ein, das eigentliche Wesen der Musik zu verändern. Wenn wir »Kunst« als die Anwendung von

Kunstfertigkeit zum Erreichen des Ergebnisses der kreativen Vorstellungskraft definieren, verwenden wir »Technik« so, wie es heutzutage missverstanden wird, nämlich in der Bedeutung von etwas Mechanischem. Etwas ausschließlich Mechanisches kann nicht für Kunstfertigkeit gehalten werden.

Ein anderer Begriff, der oft Verwirrung stiftet, ist »Musikalität«. Er wird im Englischen nicht so oft verwendet wie im Deutschen und Französischen. »Musikalität« ist eine etwas unklare Beschreibung des Gefühls von musikalischem Ausdruck. Es ist eine häufig missbrauchte Bezeichnung, oft verwendet in Verbindung mit einem anderen, genauso häufig missverstandenen Begriff: »Inspiration«. Inspiration ist keine göttliche Gabe, auf die wir einfach passiv warten können. Man kann nicht mechanisch üben und hoffen, dass einem etwas von der göttlichen Inspiration während des eigentlichen Konzertes zufliegt. Wir sollten uns nicht von der Schönheit der Musik verblüffen lassen, sondern danach streben, die Ursache der Schönheit zu ergründen, ihre Gesetze und Bestandteile zu verstehen. Nur dann kann ein göttlicher Funke das erhellen, was durch Vernunft verstanden wurde. Shakespeare definierte sogar Geschicklichkeit als Vernunft. Inspiration kann erst hinzukommen, nachdem Vernunft angewandt wurde. Inspiration wird sich bestimmt nicht einstellen, wenn man auf ein Wunder wartet – wie auf das Erscheinen des Messias.

Musik beinhaltet also eine Anzahl einfacher Regeln: kein mechanisches Üben, kein passives Warten auf Inspiration, sondern eher bewusstes Suchen nach einer Verbindung zwischen dem Ausdruck und den Mitteln, den gewünschten Effekt zu erreichen. Scheinbar gegensätzliche Elemente bilden eine Einheit: Die rationalen, emotionalen, technischen und musikalischen Elemente sind in Wahrheit untrennbar.

Musik machen muss ein bewusster Prozess sein. Inspiration und Intuition stellen sich leichter ein, wenn zuerst das Fundament geschaffen wurde.

Ich kann Musik nicht als einen Beruf sehen, sondern eher als eine Art zu leben. Vertiefung und vollkommene Konzentration sind für den Interpreten eine *conditio sine qua non,* weil die bewusste Vermittlung von Musik nur zum Vergnügen des Zuhörers sofort den Charakter der Darbietung verändert. Wir dürfen unseren Gedanken nicht erlauben abzuschweifen: Die beste Art, mit dem Zuhörer zu kommunizieren, besteht darin mit uns selbst und mit der Musik zu kommunizieren, die wir spielen.

Unser Gang auf das Podium ist beinahe eine egozentrische Handlung, weil wir voraussetzen, dass unsere Musikdarbietung es wert ist, die Zeit und die volle Aufmerksamkeit von zwei- oder dreitausend Menschen im Publikum in Anspruch zu nehmen. Sobald das Konzert zu Ende ist, muss diese Egozentrik wieder aufgegeben werden, sonst würde sie unser eigenes Leben und das unserer Umgebung unerträglich machen. Jenseits äußerlicher Zurschaustellung kann das Ego zum Mittelpunkt von Kreativität und Phantasie werden. Doch allein auf die Qualität des Ego zu bauen ist ebenso fragwürdig, wie es außer Acht zu lassen.

Was den rationalen Aspekt der Wiedergabe von Musik betrifft, so kommt der Augenblick, der eine Synthese erfordert, wenn man nicht alle unterschiedlichen Interpretationsmöglichkeiten zur selben Zeit darstellen kann. Die beiden Konzepte gehören zusammen: Das Analytische schließt von der Wirkung auf die Ursache, und die Synthese von der Ursache auf die Wirkung. Das Wissen um die Wirkung hängt davon ab und schließt das Wissen um die Ursache ein. Verschiedene Komponisten mögen ihre Konzentration auf verschiedene Ausdruckselemente gerichtet haben – die

Entwicklung bestimmter Instrumente mag weitere Möglichkeiten eröffnet haben –, aber all das gehört zu den zeitbedingten und veränderlichen Mitteln des Ausdrucks und nicht zum Ausdruck selbst. So kann man sogar im philosophischen Sinn sagen: Wenn wir uns auf etwas Mechanisches verlassen oder auf etwas, das nicht gründlich zu Ende gedacht wurde, bedeutet dies, dass es zur Fehlinterpretation kommen muss.

Wenn wir versuchen, Musik als eine Philosophie zu verstehen, erkennen wir, dass sie drei Disziplinen beinhaltet – Physik, Metaphysik und Psychologie: Physik, weil eine Komposition nur als physischer Ton existiert und weil sie von den physischen Gesetzen der Akustik und der Obertöne abhängig ist; Metaphysik deswegen, weil Musik etwas jenseits des Physischen auszudrücken vermag – poetisch gesprochen –, weil Musik eine Stille hörbar machen kann; und Psychologie, weil die verschiedenen Elemente einer Komposition zueinander in Beziehung stehen, wobei gewisse Elemente mehr oder weniger dominieren, mit einer Spannung zwischen Harmonien, Rhythmen oder Motiven, die Erinnerungen an seelische Zustände wachrufen. Jedes Konzert muss eine Natürlichkeit bewahren und darf die vorangegangene analytische Arbeit nicht erkennbar werden lassen. Während eines Konzertes werden das Bewusste und das Unbewusste, das Rationale und das Intuitive eins – man sollte das Gefühl haben, dass man mit den Gefühlen denken und mit den Gedanken fühlen kann.

Die Fragen der menschlichen Existenz sind durch den Fortschritt, den wir in der Technik und anderen wissenschaftlichen Bereichen erleben, nicht beantwortet. Der Mensch hat immer mit sich selbst leben müssen. Er muss seine Position in seiner Familie und in der Gesellschaft finden. Das ist vielleicht das, was Spinoza mit dem Bedürfnis, den Zusammenhang zwischen Geist und Natur zu entdecken, meint. Darum geht es in der Musik, und das macht sie so unverwechselbar. Wir können vielleicht die Orchestrierung Beethovens verändern oder ein modernes Klavier verwenden, das über größere Möglichkeiten verfügt als die Instrumente der Beethoven-Zeit – aber seine Musik, der Geist des Werkes, bleibt unverändert.

Jedes Kunstwerk hat »zwei Gesichter«; eines ist der Ewigkeit zugewendet, das andere blickt in die eigene Zeit. Es gibt Bräuche und Moden, die für eine gewisse Epoche typisch sind, und einige Kompositionen bringen eine ganze Epoche zum Ausdruck. Dieser Aspekt einer Komposition mag veraltet und für zukünftige Generationen uninteressant sein. Was bleibt, ist der Geist des Werks, das Wesentliche. Musik ist daher vollkommen unabhängig. Sie bedarf weder der Bestätigung ihres Wertes noch wissenschaftlicher Hilfe oder der Unterstützung anderer Künste, um zu existieren und verstanden zu werden. Eine Komposition sollte aus sich heraus und für sich verstanden werden und nicht für einen bestimmten Zweck, so positiv und nützlich er auch sein mag, erschaffen sein. Sie kann für einen materiell oder geistig profitablen Zweck genutzt werden, hat aber selbst keine Eigenschaften. Musik beschreibt nicht nur etwas; sie ist weder gütig noch böswillig. Oberflächlich betrachtet kann Musik Laute imitieren – einen Vogel oder das Rauschen des Meeres –, aber darauf kommt es nicht an. Auch mag uns eine gewisse musikalische Atmosphäre an eine Liebesszene erinnern, eine andere an eine majestätische Prozession, aber diese Erinnerungen sind kennzeichnend für uns und nicht für die Musik. Ich habe oft vollkommen unterschiedliche Empfindungen zu ein und demselben Musikstück zu verschiedenen Zeiten. Vereinfachend kann man sagen, dass Musik die jeweilige Stimmung, in der man sich befindet, intensiviert. Natürlich wird man den Trauermarsch in der *Eroica* nicht als freudige Musik auffassen können – bei keiner Gelegenheit –, aber das ist eher die Ausnahme als die Regel.

Wir können das Unendliche in der Musik nur verstehen, wenn wir diese Unendlichkeit in uns selbst suchen. Als menschliche Wesen besitzen wir nichts Unendliches; aber ich glaube, dass wir Musiker mit unserer begrenzten Kraft eine Illusion von Unendlichkeit erzeugen können. Nur durch Kenntnis von uns selbst können wir die Dinge außerhalb von uns erkennen. Wenn wir mit Musik arbeiten, müssen wir wissen, ob eine bestimmte Passage Schwierigkeiten in der physischen Beherrschung verursacht oder eine Erregung, die unsere Vernunft und unser Verstehen ausschaltet. Ich glaube, dass es gefährlich ist, großen Musikern nachzueifern, die als Menschen weniger anziehend waren. Wagner ist ein deutliches Beispiel dafür. Seine negativen Eigenschaften machten ihn nicht zu dem großen Komponisten, der er war: Er war ein großer Komponist trotz dieser negativen Eigenschaften.

Es klingt vielleicht prätentiös, aber wenn Künstler sich selbst gegenüber ehrlich sind, werden sie sich eingestehen, dass sie bisweilen ein Gefühl entwickeln, sie könnten sich über jegliche Konventionen hinwegsetzen. Es ist sehr schwer, vom Musizieren in das alltägliche Leben zurückzufinden. Das ist vielleicht der Grund, warum so viele Künstler in ihrem Privatleben Schwierigkeiten haben. Ich rate jungen Künstlern immer, dass sie sich über die Existenz dieser zwei Welten im Klaren sein und dass sie all die Entschlossenheit, das Feuer und die Autorität ihrer einzigartigen Kunst beibehalten sollten, aber dass sie wissen müssen, dass es nichts Einzigartiges in ihrem Leben außerhalb der Kunst gibt. Wir sind uns alle ziemlich ähnlich.

Als ich 1960 den kompletten Zyklus der Beethoven-Sonaten zum ersten Mal spielte, traf ich einen Musiker, mit dem

ich später in sehr engen Kontakt kommen sollte und vor
dem ich große Achtung hatte – Sir Clifford Curzon. Er
spielte mit dem Israelischen Philharmonischen Orchester
und interessierte sich für meine Beethoven-Soloabende. Mir
gegenüber war er ebenso großzügig wie herzlich. Später, als
ich ihn schon gut kannte, dirigierte ich viel mit ihm. Er kam
aus einem ganz anderen Milieu – ein englischer Gentleman
vergangener Zeiten. Er war ein feinsinniger Mensch, der selten etwas auf die leichte Schulter nahm. Ich hingegen war
jung und ein Produkt der sehr positiven israelischen Erzie-
hungsphilosophie, und vieles von dem, was Curzon beun-
ruhigte, schien mir unnötig kompliziert und problematisiert
worden zu sein. Aber ich empfand für ihn, den Musiker und
Pianisten, große Bewunderung. Einige der befriedigendsten
Aufführungen, die ich erlebte, allen voran die Mozart-Konzerte, habe ich ihm zu verdanken. Einmal hörte ich ihn
Griegs Klavierkonzert spielen, ein für ihn eher untypisches
Stück, bei dem er ganz außergewöhnliche Farbakzente setzte;
dann spielte er Liszts A-Dur-Konzert – ich dirigierte das
Cleveland Orchestra –, das mir als eine der überzeugends-
ten Interpretationen dieses Werks in Erinnerung ist.

Curzon hatte ein ganz eigenes Gefühl für Klang – insbesondere bei Mozart und Schubert. Er erzeugte einen glo-
ckenähnlichen Ton auf dem Klavier. Auch hatte er ein sehr
erlesenes Gefühl für Rhythmus, das er seiner Arbeit mit
Wanda Landowska verdankte; sie ermutigte ihn stets zu viel
Freiheit innerhalb eines klassischen Rahmens. Während
seiner Konzerte litt Curzon furchtbar unter Nervosität, und
er hatte große Schwierigkeiten, den Elan, der ihm beim privaten Spiel eigen war, auch in der Öffentlichkeit zur Gel-
tung zu bringen. Curzon kam aus der Schule Schnabels, wo
er bei Artur Schnabel selbst und bei Wanda Landowska
studiert hatte; seine Erzählungen über diesen Unterricht
faszinierten mich ungemein.

Innerhalb der Klaviermusik gab es im Grunde drei verschiedene Lager: zum einen die Bewunderer der Virtuosen-Schule, die weder Fischer noch Schnabel Aufmerksamkeit schenkten; zum anderen die so genannten Intellektuellen, die von Schnabels analytischen Fähigkeiten, wie sie in seiner Edition der Beethoven-Sonaten festgehalten sind, fasziniert waren und die in Edwin Fischer einen sensiblen und lebendigen, aber gänzlich intuitiven, improvisierenden Typus eines Pianisten sahen. Schließlich das dritte Lager, das Fischer-Lager, das die Schnabel-Anhänger natürlich als viel zu intellektuell und rational erachtete. Durch meine Freundschaft mit Sir Clifford Curzon wurde mir klar, dass ein Musiker viel Instinkt und Intuition mit Überlegung und Analyse kombinieren kann und dass das essentiell für Schnabels Art war. Die Puristen warfen Schnabel vor, er sei zu emotional, und die Bewunderer der intuitiven Annäherung kritisierten an ihm den Einsatz von zu viel Intellekt. Tatsächlich gibt es keinen Widerspruch zwischen diesen beiden Eigenschaften.

Man hatte das Gefühl, dass ein gewisser Mangel an Intellektualität bei Fischer fast als fehlende Intelligenz interpretiert wurde. Dieser Meinung bin ich überhaupt nicht. Fischer war von einer gewissen Naivität, er war überzeugt von der Natürlichkeit. Alles musste so natürlich wie möglich klingen. Er suchte immer nach Naivität im musikalischen Ausdruck, im positiven Sinne, nach Frische und Reinheit und dem Gegenteil von Manipulation. Am Anfang sollte man einem Werk naiv begegnen. Der nächste, kompliziertere Schritt betrifft die Art, wie man arbeitet und was man durch Analyse und Beobachtung lernen kann. Das sollte idealerweise zum dritten Schritt führen, zu einem größeren Wissen über das Kunstwerk, zu einer bewussten Naivität. Diese Art von Musik findet man bei Mozart, in Beethovens Opus 27, Nr. 1, in der Introduktion zum langsamen Satz von Dvořáks Cellokonzert – sie wirkt fast kindlich. Man muss sich allerdings über gewisse philosophische Vorstellungen im Klaren sein. Kindlich bedeutet nicht kindisch, so wie Gefühl nicht Sentimentalität ist. Das kindliche Element in der Kunst und im musikalischen Ausdruck ist sehr wichtig. Es ist eine Entwicklungsstufe, die nur wenige große Künstler erreichen, und dafür war Fischer ein hervorragendes Beispiel.

Es hat verschiedene Klavierschulen gegeben. Es gab die so genannte Deutsche Schule, die im hohen Maß von dem Wiener Theodor Leschetizky geprägt wurde. Eine Vielzahl von Pianisten – darunter Artur Schnabel, Edwin Fischer, Wilhelm Backhaus, Walter Gieseking und Wilhelm Kempff – gingen aus ihr hervor. Dann gab es die berühmte Russische Schule, die auf der ganzen Welt durch große sowjetische Virtuosen wie Emil Gilels, Swjatoslaw Richter, Sergej Rachmaninow und Wladimir Horowitz bekannt wurde. Noch vor diesen beiden gab es eine Französische Schule, die nicht so groß war, die uns aber Alfred Cortot und Yves Nat bescherte – meiner Meinung nach ein großer Pianist, der leider außerhalb Frankreichs unterbewertet ist; und dann die große Italienische Schule, die von Ferruccio Busoni über Arturo Benedetti Michelangeli bis zu Maurizio Pollini reichte. Jede dieser Schulen hatte in gewisser Weise eine Verbindung zu Liszt. Keine wäre ohne diese großväterliche Person möglich gewesen. Meiner Meinung nach wurde die ungarisch-slawische Seite Liszts von den Russen entwickelt, die Eleganz seines Spiels wurde von der Französischen Schule adaptiert und die intellektuellere Seite von der Deutschen und der Italienischen Schule. Wenn man diese Klavierschulen analysiert, kann man fast die verschiedenen Stadien in Liszts Leben erkennen: Budapest mit der Verbindung zum Osten, Rom in den späteren Jahren, Weimar und natürlich Paris.

Der deutsche Zweig, der durch Busoni und Arrau zu uns kam, war wahrscheinlich beeinflusst von Liszts Interesse für Wagner und für die Transkriptionen der Beethoven-Symphonien und der Lieder, wovon die meisten von Schubert stammten. Der russische Zweig hatte mehr mit Virtuosität zu tun; die rein pianistische Seite Liszts wurde dort mit viel größerer Freiheit im Rubato entwickelt, mit einer großen Fähigkeit, die Stimmen geschickt zu behandeln, versteckte Stimmen den Klavierakkorden zu entlocken (das bedeutendste Beispiel hierfür war der polnische Pianist Josef Hofmann) und eine große Fähigkeit, den Sinn für die Perspektive im Klavierspiel zu entfalten. In dieser Schule spürt man einen viel größeren dynamischen Umfang zwischen der Melodie und der Begleitung; immer wieder wird die Melodie in einem kraftvollen Mezzoforte oder Forte gespielt und die Begleitung pianissimo, wohingegen die Deutsche Schule das Akkompagnement und die Melodie in einem ganz engen Bereich ausbalanciert. Das ist nur eines der Merkmale der Russischen Schule, das dann in der modernen Sowjetischen Schule weitergeführt wurde.

Die Sowjetunion hat viele große pianistische Talente hervorgebracht. Da über lange Jahre ein Austausch mit dem Westen unmöglich war, wurde dort eine gewisse Reinheit des so genannten romantischen Stils länger bewahrt als anderswo. Als ich 1965 das erste Mal dort war, spürte ich den Widerspruch zwischen der freien, schöpferischen Art, Klavier zu spielen, und dem grauen und trostlosen Alltag sehr stark. Offenbar waren die Musiker fähig, all ihre Frustrationen über die Unzulänglichkeiten des Lebens in ihr Spiel einfließen zu lassen. Das Leben war sehr nüchtern, doch die Welt der Musik war überaus phantasiereich. Es überrascht nicht, dass die Musiker in den letzten zwanzig Jahren vor dem Ende der Sowjetunion, als ein intensiverer Kulturaustausch stattfand und viele von ihnen in engeren

Kontakt mit der westlichen Welt und der modernen Art, Musik zu machen, kamen, etwas von dieser für mich sehr reizvollen und altmodischen Art zu musizieren verloren haben – geradeso als seien sie von der weniger attraktiven Seite des Westens angezogen worden. Ich interessierte mich sehr für die historischen Veränderungen, die 1989 zur Wiedervereinigung Deutschlands geführt hatten, vor allem für die Zeit, in der dieser Prozess begann. Es ist wichtig für den Westen, nicht nur dem Osten die liberalere Lebensauffassung nahe zu bringen, sondern selbst auch einen Sinn für Werte des Ostens zu entwickeln, Werte, die einer Lebenssituation entsprachen, die für Unterhaltung und Vergnügen wenig Raum ließ, sodass die Begeisterung für menschliche und kulturelle Werte viel größer war. Dass ich viele Menschen in der Moskauer Metro beobachten konnte, die Dostojewski und Tschechow lasen, mag vielleicht ein Resultat der Restriktionen sein, die ihnen in der Vergangenheit auferlegt worden waren; aber das bedeutet nicht, dass wir dies alles zurückweisen müssen, nur weil es mit einem politischen System in Verbindung gebracht wird, das wir abgelehnt haben. Ich hoffe sehr, dass diese Menschen ihre kulturellen Werte mit dem Westen teilen werden. Ich bin mir sicher, dass sie dazu bereit sind, vorausgesetzt, der Westen ist für diese Art von Einfluss offen. Sonst wäre die so genannte Befreiung Ostdeutschlands nur eine moderne Version des Kolonialismus.

Im Frühjahr 1960 beendete ich die Schule und bekam mein Abschlusszeugnis. Danach ging ich auf meine erste Tournee nach Südamerika. Mein Vater begleitete mich, und erstmals nach acht Jahren kamen wir wieder nach Buenos Aires. Ich fuhr allein weiter nach Peru, Brasilien, Venezuela und Mexiko und spielte in Medellin in Kolumbien – damals ein kulturelles Zentrum in Südamerika, heute Drogenhauptstadt – alle Beethoven-Sonaten, wobei mir meine Erfahrungen aus den frühen Beethoven-Konzerten in Tel Aviv sehr zugute kamen. Dann allerdings befand ich mich in der gleichen schwierigen Situation wie zuvor – ich hatte nicht viel zu tun. Im folgenden Jahr spielte ich meinen ersten kompletten Zyklus der Mozart-Sonaten in Tel Aviv und Jerusalem und gab Konzerte an anderen Orten in Israel. So spielte ich erstmals auch in Elath und verbrachte den Großteil dieser Zeit in Israel.

Erst nach meiner zweiten Australienreise 1962, bei der ich spielte und dirigierte, wurde das Leben einfacher. Ich dirigierte das Melbourne Symphony Orchestra, Mozarts Symphonie Nr. 40 in g-Moll, das Klarinettenkonzert und Beethovens Vierte Symphonie. Wir führten fast das gleiche Programm mit dem Sydney Symphony Orchestra auf, spielten allerdings statt des Klarinettenkonzerts das Flötenkonzert in G-Dur. Im selben Jahr fuhr ich auch in die USA und spielte wieder in New York. Ich fing an, regelmäßig mit William Steinberg zu musizieren, einem wirklich fabelhaften Dirigenten. In den späten 1950er und frühen 60er Jahren war er Chefdirigent sowohl des Pittsburgh Symphony Orchestra als auch des London Philharmonic Orchestra. Ich spielte mit ihm in beiden Städten: In London gelang uns eine besonders befriedigende Aufführung von Beethovens Viertem Klavierkonzert, und in Pittsburgh spielte ich fast jedes Jahr. Steinberg wurde später Berater der New Yorker Philharmoniker, und ich trat dort oft mit ihm auf. Ich erinnere mich, dass ich hauptsächlich Mozart-Konzerte, aber auch einige Beethoven-Konzerte und das Erste Klavierkonzert von Brahms spielte.

Steinberg war ein außergewöhnlich kultivierter Musiker und selbst ein guter Pianist gewesen; in Köln hatte er das Klaviersolo in Schönbergs *Pierrot Lunaire* unter Otto Klemperer gespielt. Steinberg war derjenige, der das Israelische Philharmonische Orchester, das von Bronislaw Hubermann 1936 gegründet wurde, eigentlich geschult hatte. Der erste Dirigent der Israelischen Philharmoniker war kein geringerer als Arturo Toscanini. Natürlich musste ein neues Orchester mit Mitgliedern aus verschiedenen Ländern vor Toscaninis Ankunft eingeübt und vorbereitet werden. Für diese Aufgabe wurde Steinberg auserwählt. Er war ein sehr guter Dirigent, der ein Orchester in höchstem Maße kontrollieren konnte, außerdem verfügte er über ein großes Repertoire. Er war nicht nur im deutschen Repertoire zu Hause – bei Bruckner und Mahler, von Beethoven und Brahms gar nicht zu sprechen –, sondern war auch ein großer Interpret von Berlioz und Elgar, zwei Komponisten, die in den 1950er und 60er Jahren in den USA nicht sehr häufig gespielt wurden.

Steinberg machte zu jedem Stück, das ich mit ihm spielte, sehr interessante und sachbezogene Vorschläge. Ein Detail, an das ich mich erinnere, war sein Kommentar zum Übergang vom zweiten zum dritten Satz in Beethovens Fünftem Klavierkonzert. Der zweite Satz endet in B-Dur, die Musik kommt zu einem bedrückend wirkenden Ende, und es gibt einen fast magischen Augenblick, wenn das B ganz ohne Harmonie übrig bleibt und einen halben Ton, der Dominante zu Es, zu der Tonart des letzten Satzes heruntergeht. Dann folgt eine langsame Vorahnung des Themas vom letzten Satz für Klavier, nur begleitet vom anhaltenden Horn und von Pizzicato-Akkorden in den Streichern, als ob das Thema des letzten Satzes im Entstehen präsentiert würde – sehr suchend. Es folgt eine Pause auf den Auftakt zum letzten Satz – alles pianissimo –, dann bricht die Hölle los, und das Klavier spielt das Thema des letzten Satzes fortissimo. Dieser Auftakt ist natürlich sehr kompliziert, weil der Ton die Tendenz hat, schwächer zu werden, und es ist schwer, den Raum zwischen diesem letzten Ton auf dem

Klavier und dem Anfang des letzten Satzes zu füllen. Steinberg erzählte, dass Eugen d'Albert, ein großer Beethoven-Interpret, die Illusion eines riesigen Crescendos auf der letzten Note des Übergangs schuf und dadurch die Explosivität des Anfangs dieses letzten Satzes unvermeidlich erscheinen ließ. Wann immer ich dieses Stück spielte, musste ich daran denken. Es ist absolut richtig, und ich war immer erstaunt, wie sich diese Illusion auf das Orchester und – wie ich annehme – auch auf das Publikum übertrug. Das ist nur eines der vielen Beispiele von Steinbergs Wissen und Vorstellungskraft.

Eine der Städte, in denen ich immer ein treues und anhängliches Publikum hatte und wo man mich jedes Mal, wenn ich in den USA war, engagierte, war Chicago. Meine Verbindung zu Chicago geht auf das Jahr 1958 und auf Sol Hurok zurück, der ein Impresario alten Stils war. Man hatte das Gefühl, dass er nur sehen musste, wie jemand das Podium betrat, um zu wissen, ob die Aufführung ein Erfolg werden würde. Er maßte sich keine besondere Musikkultur an, aber er hatte den Instinkt eines Impresarios. Er war Selfmademan, das typische Beispiel eines jüdisch-europäischen Immigranten. Er kam nach Amerika ohne einen Cent in der Tasche und machte eine beachtliche Karriere. Und es gab in Chicago einen Mann namens Harry Zelzer, der so etwas wie die absolute Macht über alle Konzerte dort hatte und dessen »Allied Arts« auch eine Serie von Klavier-Soloabenden beinhaltete. Er engagierte mich immer. Ist es ein seltsamer Zufall oder Schicksal, dass ich heute als Chefdirigent des Chicago Symphony Orchestra in diese Stadt zurückgekehrt bin?

Von 1962 an verbrachte ich immer mehr Zeit in England. Ich spielte damals zum ersten Mal mit Sir John Barbirolli. Abgesehen davon, dass er ein großer Musiker und Dirigent war, hatte er eine sehr individuelle Art zu dirigieren, Partituren zu studieren und vorzubereiten. Er war mehr intuitiv denn rational veranlagt und dabei überaus lebhaft und phantasievoll. Obwohl er eine französische Mutter und einen italienischen Vater hatte, war er ein echter Londoner – sein Cockney war perfekt.

Überraschenderweise hatte Barbirolli eine besondere Affinität zu Mahler. Er war derjenige, der Mahler den Berliner Philharmonikern nahe brachte, indem er viele der Symphonien mit ihnen spielte. Er war auch ein hervorragender Cellist – immerhin war er derjenige, der das Cello im Orchester bei der Welturaufführung von Elgars Cellokonzert spielte. Ich glaube, er spielte auch Cello in der ersten Aufführung von Arnold Schönbergs Kammersymphonie Nr. 1 1925 in England. Zweifelsohne war er ein äußerst progressiver Musiker, sehr eklektisch, gleichermaßen zu Hause bei Mahler, Haydn, Puccini und Brahms. Er dirigierte einige der besten Aufführungen französischer Musik, die ich je gehört habe – zum Beispiel Debussys *La Mer* und Einiges von Ravel. Und dann natürlich immer wieder Elgar, zu dem er eine besondere Beziehung hatte. Zu seinen Lebzeiten hat man Barbirolli in England häufig kritisiert, besonders für seine Elgar-Interpretation. Man empfand ihn als zu emotional und meinte, er würde sich zu viele Freiheiten nehmen. Aber ich hatte das Gefühl, dass er Elgars Musik eine Dimension hinzufügte, die sonst so oft fehlte: eine gewisse Nervosität, die Elgar mit Mahler gemeinsam hat. Es ist wohl kein Zufall, dass Mahler Elgars *Enigma Variations* bei einem seiner letzten Konzerte in New York dirigierte. Es gibt fast so etwas wie eine Übersensibilität in einigen von Elgars größeren Werken, die manchmal der konventionellen Vorstellung von Elgar als perfektem englischem Gentleman und viktorianischem Komponisten geopfert wird. Es erinnert mich an die vereinfachende Vorstellung von Haydn als »Papa Haydn«.

Elgars Schicksal war dem Berlioz' ähnlich, der zuerst in Deutschland akzeptiert wurde, bevor er in seinem eigenen Land Anerkennung fand. Elgar hatte einen seiner ersten großen Erfolge 1904 in Düsseldorf mit *Der Traum des Gerontius*, und sein größter Bewunderer war Richard Strauss. Strauss propagierte Elgar zu einer Zeit, als er in England ganz und gar unpopulär war. Vieles hat sich seitdem verändert, und mit der Zeit wurde er ein Nationalheld.

Barbirolli hatte auch eine besondere Affinität zu anderer englischer Musik, insbesondere zu der von Vaughan Williams, und er hegte auch große Zuneigung zu Haydn. Er dirigierte einige hervorragende Aufführungen der Haydn-Symphonien mit den Berliner Philharmonikern. Seine Art, Musik zu machen, hatte etwas sehr Natürliches – er war im besten Sinne des Wortes ein Musikant. Weniger bekannt ist die Präzision und Sorgfalt, mit der er stets seine Proben vorbereitete. Bemerkenswert war nicht nur die Art, wie er die Partituren studierte, sondern die Tatsache, dass er die Bogenführung jedes einzelnen Streicherteils in fast jede Stimme persönlich einschrieb. Er war fähig, den Streichern Bogenführungen vorzuschlagen, die unwillkürlich den Klang und die Artikulation, die er erzielen wollte, entstehen ließen. Er konnte den »Barbirolli-Klang« mit fast jedem Orchester, das er dirigierte, erzeugen.

Barbirolli war ein sehr warmherziger Mensch und wurde von fast allen Musikern, die ihn kennen lernten, geliebt. Seine Unsicherheit war wahrscheinlich das Resultat einer unglücklichen Zeit, die er als Toscaninis Nachfolger beim New York Philharmonic Orchestra erlebte. Ich spielte beinahe regelmäßig mit Barbirolli und dem Hallé-Orchester in Manchester, als er begann, Mahlers Symphonien zu dirigieren. Er engagierte mich oft für ein Mozart-Konzert vor einer Mahler-Symphonie.

Zwischen 1962 und 1966 spielte ich meistens in England. Im Dezember 1962 war ich aber auch in Montreal, wo ich zum ersten Mal Richard Strauss' *Burleske* unter der Leitung von Zubin Mehta spielte, und kurz darauf gab ich ein Konzert in Los Angeles mit János Ferencsik. Seit 1963 konzertierte ich auch in Deutschland. Mein Debüt fand in München statt, mit Fritz Rieger und den Münchner Philharmonikern, und kurz danach spielte ich in Berlin mit dem RIAS-Symphonieorchester in einer Serie, die sich »RIAS stellt vor« nannte. Bei dieser Gelegenheit hörte mich Wolfgang Stresemann, der Intendant der Berliner Philharmoniker, und lud mich ein, im darauf folgenden Jahr mit dem Orchester zu spielen. Er engagierte mich für zwei Konzerte, die im Juni und September 1964 stattfanden.

Für das Junikonzert, das der Musik des 20. Jahrhunderts gewidmet war, hatte er schon Pierre Boulez engagiert, der Bartóks Erstes Klavierkonzert ins Programm nehmen wollte. Nun stand ich vor der Wahl, entweder Bartóks Konzert, das ich zuvor weder gehört noch gespielt hatte, zu lernen, oder die Chance, mit den Berliner Philharmonikern in dieser Saison zu spielen, zu vergeben. Selbstverständlich entschied ich mich für Bartóks Konzert. Das war der Beginn meiner langen, fruchtbaren Freundschaft mit Boulez. Stresemann überließ mir die Wahl des Programms für das zweite Konzert im September. Anlässlich des zehnten Todestages von Furtwängler beschloss ich, sein Klavierkonzert zu spielen. Ich werde die Überraschung in Stresemanns Blick, als ich diese Idee vortrug, nie vergessen. Sicher hatte er ein Beethoven-, Brahms- oder vielleicht Mozart-Konzert erwartet – Furtwänglers Konzert war wohl das Letzte, woran er gedacht hatte. Aber er akzeptierte meinen Wunsch, mit den Berliner Philharmonikern eine Komposition ihres früheren Chefdirigenten zu spielen. Die Aufführung fand im September 1964 unter der Leitung von Zubin Mehta statt.

Fast dreißig Jahre lang war Wolfgang Stresemann nicht nur mein Freund, sondern auch mein Leitstern in Berlin gewesen. Er war selbst ausgebildeter Dirigent, ein großer Bewunderer von Bruno Walter und ein außergewöhnlich kultivierter Mensch. Es gab in Berlin kein Konzert, das er nicht besuchte und danach mit seiner sachbezogenen Kritik bedachte. Sehr oft hat er Anmerkungen zum Tempo oder zur Balance im Orchester gemacht. Ich habe nicht nur seine Freundlichkeit und Bewunderung sehr geschätzt, beeindruckt haben mich auch seine absolute Ehrlichkeit und sein Mut, mir zu sagen, was er dachte – was nicht immer schmeichelhaft für mich ausfiel.

Furtwänglers Klavierkonzert war ein Liebesdienst. Es ist ein sehr langes Konzert – von mehr als fünfundsiebzig Minuten Dauer – und besonders schwierig, aber nicht uninteressant. Die Klavierkonzert-Literatur ist äußerst dürftig, was postromantische Werke betrifft. Es gibt ein Konzert von Reger in dieser Richtung, aber nichts Vergleichbares von Mahler, Bruckner oder Richard Strauss (nur die herrliche Burleske), sodass Furtwänglers Konzert wirklich eine Lücke füllt. Man kann in ihm den Einfluss von Brahms, Tschaikowski, Wagner und sogar César Franck spüren, aber es ist außergewöhnlich gut geschrieben und orchestriert, und ich finde, dass es einen Platz im Repertoire verdient. Vor der Berliner Aufführung hatte ich es für eine Rundfunksendung in Zürich gespielt. Auch in Los Angeles gab ich es einmal und würde es gern wieder spielen. Das Scherzo aus Furtwänglers Zweiter Symphonie spielte ich mit den Berliner Philharmonikern aus Anlass seines hundertsten Geburtstags, und 2002 dirigierte ich das gesamte Werk mit dem Chicago Symphony Orchestra.

Mit Zubin Mehta musizierte ich nicht nur in Nordamerika, er lud mich auch 1963 oder 1964 nach Paris zu Konzerten mit der Société des Concerts du Conservatoire ein.

Mein Freund wurde mein hilfreicher Engel. Es gab immer einige wenige Menschen, die an mich glaubten. Sol Hurok vertrat meine Interessen in den USA, und Ian Hunter tat dasselbe in England. Sie gaben mir auch eine Chance zu einem Zeitpunkt, als es ihnen finanziell nichts einbrachte. Der chilenische Pianist Claudio Arrau, der seine Karriere auch in jungen Jahren begonnen hatte, hat einmal gesagt: »Je länger die Hosen wurden, desto kleiner wurde der Erfolg.«

Seit meiner Kindheit ist Claudio Arrau für mich der ideale Musiker gewesen. Es war unglaublich, wie er sein Instrument beherrschte; zudem verfügte er über das wohl breiteste Repertoire, das ein Pianist je hatte. Auch gingen seine Interessen weit über sein Instrument hinaus. Wenn er auf Tournee war, konnte man ihn an jedem freien Tag in der Oper antreffen, in den Buchhandlungen und in allen möglichen Ausstellungen. In Arrau verschmolzen die romanische und deutsche Mentalität miteinander. Er kam als sehr junger Mann nach Berlin und absolvierte dort seine ganze Ausbildung als Schüler von Martin Krause, der seinerseits ein Schüler von Liszt war.

Arrau öffnete mir in vielen wichtigen musikalischen Fragen die Augen. Er war bekannt und anerkannt als ein großer Interpret der Beethoven-Sonaten und -Konzerte und natürlich auch der Brahms-Konzerte; und er war der erste Musiker, der mir, als ich noch Kind war, klarmachte, dass Liszt nicht nur der Virtuose war, als den man ihn kannte, sondern auch ein sehr wichtiger und ausdrucksstarker Musiker, der auf einzigartige Weise das ungarische Temperament mit Elementen der französischen Erziehung und Literatur verband (und das nicht nur durch Marie d'Agoult), aber gleichwohl einen sehr engen Kontakt zu alldem bewahrte, was im deutschen Musikleben wichtig und interessant war. Liszts Bedeutung in musikhistorischer Hinsicht sollte keinesfalls unterschätzt werden. Wagner hätte anders komponiert, wenn er mit Liszt nicht in Kontakt gekommen wäre. Heute weiß und akzeptiert man das, aber 1950 war es sicher nicht so. Dass Arrau mit seinem Ruhm als großer, seriöser Musiker und Beethoven-Interpret nicht nur das Klavierspielen beherrschte, sondern auch das Interesse hatte, den Werken Liszts so viel Zeit und Energie zu widmen, war eine große Inspiration für mich und viele andere.

Arrau hatte eine sehr charakteristische Art, Klavier zu spielen. Es war nichts Steifes an der Art, wie er seine Hände oder seine Arme auf die Tasten legte – er kämpfte sogar gegen die Steifheit, die gewisse Klavierschulen lehren. Man darf nicht vergessen, dass es selbst im 20. Jahrhundert noch viele Klavierlehrer gab, die ihren Schülern eine Münze auf den Handrücken legten, die, wie schnell auch immer die Finger sich bewegten und von einem Ende der Tastatur zum anderen sprangen, nicht herunterfallen durfte. In bestimmten Kreisen bewunderte man diese Steifheit im Klavierspiel, die in Wahrheit sehr unmusikalisch ist. Arrau entwickelte einen warmen, weichen und satten Ton auf dem Klavier, wie man ihn zuvor nicht kannte. Ich hörte ihn oft in den 1950er und 60er Jahren und konzertierte später regelmäßig als Dirigent mit ihm.

Arrau war auch für seine Kompromisslosigkeit berühmt. Er hatte den Mut, in seinem Spiel nur den eigenen Überzeugungen und Vorstellungen zu folgen, und ließ sich nie auf leichten Erfolg oder billige Effekte ein, nur um ein Publikum zu gewinnen. Das betraf die Wahl der Tempi und den Ausdruck, den er aus der Musik hervorholte. Dies galt sowohl für Liszt und Debussy als auch für Schubert und Mozart, bei denen er sich den Luxus erlaubte, einen Grad an Intensität und Tiefe in der Musik zum Vorschein zu bringen, der üblicherweise nicht mit diesen Komponisten assoziiert wurde. Die Weigerung, Kompromisse einzuge-

hen, rührte selbstverständlich auch von seiner außergewöhnlichen Ehrlichkeit und Aufrichtigkeit her. Er kam oft
zu meinen Klavierkonzerten, selbst als ich noch sehr jung
war, und überschüttete mich nie mit leeren Komplimenten.
Er hatte immer etwas Kritisches anzumerken und tat dies
auf die denkbar positivste Art. Ich fühlte mich nie entmu-
tigt durch das, was er mir zu sagen hatte; aber er war nie
unverbindlich höflich und gab mir immer Stoff zum Nachdenken.

In Argentinien gab es ein Gesetz, das besagte, dass ein ge-
bürtiger Argentinier bis an sein Lebensende argentinischer
Staatsbürger bleibt. Dieses Gesetz rettete das Leben vieler
deutscher und polnischer Juden, die in den 1920er Jahren
nach Argentinien emigriert waren. Viele kehrten später mit
ihren Kindern, die in Argentinien geboren worden waren,
in ihre ursprüngliche Heimat zurück. Als Hitler an die
Macht kam, konnte er ihnen aufgrund ihres argentinischen
Passes nichts anhaben, zumindest hatte er größere Schwierigkeiten, ihrer habhaft zu werden.
Ich war neunzehn oder zwanzig, als ich zum Wehrdienst
nach Argentinien einberufen wurde. Zu dieser Zeit wurden die Wehrpflichtigen wie in einer Lotterie bestimmt,
und das bedeutete, dass nicht jeder einberufen wurde. Die
niedrigeren Losnummern wurden vom Wehrdienst befreit,
die mittleren Nummern mussten ein Jahr lang Wehrdienst
leisten, und die höheren Nummern wurden zur Flotte ab-
kommandiert, wo sie zwei Jahre dienen mussten. Ich zog
eine hohe Nummer, schaffte es aber dank meiner Studien
in Europa, einen Aufschub für ein paar Jahre zu bekommen, auch wegen meiner Konzerttätigkeit in Europa und
Amerika. Als die Behörde irgendwann bestimmte, dass
zwei Aufschübe genug seien, ging ich nicht nach Argentinien
zurück, mit dem Argument, dass ich israelischer Staatsbürger

und im Besitz eines israelischen Passes sei. Das hatte zur Folge, dass ich nicht mehr mit meinem israelischen Pass nach Argentinien fahren konnte. Ich konnte mit meinem argentinischen Pass überallhin, außer nach Israel, und mit meinem israelischen Pass überallhin, außer nach Argentinien. 1963 sollte ich in Buenos Aires ein Konzert geben, doch mein Pass wurde konfisziert und die Tournee abgesagt. Ich blieb einige Monate in Berlin; es war eine schwierige Situation, weil es damals keine diplomatischen Beziehungen zwischen Israel und Deutschland gab und die Berliner Mauer schon errichtet war. Berlin war praktisch eine eingeschlossene Insel. Ich saß in Berlin, mir selbst überlassen, ohne argentinischen Pass und ohne deutsches Visum in meinem israelischen Pass.

Während dieser Zeit freundete ich mich mit einigen Leuten an, die an der Komischen Oper in Ostberlin arbeiteten, und besuchte oft die Proben Walter Felsensteins. Es war das erste Mal, dass ich Opernproben beiwohnte. Ich sah Vorstellungen von Puccinis *Tosca* und Brittens *Ein Sommernachtstraum* und lernte bei dieser Gelegenheit die wundervolle schwarze Sopranistin Ella Lee kennen. Wir machten oft Kammermusik zusammen, vor allem aber spielten wir Lieder. Ich begleitete häufig Lieder, weil viele Sänger hier lebten und ich relativ gut vom Blatt spielen konnte. 1963 fuhr ich zum ersten Mal nach Bayreuth und gab zwei Konzerte im Haus Wahnfried, eines allein und das andere mit Ella Lee. Bei meinem Soloauftritt spielte ich eine Beethoven-Sonate und natürlich die Liszt-Sonate, aber ich bestand auch darauf, Brahms zu spielen, und das in Bayreuth. Graf Gravina, der bis dahin sehr freundlich zu mir gewesen war, verließ aus Protest den Raum.

England

Eines Tages, ich glaube, es war im Jahr 1964, sagte Ian Hunter zu mir: »Wenn Sie das nächste Mal nach Manchester kommen, ist das Hallé-Orchester leider auf Tournee, aber ein gastierendes Orchester wird dessen Abonnementkonzerte übernehmen, und Sie spielen mit ihnen.« Und so kam ich dazu, in Manchester zum ersten Mal mit dem English Chamber Orchestra, das damals unter der Leitung von John Pritchard spielte, zu musizieren. Ich hatte einen unmittelbaren und ausgezeichneten Kontakt zum Orchester, zu den Musikern und zu Ursula Strebi, der Managerin des Orchesters. Sie ist die Witwe des hervorragenden Trompeters Philip Jones, der zu dieser Zeit Mitglied des Philharmonia Orchestra war. Sie wusste von meinem Ehrgeiz, gleichzeitig zu spielen und zu dirigieren. Wir sprachen über Edwin Fischer, der wie sie Schweizer war, und ich sagte ihr, wie sehr er mich beeindruckte, wenn er Mozart-Konzerte gleichzeitig spielte und dirigierte.

Es war in Moskau, auf meiner ersten Reise in die Sowjetunion 1965, als ich ein Telegramm erhielt mit der Anfrage, ob ich zwei Konzerte mit dem English Chamber Orchestra spielen und dirigieren würde. Eines sollte in Reading und das andere in Cambridge stattfinden – das war der Beginn unserer Verbindung. Nach diesen zwei Konzerten machten wir einige Studioaufnahmen für die BBC und gaben ein paar Konzerte in London. 1966 gingen wir auf unsere erste Tournee und spielten auf dem Prager Frühlings-Festival, wo ich Rubinstein traf, der dort – bis heute unvergessen – Brahms' Zweites Klavierkonzert spielte. Anschließend fuhr ich mit dem Orchester nach Griechenland und zum Festival nach Luzern. In der Zeit danach wurde die Arbeit des Orchesters hauptsächlich in drei Richtungen gelenkt. Benjamin Britten arbeitete in erster Linie – wenn auch nicht ausschließlich – mit dem Orchester an seinen eigenen Werken und komponierte viel für das Orchester bei seinem Aldenburgh-Festival; dann war da Raymond Leppard, der sich auf alte Musik spezialisiert hatte – Händel, Bach und so weiter –, und mich. Das English Chamber Orchestra hatte also drei Musiker, die mit ihm an einem sich ergänzenden Repertoire in verschiedenen Stilrichtungen arbeiteten. Normalerweise verbrachte ich drei Monate im Jahr mit ihnen. Wir spielten sehr häufig in London, machten zahlreiche Tourneen zusammen und auch viele Schallplattenaufnahmen – unter anderem sämtliche Klavierkonzerte von Mozart, das *Requiem,* zahlreiche Symphonien, die Divertimenti und Serenaden, etwas Musik des 20. Jahrhunderts, einschließlich einer Aufnahme von Bartóks Musik für Saiteninstrumente, Schlagzeug und Celesta. Mindestens einmal im Jahr, manchmal auch zwei- oder dreimal gingen wir auf Tournee nach Deutschland, Spanien, Italien, Paris und Skandinavien. 1968 reisten wir das erste Mal in die USA. 1969 folgte eine Weltreise, bei der wir die USA, Australien, Neuseeland, Italien und Israel besuchten, und 1973 folgte eine lange Tournee nach Indien und Japan.

Das Zwischenspiel in Indien war besonders ergreifend, denn in Bombay traf ich auf das enthusiastischste und kenntnisreichste Publikum, das man sich nur vorstellen kann. Menschen, die alles bis ins kleinste Detail über das Musikleben in Europa wussten – hauptsächlich durch ihre Kontakte nach England. Sie hörten Schallplatten und Radiosendungen der BBC. Ich hatte mir anfänglich Sorgen gemacht, weil wir in den Programmen, die wir in Bombay spielen wollten, keine Zugeständnisse an den Geschmack eines breiteren Publikums gemacht hatten. Unter anderem war Schönbergs *Verklärte Nacht* geplant. Ich fragte meinen Freund Zubin Mehta, ob er glaube, dass wir dieses relativ eigenwillige Repertoire spielen könnten, oder ob wir uns auf die bekannten Meisterwerke beschränken sollten. Er meinte, dass wir spielen könnten, was immer wir wollten. Ich vertraute ihm natürlich, obwohl ich trotz allem einen leichten Zug von Überheblichkeit hinter seinem Rat vermutete. Umso mehr wurde ich von der Begeisterungsfähigkeit und dem Wissensstand des Bombayer Publikums überrascht. Zufälligerweise bestand der Großteil des Publikums aus Parsen, jener Bevölkerungsgruppe Indiens, die für ihr Interesse an klassischer Musik bekannt ist.

Das English Chamber Orchestra »gehörte« Quintin Ballardie und wurde von diesem auch geleitet. Ballardie war unter Furtwängler und Klemperer beim Philharmonia Orchestra gewesen und hatte die erste Bratsche im London Philharmonic Orchestra gespielt. Auf bestimmten Gebieten war er eher autokratisch. Ich meine das nicht im negativen Sinn, sondern insofern, als er wusste, dass man zugunsten eines hohen Standards eine gewisse Härte aufbringen muss. Ich glaube, sein Vorbild für die Leitung eines Orchesters war Walter Legge, der das Philharmonia Orchestra gegründet hatte und mit eiserner Hand leitete. Man muss wissen, dass die Londoner Orchester mit Ausnahme der beiden Opernorchester und des BBC-Orchesters bis zum heutigen Tag keine Verträge für ein ganzes Jahr haben, wie das bei den subventionierten Orchestern in Paris, Amsterdam, Berlin oder Wien üblich ist. Sie arbeiten von einem Tag zum anderen, von Engagement zu Engagement. Und sie werden pro Sitzung bezahlt, pro Probe und Konzert. Man muss die britischen Musiker bewundern, weil sie ein viel härteres Leben führen als ihre Kollegen auf dem Kontinent. Manchmal sind sie gezwungen, zu viele Sitzungen abzuhalten, nur um ihren Lebensunterhalt zu verdienen. Ich weiß nicht, wie es heute ist, aber damals bestritt jedes der vier Londoner Orchester dreißig Konzerte im Jahr in der Festival Hall. Es gab durchschnittlich drei Proben pro Konzert und Programm, und so benötigte man zwei Tage für ein Konzert: einen für die ersten zwei Proben und einen für die Hauptprobe und das Konzert. Das machte über sechzig Arbeitstage in der Saison. Und dafür bekamen die Musiker üblicherweise eine sehr niedrige Gage, sodass sie sich nach zusätzlicher Arbeit für den Rest des Jahres umsehen mussten. Auf lange Sicht hatte das nachteilige Auswirkungen auf die Programme der Londoner Konzerte. Die geringen Subventionen vergrößerten die Abhängigkeit von den Einnahmen der Konzertkasse. Mehr und mehr genormte Programme kamen zustande, mit dem Ziel, das breite Publikum anzulocken. Oder die Programme wurden mit finanziell sehr lukrativen Schallplattenprojekten gekoppelt.

In den 1960er Jahren war London das Schallplatten-Zentrum der Welt. Das Orchestre de Paris sollte ja erst 1967 gegründet werden, und die anderen französischen Orchester waren häufig für einen bestimmten Anlass zusammengesetzt. Die Wiener Philharmoniker machten sehr viele Aufnahmen, die Berliner Philharmoniker ebenfalls, aber damals fast nur mit ihren Chefdirigenten, und die amerikanischen Orchester waren zu teuer. London hatte den Vorteil, verschiedene Varianten von sehr hoher Qualität zu bieten, und die Aufnahmen konnten sehr schnell gemacht werden – englische Musiker sind für ihre Schnelligkeit und ihre Fähigkeit, alles vom Blatt zu lesen, berühmt. Das ganze Produktionsverfahren war deshalb auch billiger. Ich glaube, man kann sagen, dass der Standard englischer Orchester nie unterhalb eines äußerst professionellen Niveaus lag, allerdings auch selten darüber. Es war ein sehr hohes Mittelmaß, was nicht als Kritik an den Musikern zu verstehen ist. Ihre Arbeitsbedingungen sahen so aus, dass es keine Kontinuität in der Arbeit gab, dass es keinen Ort gab, wo die Orchester zu Hause waren. Man probte jeden Tag woanders. Wenn man mehr als drei Proben hatte, probte man in zwei oder drei verschiedenen Sälen und spielte dann das eigentliche Konzert in der Festival Hall. Ein Orchester hatte üblicherweise nur die Generalprobe in dem Saal, wo das Konzert gespielt werden sollte. Es gab viele verschiedene Säle in London und Umgebung, in denen geprobt wurde. Inzwischen hat man die Henry Wood Hall erbaut, die aber nicht ideal ist, da sich die Akustik von der in der Festival Hall stark unterscheidet.

Die Unterschiede zwischen den vier Londoner Symphonieorchestern waren minimal. Insbesondere die Streicher wechselten von einem Orchester zum anderen, wann immer sie Gelegenheit und Zeit dazu hatten. Es war nichts Außergewöhnliches für einen Musiker, zwei Proben am Montag zu haben, eine am Dienstag und ein Konzert am Dienstagabend mit der London Philharmonic und Proben mit dem London Symphony oder dem Philharmonia am Montagabend und Dienstagnachmittag. Aus musikalischer Sicht eine chaotische Einrichtung. Ich war immer voller Bewunderung für die Professionalität britischer Musiker. Es existierten auch zahlreiche Kammerorchester in London, obwohl das English Chamber Orchestra damals vermutlich die einzige dauerhafte Einrichtung war. Die Musiker spielten hauptsächlich in Quartetten oder anderen Ensembles, hatten aber das English Chamber Orchestra als Basis. Der Konzertmeister des Orchesters war zu jener Zeit Emanuel Hurwitz, ein bekannter Kammermusiker. Die erste Bratsche stellte Cecil Aronowitz, bekannt von vielen Plattenaufnahmen – er spielte oft Quintette mit dem Amadeus-Quartett. Natürlich waren auch viele englische Musiker dabei, aber der Stil des Orchesters war mitteleuropäisch geprägt, mit allen positiven und manchmal auch Schatten-seiten. Sie hatten eine starke Bindung zur Musik und gro-ßes Vergnügen am Spielen – wie bei Hausmusik nur in grö-ßerem Maßstab. Mit anderen Worten, ihre Motivation war nicht rein beruflicher und schon gar nicht finanzieller Art. Die Musiker waren in der Tat eine sehr ungewöhnliche Gruppe von Menschen. Das Orchester selbst war in Klang und Charakter der Israelischen Philharmonie, mit der ich zehn oder fünfzehn Jahre zuvor aufgewachsen war, nicht unähnlich. Besonders die Streicher hatten eine Wärme, die von anderen englischen Orchestern nie erreicht wurde, und viele der Bläser waren große Solisten.

Das Musikleben in England war zu jener Zeit dabei sich erheblich zu verändern, teils durch den Bau der Queen Elizabeth Hall, die die richtige Größe für ein Kammeror-chester hat, da sie elf- bis zwölfhundert Sitzplätze bietet, und später durch den Bau des Barbican Centre. Doch so gut es auch sein mag, solche Einrichtungen zu Hause zu haben, ist die Arbeit, die auf den Tourneen geleistet wird, unbezahlbar, und zwar aus dem einfachen Grund, weil für jedes Mitglied des Orchesters Proben und Konzerte zu Hause Bestandteil der täglichen Routine sind und auch so gespielt werden. Jeder hat sein Familienleben und andere berufliche Aktivitäten. Auf der Tournee werden Proben und Konzerte zum Mittelpunkt seiner Tätigkeit, und den Effekt, den Tourneen auf den Zusammenhalt und die Ho-mogenität eines Orchesters haben, kann man gar nicht hoch genug schätzen. Diese Erfahrung machte ich auch, wenn ich mit dem Orchestre de Paris während der fünf-zehn Jahre, die ich mit ihm arbeitete, auf Tournee ging. Die Schallplattenproduktionen und die Tourneen brachten die

Orchestermitglieder untereinander und das Orchester und mich in musikalischer Hinsicht stärker zusammen.

Das English Chamber Orchestra durchlebte einen Wandel, und eine neue Generation übernahm das Ruder, mit ihr der Konzertmeister José Luis Garcia, den ich seit unserer ersten Reise nach Madrid kannte. Er begann am letzten Pult der zweiten Violine und machte schnell seinen Weg zum ersten Pult der ersten Violine. Schließlich wurde er nicht nur Konzertmeister, sondern auch ein vorzüglicher Solist. Nachdem wir die Zyklen der Mozart-Konzerte beendet hatten, versuchte ich, den Kontakt mit dem Orchester aufrechtzuerhalten, weil mir diese Zusammenarbeit sehr viel gegeben hatte und auch für meine eigene Entwicklung sehr wichtig gewesen war. Der einzige Grund, warum wir seit damals so wenig miteinander gearbeitet haben, ist Zeitmangel.

Ich glaube, die Grundlage allen Musizierens ist, dass man einander zuhört. Wenn nur eine Person spielt – zum Beispiel ein Pianist –, muss jede Hand oder jeder Finger den anderen zuhören und nicht unabhängig von ihnen spielen. Sobald man zwei Musiker hat – ein Violin-und-Klavier-Duett oder einen Liedsänger und einen Begleiter oder nur zwei Bläser –, wird das Zuhören die Grundlage des musikalischen Ausdrucks. Zuhören ist ein viel aktiverer Prozess als bloßes Hören. Es ist schwierig genug, sich nicht nur auf das eigene Spiel zu konzentrieren, sondern gleichzeitig dem Partner zuzuhören – aber um wieviel komplizierter ist es, in einem Sextett oder Oktett zu spielen oder gar erst in einem Kammerorchester. Im English Chamber Orchestra spielten wir meistens mit sechs oder acht ersten Geigen – in der Festival Hall spielten wir hin und wieder sogar mit zehn. Das bedeutet, dass der Beitrag jedes einzelnen Musikers viel individueller ist, als in einem Symphonieorchester mit sechzehn ersten Geigen. Bei den Geigen, die normalerweise eine

Hauptrolle im Repertoire eines Kammerorchesters spielen, wird – wenn man sechs oder acht erste Violinen hat – jeder etwas härtere, schärfere Ton wie ein ständiges Ärgernis herausstechen. In einem Kammerorchester ist also der persönliche Einsatz weitaus wichtiger. Die Rolle des Dirigenten entwickelte sich zudem aus einem Orchester, das im 18. Jahrhundert dem Kammerorchester von heute entsprach. Es wurde sehr oft vom ersten Geiger geleitet, deshalb spricht man in England noch immer vom *leader,* also von einem »Leiter des Orchesters« und nicht vom »Konzertmeister«. Früher hätte ein Orchester von der Größe des English Chamber Orchestra Mozart auch ohne Dirigent spielen können.

Meine Arbeit mit dem English Chamber Orchestra lehrte mich neben vielen anderen Dingen, dass der Impuls, der Impetus, von den Musikern kommen muss. Musikalisch gesehen muss der Dirigent zwangsläufig ein Orchester organisieren und ihm auch seine musikalischen Ideen nahe bringen und seine Persönlichkeit aufprägen. Aber ein Kammerorchester kann nicht in einer höflich-servilen Mentalität spielen. Da muss es eine aktive Anteilnahme aufseiten der Musiker geben, und das habe ich seither auch bei Symphonieorchestern zu entwickeln versucht. Im English Chamber Orchestra hatten die Musiker ihr eigenes, sehr ausgeprägtes Gefühl für Artikulation und Phrasierung, und ich versuchte, es größer und breiter im Ausdruck zu machen und ihm anhaltende Kraft zu geben. Als ich mit den Berliner Philharmonikern die Aufnahmen der Mozart-Opern machte, war fast das Gegenteil notwendig. Da dieser wundervolle gehaltene Klang, für den die Berliner Philharmoniker zu Recht berühmt sind, schon vorhanden war, arbeitete ich hauptsächlich an Artikulation und Phrasierung. Ein guter Musiker in einem Kammerorchester hat üblicherweise ein präziseres Gefühl für Phrasierung und

Artikulation, weil sein eigener Beitrag wichtiger genommen wird. Obwohl ich meine Zeit damals hauptsächlich dem English Chamber Orchestra widmete, dirigierte ich von nun an mit größerer Regelmäßigkeit auch andere Orchester. Damit begann 1965 die zweite Phase meiner Karriere.

Im April 1967 wurden Jacqueline du Pré und ich gemeinsam für ein Konzert mit dem English Chamber Orchestra engagiert. Wir begegneten uns zum ersten Mal im Dezember 1966 im Haus von Fou Ts'ong, dem chinesischen Pianisten, der damals mit der Tochter Yehudi Menuhins verheiratet war. Wir waren alle zusammengekommen, um den Abend mit Kammermusik zu verbringen. Jacqueline und ich fühlten uns sofort zueinander hingezogen, sowohl persönlich als auch in musikalischer Hinsicht. Ungefähr zwei oder drei Monate später beschlossen wir zu heiraten. Sie beschäftigte sich schon damals mit dem Judentum, weil sie vorhatte zu konvertieren. Ich habe sie dabei überhaupt nicht beeinflusst; sie selbst hegte den Wunsch, teilweise meinetwegen, aber auch weil wir hofften, Kinder zu bekommen. Vielleicht hat es auch eine Rolle gespielt, dass viele große Musiker, die sie kannte, Juden waren und sie an deren Erfahrungen teilhaben wollte.

David Ben Gurion nahm an unserer Hochzeitsfeier im Juni 1967 teil, und er wurde mit Jacqueline und mir fotografiert. Obwohl er sich nicht viel aus Musik machte, war er ein großer Bewunderer von Jacqueline; vielleicht deshalb, weil ein englisches Mädchen, noch dazu eine Nichtjüdin, 1967 nach Israel gekommen war, zu einer Zeit, in der sich das Land im Krieg befand. Sie wurde eine Art Symbolfigur in Israel, und Ben Gurion war sich dessen wohl bewusst.

Ich erinnere mich, dass ich, einige Wochen nachdem wir uns begegnet waren, Jacqueline eine Aufnahme vom Vorspiel und »Liebestod« aus *Tristan und Isolde* vorspielte. Sie hatte noch nie zuvor eine einzige Note von Wagner gehört; aber wenn sie etwas zum ersten Mal hörte, wurde es sofort ein Teil von ihr. Wann immer ich ihr etwas zeigte oder sie etwas hörte, war es, als hole dies etwas aus ihr hervor, das schon vorhanden war. Sie empfand Abscheu vor allem, was falsch oder geheuchelt war, und vor allem Künstlichen. Sie hatte eine Gabe, die nur sehr wenige Interpreten besitzen, nämlich das Gefühl zu vermitteln, dass sie die Musik, die sie gerade spielte, in dem Moment komponierte. Sie wusste nicht, was es heißt, technische Schwierigkeiten zu haben, oder was es bedeutete, beim Spielen auf Nummer Sicher zu gehen. Man hatte das Gefühl völliger Hingabe, wenn sie spielte, und dies machte sie bei den Kollegen und beim Publikum so beliebt. Es war etwas in ihrem Spiel, das vollkommen und unvermeidlich richtig war – vor allem was Tempo und Dynamik betraf. Sie spielte mit sehr viel Rubato, mit viel Freiheit; aber es war so überzeugend, dass man sich wie ein einfacher Sterblicher fühlte, angesichts eines Wesens, das eine Art ätherische Dimension besaß.

Musikalisch gesehen war sie in gewisser Weise ein Rebell – sie hatte ihre eigene Art von Eigensinn. Etwas in ihrem tiefsten Inneren revoltierte gegen das Augenscheinliche, Gewohnte und Konventionelle. Und doch – es waren nicht nur ihre Persönlichkeit oder ihr Charisma, sondern die Intensität ihrer Gefühle, die einen dazu bringen konnte, sich zu fragen, ob es nicht doch einen guten Grund geben könnte, die gedruckte Partitur einfach abzuändern! Bei anderen Musikern hätte man meinen können, dass sie willkürlich reagieren oder kapriziös sind; aber in Jacquelines Spiel gab es nichts Willkürliches oder Kapriziöses.

Sie war ein außergewöhnlich liebenswürdiger Mensch, konnte aber im Urteil über andere Musiker recht hart sein, wenn diese zu unverbindlich spielten, wenn es ihnen an Intensität mangelte oder wenn es um das ging, was sie unter mangelnder Ehrlichkeit verstand. Jeder, der nicht willens war, alles zu geben, war für sie eine unehrliche Person. Selbst als junges Mädchen mit fünfzehn oder sechzehn Jahren, als sie Pablo Casals' Meisterklasse in Zermatt besuchte, war Jacqueline schon rebellisch gewesen. Auch als sie für ein paar Monate nach Moskau fuhr, um bei Mstislaw Rostropowitsch zu studieren, war sie dort so aufgetreten. Sie studierte auch einige Monate bei Paul Tortelier. Autorität akzeptierte sie nicht ohne Weiteres – man musste ihr beweisen, dass es einen Grund dafür gab. Sie war ein Rebell, aber auch in dem Sinn naiv, dass sie eine Unmittelbarkeit und einen instinktiven, fast physischen Kontakt zur Musik hatte. Das sind auch die wesentlichen Charaktermerkmale, die ich in meiner Erinnerung an sie als Musikerin bewahre. Es gab damals nur einen einzigen Cellisten von Jacquelines Format – Paul Tortelier. Ein weiterer Cellist, der das Interesse des Publikums fesselte, war natürlich Rostropowitsch; aber er war in der Sowjetunion und kam nur sporadisch in den Westen. Es gab sicherlich keinen anderen gleichwertigen Cellisten ihrer Generation, und so war sie praktisch konkurrenzlos.

Jacquelines Art zu spielen hatte sich, seit sie ein Teenager war, nicht wirklich verändert – das zeigen einige ihrer ganz frühen Aufnahmen, die nach ihrem Tod herausgebracht wurden. Schon damals spielte sie mit unglaublicher Intensität und Lebendigkeit. Selbstverständlich entwickelte sie sich zusehends weiter, aber ihre Persönlichkeit und der Charakter ihres Cellospiels waren bereits in sehr jungen Jahren gefestigt. Von allen großen Musikern, denen ich in meinem Leben begegnet bin, habe ich keinen getroffen, für den Musik solch eine natürliche Form des Ausdrucks gewesen ist wie für Jacqueline. Bei den meisten Musikern spürt man, dass sie Menschen sind, die zufällig Musik spielen. Bei ihr hatte man das Gefühl, dass es sich hier um eine Musikerin handelte, die zufälligerweise auch ein Mensch war. Natürlich muss man essen, trinken, schlafen und Freunde haben. Aber bei ihr waren die Proportionen anders – Musik war das Zentrum ihrer Existenz.

Damals war es viel einfacher, Plattenaufnahmen zu machen. Die erste gemeinsame Platte nahmen wir 1967 auf, als Jacqueline Haydns C-Dur-Konzert und Boccherinis Cellokonzert spielte. 1970 wollte sie Dvořáks Cellokonzert mit mir aufnehmen, und wir dachten sofort daran, das in Chicago zu tun, da Chicago solch ein wunderbares Orchester besaß und weil Jacqueline schon mit ihm gespielt hatte. Wir machten auch eine Aufnahme der Chopin- und der César-Franck-Sonate und eine vom Tschaikowski-Trio – live aus Tel Aviv; aber zu diesem Zeitpunkt gab es schon Phasen, in denen es ihr nicht möglich war zu spielen. Ihr stand nur noch sehr wenig Zeit zur Verfügung. Bis ihre Krankheit begann, sie zum Krüppel zu machen, konnte Jacqueline auf dem Cello vollbringen, was immer sie wollte, und musste sehr wenig üben. Sie hatte eine Fähigkeit, sich Klang vorzustellen, wie ich sie bei keinem anderen Musiker erlebt habe. Sie war von ihrem Wesen her ein musikalisches Naturtalent mit einem untrüglichen Instinkt.

Im März 1967 engagierte man mich für Mozarts Klavierkonzert Nr. 25 mit Otto Klemperer und dem Philharmonia Orchestra. Nachdem wir das Konzert gespielt hatten, nahmen wir es auch auf. Ich hatte Klemperer schon einige Male in London gehört. Wir harmonierten sofort sehr gut miteinander. Er war ein Mensch mit einer sehr direkten Art, und ich bin selten jemandem begegnet, der sich weniger für Äußerlichkeiten interessierte als er. (Seine Tochter erzählte, sie hätte kein einziges Mal gesehen, dass er in den

Spiegel geschaut hätte, selbst wenn er sein Haar kämmte.)
Die Strenge, die er dem Orchester vermittelte, war darauf
zurückzuführen, dass er direkt und ohne Zögern das, was
er für das Wesentliche hielt, ansteuerte. Er war ein zu großer Musiker, um nicht an Klang interessiert zu sein, aber
sein hauptsächliches Interesse galt der korrekten Ausführung, was Tempo, Dynamik und Balance betraf. Er gab
sich große Mühe, die verschiedenen Instrumente des Orchesters sorgfältig auszubalancieren, und dann konzen-
trierte er sich auf die Intensität des Ausdrucks. Ich glaube
nicht, dass Klang ein wirklich wesentlicher Bestandteil seines Musizierens war.

Obwohl ich so viel jünger war als er, kamen wir uns persönlich sehr nah – falls man so etwas über jemanden sagen
kann, der so Ehrfurcht gebietend war wie er. Er wurde auch
mit Jacqueline, die er sehr verehrte, gut Freund. Nachdem
er uns Brahms' F-Dur-Sonate spielen hörte, machte er ihr
das denkwürdige Kompliment, er hätte sich nie vorstellen
können, dass Brahms eine derart leidenschaftliche Musik
komponieren konnte. Er war von ihrer musikalischen Persönlichkeit, ihrer vollkommenen Hingabe und ihrer Beziehung zur Musik sehr angetan.

Klemperer war der kompromissloseste Musiker und
Mensch von allen. So gesehen war er ein moralisches Beispiel für alle Musiker und sollte es auch bleiben. Diese
Qualitäten vermittelte er auch dem Orchester, und es gab
nie einen Zweifel an der inneren Strenge, die von ihm ausging. Er reagierte sehr empfindlich auf alles Falsche beim
Musizieren und auch – besonders – bei anderen. In solchen
Situationen konnte er schrecklich zynisch und hart werden. Züge, die Anlass zu vielen Klemperer-Geschichten gegeben haben, die ihn manchmal fast grausam erscheinen
ließen.

Doch während der Jahre unserer Bekanntschaft – von

1967 bis zu seinem Tod 1973 – zeigte sich mir kein einziges
Mal eine unattraktive Seite seines Charakters. Nachdem
wir das Mozart-Konzert gespielt und aufgenommen hatten, schlug er vor, dass wir zusammen die Beethoven-Konzerte einspielen sollten. Er hatte alles andere von Beethoven aufgenommen – die Symphonien, die *Missa Solemnis,*
Fidelio und das Violinkonzert –, aber nie alle fünf Klavierkonzerte. Die Schallplattenfirma war erpicht darauf, dass
er die Konzerte endlich aufnahm, und er wollte sie mit mir
machen, was für mich natürlich sehr schmeichelhaft war.
Es machte ihm auch viel Spaß, meine Fähigkeiten und meine
Ausdauer auf die Probe zu stellen. Als die Aufnahmen
dann stattfanden, wollte er mir nie sagen, in welcher Rei-
henfolge wir sie aufnehmen würden. Er sagte nur: »Sie sind
gut genug als Musiker, gut genug als Pianist, Sie können alles machen« – und hatte viel Spaß daran.

Klemperer konnte auch sehr warmherzig und sehr ver-
ständnisvoll sein, wenn er das Gefühl hatte, dass man ehrlich war. Ehrlichkeit war wahrscheinlich die Eigenschaft,
die er am meisten schätzte. Einer der Menschen, die ihn
sehr interessierten und vor denen er großen Respekt hatte,
war Pierre Boulez. Für Klemperer repräsentierte Boulez
nicht nur die Zukunft, er war jemand, der mit der gleichen
kompromisslosen Ehrlichkeit arbeitete wie er selbst.

Klemperer war bis zu seinem Tod unglaublich neugierig.
Wenn man diese Neugier kennt, hat man eine Vorstellung
davon, wie seine Zeit an der Kroll-Oper gewesen sein muss.
Er war kein großer Anhänger von Konventionen und hätte
nie etwas akzeptiert, nur weil es immer so gemacht worden
war. Als ich Alban Bergs Kammerkonzert mit Boulez in
London im März 1967 spielte, zu einem Zeitpunkt, als es
sowohl den Musikern als auch dem Publikum relativ unbekannt war, war Klemperer so interessiert, dass er zu jeder Probe kam und sehr aufmerksam zuhörte.

1968 oder 1969 begann er, Richard Strauss' *Don Quixote* mit Jacqueline aufzunehmen, und ich sollte mit ihm im gleichen Konzert spielen. Das Programm bestand aus Beethovens Chorphantasie, dem Vierten Klavierkonzert und eben *Don Quixote*. Klemperer hatte die Angewohnheit, zuerst die Platte aufzunehmen und anschließend das Konzert zu spielen; aber da er sich nicht gut fühlte, musste die Aufnahme unterbrochen werden, und das Konzert wurde von Sir Adrian Boult dirigiert.

Ich traf Klemperer jedes Mal, wenn wir zufällig zur gleichen Zeit in London waren. Er akzeptierte mich auch als Dirigent und besuchte 1967 viele meiner Konzerte. Als ich eingeladen wurde, eine konzertante Aufführung von Mozarts *Cosi fan tutte* für den Rundfunk in Rom zu dirigieren, bat ich Klemperer, mit mir über die Oper zu sprechen und mir Ratschläge zu geben. Er ging großzügigerweise die ganze Partitur mit mir durch, was viel Zeit in Anspruch nahm. Er war sehr überzeugt von meiner Art zu dirigieren und ermutigte mich sehr weiterzumachen, auch wenn er meinte – und er hatte vollkommen recht –, dass ich am Anfang meiner Karriere als Dirigent eine Tendenz hatte, manche Stücke zu schnell zu nehmen.

Eines Tages lud er mich ein, ihn in seinem Hotel zu besuchen. Als ich dort ankam, bat er mich, Teile aus seiner Oper auf dem Klavier zu spielen. Danach fragte er mich: »Wie gefällt Ihnen meine Musik?« Als ich zögerte, wandte er sich an seine Tochter und sagte: »Barenboim ist ein sehr netter Bursche. Schade, dass er so einen schlechten Musikgeschmack hat.«

Das letzte Mal sah ich ihn in Jerusalem. Es muss Ende 1972 oder Anfang 1973 gewesen sein. Er war in seiner Jugend vom Judentum zum Christentum konvertiert – er erzählte mir, dass er damals in seiner Naivität geglaubt hatte, dass man ein Christ sein müsse, um die großen christlichen

Werke wie Bachs Matthäuspassion oder Johannespassion zu dirigieren. Später konvertierte er wieder zum Judentum zurück und hatte sogar einen israelischen Pass. Er war wohl der berühmteste israelische Dirigent, der niemals die Israelischen Philharmoniker dirigiert hatte.

Über Dirigieren und Kammermusik

Wenn man einen erstklassigen Orchestermusiker über Dirigenten befragte, würde er antworten, dass nur wenige von ihnen tatsächlich einen Einfluss auf das Orchester haben. Die Musiker spielen die Tempi, die der Dirigent angibt, fügen die Nuancen und die Balance, die er sich vorstellt, hinzu, und das ist es. Aber mit einem guten Dirigenten kann der musikalische Kontakt so stark werden, dass die Musiker auf die kleinste Bewegung seiner Hand, seines Fingers, seiner Augen oder seines Körpers reagieren. Wenn das Orchester eins ist mit dem Dirigenten, spielt es anders, wenn er gerade steht oder wenn er sich nach vorn, zur Seite oder zurückbeugt – es ist von jeder seiner Bewegungen beeinflusst. Der Auftakt des Dirigenten hat ferner einen Einfluss auf den ersten Ton. Wenn sein Auftakt keine Autorität besitzt, ist der Ton tot, es sei denn, die Musiker ignorieren ihn völlig. Wenn sie nicht für ihn spielen können oder wollen, aus dem Gefühl heraus, dass er nichts mitzuteilen hat, werden sie die Beethoven-Symphonie einfach so spielen, wie sie sie tausendmal zuvor gespielt haben. Wenn sie jedoch den Dirigenten respektieren, werden sie vom Auftakt an mit ihm mitgehen, was einen direkten Einfluss auf die erste Note hat, ob sie hart oder weich sein soll, wie sie gehalten wird und bis zu welchem Grad das Vibrato gehen kann.

Ein guter Dirigent wird darauf verzichten, jeden Takt auszuschlagen, und wird das Orchester und das Publikum vergessen lassen, dass es überhaupt Takte oder Taktstriche gibt. Oder anders: Wenn eine Phrase aus einer gewissen Anzahl von Takten besteht und der Dirigent jeden Takt oder jeden Schlag in einem Takt angibt, bringt er die Musik auf ihr unterstes Niveau. Ferner muss ein guter Dirigent so schlagen, dass das, was er will, ganz klar ist. Die Zeit oder das Tempo zu schlagen bedeutet vor allem, so zu dirigieren, dass das Orchester weiß, wie es spielen soll. Der tatsächliche Schlag, die manuelle Bewegung, muss den Musikern nicht nur zeigen, wann sie spielen sollen, sondern auch, wie sie den Raum zwischen den Noten füllen sollen. Wenn ich die zwei Orchester dirigiere, die ich am besten kenne – in Chicago und Berlin –, kann ich manchmal drei oder vier Schläge auslassen, weil ich weiß, dass die Musiker sie selber einsetzen können. Ich kann die Verantwortung den Musikern bis zum nächsten Punkt überlassen, an dem ich einen bestimmten Ausdruck haben möchte, und dann lasse ich wieder eine Handbewegung nach unten folgen.

Man kann nicht so dirigieren, dass jede Bewegung von vornherein kalkuliert ist; das würde einen einfach einengen. Jede Bewegung sollte ein Zeichen für das ganze Orchester sein oder für einen Teil davon. Obwohl man ein Instrument intuitiv spielen oder intuitiv singen kann, kann man nicht nur intuitiv dirigieren. Der Einfluss des Dirigenten auf das Orchester und die Kommunikation zwischen beiden müssen eine rationale Grundlage haben. Das Orchester muss wissen, dass eine Phrase hier vier Takte und dort acht Takte hat und wo der Höhepunkt ist. Als Soloinstrumentalist oder Sänger kann man der Intuition in einem höheren Maße folgen, obwohl es nicht ideal ist, sich ausschließlich darauf zu verlassen. Das ist der Grund, warum ein Wunderkind wie Yehudi Menuhin im Alter von elf Jahren Bach-, Beethoven- und Brahms-Konzerte mit den Berliner Philharmonikern spielen konnte. Aber ein Kind mit elf Jahren, gleichgültig wie begabt es ist, kann nicht vor einem Orchester stehen und eine Beethoven- oder Brahms-Symphonie dirigieren. Das wäre unmöglich, weil die Kommunikation mit einem Orchester diese rationale Basis haben muss.

Normalerweise arbeite ich in drei Stufen. Auf der ersten Stufe studiere ich die Partitur zu Hause, auf der zweiten Stufe probe ich, und die dritte Stufe ist das Konzert. Das Studium der Partitur ist der umgekehrte Prozess des Komponierens. Der Komponist hat eine Idee, vielleicht nur den Ansatz einer Idee, auf die er (auf)baut. Sei es Inspiration, Wissen oder Intuition, er kann darauf aufbauen, und nach einer gewissen Zeit wird er ein komplettes Stück schaffen. Das muss keine Bruckner-Symphonie sein. Das gleiche Prinzip gilt auch für das kleinste Stück von Mozart, Chopin oder Webern. Wenn ein Dirigent ein Stück zum ersten Mal sieht, bemerkt er die Details nicht. Man könnte die Arbeit eines Dirigenten mit der eines Automechanikers vergleichen, der ein Auto in Stücke zerlegen kann und es wieder zusammensetzt. Ein Dirigent muss jedes einzelne Detail zum Beispiel in Beethovens *Eroica* herausarbeiten: die harmonischen Zusammenhänge, die dynamischen Zusammenhänge und sogar die räumliche Distanz zwischen den Noten. Beethoven bewegte sich oft von großen Intervallen zu kleineren und reduzierte so die räumliche Distanz zwischen den Noten, vergrößerte dabei aber die Spannung. Wenn die *Eroica* bis zum ersten großen Fortissimo ohne chromatische Intervalle komponiert wäre, würde überhaupt keine Spannung entstehen. Wenn Sergiu Celibidache sagt, dass keiner oder nur sehr wenige seiner Kollegen Partituren lesen können, werden viele Leute ärgerlich. Sie nehmen das, was er sagt, für bare Münze, dabei meint er lediglich, dass viele Dirigenten den Klang, die Dynamik oder die Balance nicht während des Lesens hören können. Wenn es in einer Partitur an einer gewissen Stelle crescendo heißt, spielt das ganze Orchester crescendo von pianissimo zu fortissimo. Wenn jetzt die zweite Flöte, die nicht unwichtig ist, die Pauke, die Trompeten und die Posaunen, alle auf einmal das Crescendo beginnen, so wie es in der Partitur steht, kann man das hören. Aber dafür braucht man Wissen und die Fähigkeit, die Partitur lesen zu können. Denn um ein Crescendo in einem Orchester zu realisieren, dürfen die Instrumente nicht alle zugleich beginnen. Das Crescendo muss so organisiert werden, dass man jeden Schritt hören kann, alle Möglichkeiten eines jeden Instruments müssen zum Vorschein kommen. Ein Dirigent muss also fähig sein, akustisch zu denken, und das ist sehr schwierig. Nehmen wir zum Beispiel den Anfang von Wagners *Walküre*. Die Cellos und die Bässe spielen fünf sechzehntel Noten und ein Viertel, die alle die Bezeichnung forte haben, und danach ist der zweite Schlag subito piano. Man kann nicht nur forte und dann subito piano spielen. Das Forte muss wachsen, sodass man den Effekt eines rapiden Abfalls vor dem Subito Piano bekommt. Das alles ist Teil des Partiturlesens: die ersten zwei Viertel sind forte, das dritte piano. Alles kann man bis ins Detail lernen, außer der Intensität. Die Intensität eines Forte oder eines Piano, die Kraft, mit der man ein Forte spielt, bevor man zum Subito Piano kommt, ist etwas, das man nicht lernen kann.

Nehmen wir zuerst die Dynamik, die Beziehung zwischen Piano und Forte. Piano ist nicht etwas, das man wissenschaftlich messen kann, eine bestimmte Menge an Dezibel macht ein Piano und eine größere ein Mezzoforte aus. Auch Tempo ist nicht etwas Absolutes. Es ist dann richtig, wenn alle anderen Elemente richtig sind: Balance, Dynamik, Vibrato. Wenn ein Geiger ein sehr schnelles Tempo spielt, spielt er mit einer bestimmten Art von Vibrato. Wenn der Dirigent eine Tempoänderung herbeiführen möchte, muss er wissen, welche sonstigen Änderungen in der Artikulation oder der Tonqualität dazu notwendig sind. Das fängt mit der Bogenführung an; die Geschwindigkeit, mit der der Bogen geführt wird, ist wichtiger als seine Richtung. Ein guter Geiger kann ein Crescendo mit einem »Abstrich« spielen – was eigentlich unnatürlich ist, weil der »Frosch« mehr Gewicht hat als die »Spitze« des Bogens –, und er kann auch ein Diminuendo mit einem »Aufstrich« erzeugen. Die Modifikationen entstehen, wenn das Tempo geändert wird, und wenn der Musiker dies nicht von selbst durchführen kann, muss der Dirigent es wissen. Was Furtwängler sagte, ist noch immer wahr: Das korrekte Tempo ist dasjenige, das man sich im Moment des Spielens nicht anders vorstellen kann. Dies zu vermitteln wird immer schwieriger, seitdem das Publikum Liveaufführungen mit Schallplattenaufnahmen vergleicht.

Chronologisch gesehen studiert man zuerst die Partitur, bevor man mit den Proben beginnt. Das erste Problem liegt somit darin, dass man bis dahin nur theoretisch, im Abstrakten, experimentiert hat. Wenn man ein Instrument spielt, kann man viele verschiedene Ideen, die mit Phrasierung und Artikulation zu tun haben, ausprobieren und hören, wie sie klingen. Wenn man aber vor einem Orchester steht, ist es viel komplizierter. Die Zeit ist begrenzt, und man ist nicht allein. Die Musiker fangen an zu spielen, und es ist plötzlich schwierig, ihnen zu erzählen, wie man experimentiert hat und welche Anzahl von Crescendos und Sforzandos man sich vorstellt. Eine Probe dauert von zehn bis zwölf Uhr dreißig oder ein Uhr mittags, und man muss in dieser Zeit sowohl die Experimente als auch die konkrete Vorbereitung für das Konzert unterbringen. Man muss wissen, dass die Menschen, die die Instrumente spielen, über alles nachdenken, was man ihnen vorschlägt oder von ihnen erbittet, dass sie sich auch mit ihren eigenen (physischen) Problemen und mit ihrem Instrument auseinandersetzen müssen, und man muss ihnen so viel Hilfestellung wie möglich geben. Ein Beispiel: Bei einer schwierigen Passage wird ein junger, unerfahrener Dirigent vielleicht bloß sagen: Hier kommt das große Sforzando oder hier möchten wir mehr diminuendo. Wenn es nicht genauso funktioniert, wie er es sich vorstellt, könnte er sich vielleicht denken, dass die Musiker es einfach nicht versucht haben. Natürlich gibt es schwierige Leute in jedem Orchester, da es schließlich aus angenehmen und nicht so angenehmen, intelligenten und weniger intelligenten Leuten zusammengesetzt ist. Der Orchestermusiker hat vielleicht zwanzig oder fünfundzwanzig Jahre Erfahrung, und der Dirigent hat vielleicht nur ein paar Jahre dirigiert. Das ideale Gleichgewicht zwischen der Erfahrung eines Musikers und der Autorität eines jungen Dirigenten ist sehr schwer zu erreichen. Das Problem ändert sich mit dem Alter und der Erfahrung des Dirigenten. Irgendwann ist man selbst nicht mehr so jung und dann ist das Orchester jünger. Die Problematik kehrt sich um. Ein junger Oboist oder Flötist kann eine schöne Idee haben, und man sollte dann nicht so festgefahren sein, dass man sie sich nicht anhören und mit ihm arbeiten kann.

Ich glaube, dass es für den Dirigenten sehr wichtig ist, spontan zu sein, seine Partitur zu kennen und die technische Seite vollkommen zu beherrschen. Man muss verstehen, dass die Menschen im Orchester ihre eigenen Probleme und musikalischen Schwierigkeiten haben. Es ist lebenswichtig, fähig zu sein, die eigenen Fehler einzugestehen. Niemand ist unfehlbar. Wenn man ein wunderbares Orchester hat und etwas funktioniert nicht, kann der Fehler sehr wohl am Dirigenten liegen. Wenn man sich verschlägt, wenn man drei statt vier anzeigt oder umgekehrt, ist Schimpfen zwecklos. Man muss sagen können: »Das war mein Fehler.« Wenn man das sagen kann, ist die Sache beendet, und man gewinnt den Respekt des Orchesters. (Wenn man einen Fehler eingesteht, ist man zudem in einer viel stärkeren Position, um den Fehler eines anderen bei der nächsten Gelegenheit zu korrigieren.) Ein junger Dirigent sollte es vermeiden, beliebt sein zu wollen. Das Höchste, das man zu erreichen hoffen kann, ist Respekt. Zuneigung kommt ganz von selbst – oder gar nicht.

Ich bin immer bereit gewesen zu proben, wenn das Orchester oder ich es für notwendig hielten. Ich habe immer das Interesse, die Neugier und die Bereitschaft zu arbeiten. Neugier bedeutet, dass man immer neue Dinge entdecken möchte. Wenn diese Neugier fehlt, wenn ein Musiker sagt: »Ich habe diese Beethoven-Symphonie vierzig Jahre lang gespielt, es gibt darin nichts Neues für mich«, dann kann man nichts mehr machen. In einem wirklich großen Orchester gibt es sowohl Erfahrung als auch Neugierde. Musikalisch gesehen sollte man dann, wenn harte Arbeit geleistet wurde, zuversichtlich und ungezwungen sein und Wohlwollen, Respekt und Zuneigung empfinden.

Es ist notwendig zu wissen, was während der Proben wichtig ist und Betonung braucht und was nicht. Das ist wie wenn man beim Schreiben nicht wüsste, was man unterstreichen soll. Wenn man einen Satz schreibt und jedes zweite Wort unterstreicht, hat das Unterstreichen keinen Sinn. Das Gleiche gilt, wenn man Musik spielt und phrasiert. Das Wichtigste ist, eine klare Konzeption oder Idee zu haben und dann zu proben, bis die Musiker genau wissen, wo man eine Betonung haben möchte. Wenn man mit dem Orchester eins ist und weiß, dass es nicht einfach blind folgt, sondern mitgeht, dann kann jedes Konzert ein anderes Gewicht bekommen. Das Prinzip und die Intonation sind fixiert, aber nicht die Art zu spielen, und das gibt dem Konzert ein Gefühl von Spontaneität.

Absolutes Gehör ist eine Hilfe, um eine falsche Intonation zu korrigieren. Intonation ist nicht losgelöst von allem, wie in einem Vakuum, sondern wird von korrekter oder unkorrekter Balance beeinflusst. Ein Ton kann zu hoch oder zu tief sein, oder ein Akkord kann unrein klingen, weil er aus der Sicht der Balance falsch ist. Oder die Obertöne sind vielleicht plötzlich zu schwach oder zu laut im Akkord, oder der Klang ist nicht homogen. In einem Bläserakkord kann ein Instrument wie die Oboe manchmal sehr penetrant und härter als die anderen sein, und das klingt automatisch falsch und unrein. Man könnte dann den Eindruck gewinnen, dass die Oboe zu hoch ist, aber in Wirklichkeit klingt sie nur zu hart. Bei Orchestern, die man sehr gut kennt, kann man diese Dinge während der üblichen Probenzeit korrigieren. In Chicago und Berlin ist das kein Problem für mich.

Es wird oft gesagt, dass Orchestermusiker Proben nicht leiden können; aber man muss zu ihrer Verteidigung sagen, dass einige Dirigenten viel Zeit verschwenden. Der Dirigent muss fähig sein, ein Stück durchzuspielen, sich an alles zu erinnern und die Unstimmigkeiten sofort zu korrigieren, weil er sie sonst vergessen könnte. Je bewusster man während des Studiums der Partitur oder auf der Probe analysiert und gearbeitet hat, desto freier kann man am Abend improvisieren. Es ist fast so, als ginge man in einem Wald zum ersten Mal spazieren. Man weiß nicht, wohin der Pfad führt, aber wenn man die Karte genau studiert hat, fühlt man sich sicher und entspannt. Einige Musiker glauben, wenn man musikalische Probleme zu genau analysiert und zu rational erklärt, geht die Frische verloren; aber die Frische kann viel gößer sein, wenn rationale Arbeit vorangegangen ist.

Ich glaube auch nicht, dass man die volle Bedeutung dessen herauszubringen vermag, was man als Musiker in einer

Beethoven-Symphonie sehen kann, oder dass es möglich ist, sie zu dirigieren, ohne auch die Klaviersonaten, die Streichquartette und einige andere Schlüsselstücke zu kennen. Gewisse Zyklen repräsentieren die Essenz des Werkes eines Komponisten. In Beethovens Fall sind es, glaube ich, die Klaviersonaten und die Streichquartette, bei Mozart die Klavierkonzerte und die Opern. Wie könnte man die Jupiter-Symphonie dirigieren, ohne *Die Entführung aus dem Serail,* den ersten Akt von *Don Giovanni* oder das Klavierkonzert KV 467 zu kennen. Ich glaube nicht, dass man Berlioz' *Symphonie fantastique* dirigieren kann, wenn man *Roméo et Juliette* oder *La Damnation de Faust* nicht kennt. Wie kann man die Unvollendete dirigieren wollen, wenn diese Symphonie das Einzige ist, was man von Schubert kennt? Man kann *La Mer* nicht dirigieren, ohne Debussys *Préludes* und *Études* zu kennen. Man braucht eine möglichst breite Kenntnis der Leistung eines Komponisten. Der Unterschied zwischen der *Eroica* und der *Pastorale* kann viel größer sein als der Unterschied zwischen zwei Komponisten, dessen Werke ähnlich sind. Beethoven hatte die Fähigkeit oder verspürte das Bedürfnis, ein neues Idiom für fast jedes Stück zu wählen oder zu erschaffen. Man muss diese Stücke kennen, um diese Kenntnis in die Interpretation des Stückes, das man gerade spielt, einzubringen.

Jeder junge Dirigent wird mit dem Problem konfrontiert, dass er bewusst oder unbewusst die Gesten anderer Dirigenten imitiert. Das ist ganz natürlich, wenn er sieht, dass das Ergebnis, das er erzielen möchte, auf diese oder jene Weise erreicht wurde. Doch schließlich muss er seine eigene Art der Gestik und der Bewegungen finden. Nur allzu oft wird in diesem Zusammenhang das Wort Charisma strapaziert und auf Dirigenten angewendet. Wenn man versucht, jemanden zu imitieren, der mit dieser Gabe ausgestattet ist, kann man nur eine Karikatur zustande bringen, eine Travestie, denn man kann doch nur – und das ist relativ leicht – die äußere Erscheinung imitieren. Nichts ist leichter, als Furtwänglers Gestikulation oder die zitternden Hände zu imitieren, wie man sie von Filmaufnahmen kennt, oder seine Temposchwankungen, ohne die Hintergründe zu verstehen. Nichts ist leichter, als Celibidaches langsame Tempi nachzuahmen, ohne sich zu überlegen, dass er vielleicht ein langsames Tempo gewählt hat, weil er Zeit braucht, um jedes einzelne Detail in der Musik und dessen Beziehungen zu den anderen deutlich zu machen.

Jeder Musiker hat nur ein begrenztes Repertoire, umso wichtiger ist es, neugierig zu bleiben. Klemperer besaß diese Neugier – er kam zu Proben von Stücken, die er nicht kannte. Claudio Arrau, der über ein riesiges Repertoire verfügte, besaß ein großes Wissen über Musik, die er nicht selber spielte. Ich glaube, dass eine solche unersättliche Neugier die einzige Garantie dafür ist, dass wir uns weiterentwickeln werden.

Der Höhepunkt meiner Zusammenarbeit mit dem English Chamber Orchestra war die Arbeit am kompletten Zyklus der Klavierkonzerte von Mozart, mit dem wir uns im Laufe von zehn Jahren beschäftigten und den wir oft in Paris, London und New York spielten.

Das Problem, vom Klavier aus zu dirigieren, hat mit der Art der Werke zu tun, die man aufführt. Es ist nicht nur eine Frage, welches Stück man ohne einen separaten Dirigenten spielen kann. Heutzutage könnte man sogar ein Konzert von Chopin mit einem guten Orchester spielen und gleichzeitig vom Klavier aus dirigieren; aber es hätte wenig Sinn, es zu tun. Bei Mozart finden wir einen echten Dialog, einen Dualismus. Manchmal geht das Klavier mit dem Orchester, manchmal gegen das Orchester. Eine Einheit von Artikulation und Phrasierung kann durch Spielen und Dirigieren auf eine Weise erreicht werden, die mit einem separaten Dirigenten unmöglich ist. Das gleiche gilt für den frühen Beethoven. Es gibt auch einige leichtere Stücke, die man mit viel Spaß und Vergnügen auf diese virtuose Art spielen kann. Ich würde Ravels Konzert dazuzählen. Mitropoulos pflegte Prokofjews Drittes Konzert zu spielen und zu dirigieren. Ich hätte das sehr gerne gehört. Er spielte es in den 1920er Jahren mit den Berliner Philharmonikern. Am reizvollsten aber sind – wenn man vom Klavier aus dirigiert – die Klavierkonzerte von Mozart.

Der Sinn vom Spielen und Dirigieren zur gleichen Zeit liegt darin, eine Einheit zu erreichen. Selbst in einer Dialogsituation und manchmal, wenn Klavier und Orchester parallel laufen, ist es von großem Vorteil, während der Aufführung nur eine Quelle der musikalischen Leitung zu haben. Das Orchester hört dem Soloinstrument aufmerksamer zu, wenn es keinen separaten Dirigenten gibt, wenn man nicht nur genau weiß wann, sondern auch wie gespielt werden muss. Die Schwierigkeiten sind aber offensichtlich: Man muss fähig sein, die Konzentration zwischen dem, was man spielt und was man dirigiert, aufzuteilen. Es gibt physische Probleme, wenn man komplizierte, sorgfältig ausgearbeitete Passagen spielt, während man gleichzeitig die linke Hand oder seine Mimik verwendet, um dem Orchester zu sagen, was man von ihm möchte. Das Klavier beendet eine Phrase oft ganz leise, während das Orchester mit einem Forte einsetzt. Man muss fähig sein, diese Dinge mental und physisch zu beherrschen. Der Pianist oder Geiger muss sowohl für sein Instrument als auch für das Orchester verantwortlich sein.

Meine Erfahrung mit Spielen und gleichzeitigem Dirigieren – ich habe in den späten 1950er Jahren damit begonnen und versuche es seit nunmehr über dreißig Jahren – lehrt mich, dass es wesentlich ist, ein professioneller Dirigent zu sein. Man muss sich nur die Kompliziertheit des einleitenden Tutti eines Mozart-Konzertes vorstellen. Vielleicht muss man nicht fähig sein, Strawinskys *Sacre du Printemps* oder ähnliche komplizierte Werke zu dirigieren, aber man muss eine Mozart-Symphonie dirigieren können. Gute Orchester können mehr oder weniger alleine spielen, aber das ist nicht der Sinn der Übung.

Ich glaube, es ist gegen die Musik an sich und gegen jede Professionalität, ohne einen Dirigenten zu spielen. Der Begriff, dem Solisten »zu folgen«, ist schon ein falscher Gedanke. Um jemandem zu folgen, muss man hinter ihm sein. Es ist ein großer Unterschied, ob man ein Mozart-Konzert gleichzeitig spielt und dirigiert oder ob man ein Mozart-Konzert ohne einen Dirigenten spielt. Ich glaube, dass der Grund, warum es so oft gemacht wird, ein außermusikalischer ist. Es wird aus Gründen der Bequemlichkeit gemacht, wegen der effektvollen Darbietung oder, zynisch gesprochen, um die Kosten für einen separaten Dirigenten einzusparen. Und es ist eine Beleidigung für das Orchester. Die Berliner Philharmoniker sind absolut fähig, eine Mozart-Symphonie ohne Dirigent zu spielen, und sie könnten auch ein Konzert von Mozart ohne Dirigent spielen. Die zusätzliche musikalische Dimension kann aber nur von einem Solisten kommen, der auch dirigieren kann.

Mit Pierre Boulez spielte ich, wie bereits erwähnt, zum ersten Mal 1964 in Berlin. Kurz danach, 1965 oder 1966, musizierten wir gemeinsam in Paris in einer Konzertreihe, die hauptsächlich zeitgenössischer Musik gewidmet war und »*Le domaine musical*« genannt wurde. Wir spielten Alban Bergs Kammerkonzert, und ich spielte auch noch Schönbergs Klavierstücke Opus 11 und Opus 19. Wir pflegten seither eine enge berufliche und persönliche Beziehung und haben oft zusammengearbeitet. So spielte ich mit ihm nicht nur das Kammerkonzert 1967 in London, sondern auch einige klassische Werke, Beethovens Fünftes Klavierkonzert in Paris und das Vierte Klavierkonzert in London. Auch als er Chefdirigent war – zuerst des BBC Orchestra, später in New York –, musizierte ich recht oft mit ihm. Unser *pièce de résistance* oder *cheval de bataille* blieb immer Bartóks Erstes Klavierkonzert, das zu dieser Zeit selten gespielt wurde. Wir brachten es in London mit dem BBC Orchestra, in Paris, in Cleveland und in Chicago zur Aufführung und machten eine Schallplattenaufnahme davon. Als ich 1975 zum Chefdirigenten des Orchestre de Paris ernannt wurde, hatte Boulez Frankreich schon verlassen und wollte mit Paris und der französischen Regierung nichts mehr zu tun haben. Er wollte dem Orchestre de Paris nicht einmal erlauben, seine Kompositionen zu spielen. Ich war überglücklich, als es mir gelang, ihn zu überreden, uns seine Stücke in Paris spielen zu lassen – und er willigte dann sogar ein, das Orchester zu dirigieren.

Dieses große Ereignis fand am 5. Januar 1976 statt, auf dem Programm standen Beethovens Fünftes Klavierkonzert und der komplette *Feuervogel* von Strawinsky. Es herrschte große Spannung, als Boulez, der verlorene Sohn, nach Paris zurückkehrte. Es war der Beginn einer regelmäßigen Beziehung zum Orchestre de Paris. Georges Pompidou erfüllte alle Bedingungen, die Boulez für die Schaffung des Instituts für Forschung und Akustische und Musikalische Koordination (IRCAM) stellte, das 1977 unter Boulez' Leitung als Teil des Centre Pompidou gegründet wurde. Während der fünfzehn Jahre, die ich mit dem Orchestre de Paris verbrachte, blieb er ein hilfreicher Berater und war nicht nur eine Stütze des Orchesters, sondern des gesamten Pariser Musiklebens.

Für seine Konzerte probt Boulez sehr detailliert und analysiert nicht nur die Partitur in ihren verschiedenen Teilen,

130

sondern probt auch mit jeder einzelnen Gruppe des Orchesters für sich und führt jedem die Struktur, das Skelett der Musik, vor Augen. Er hat eine ganz besondere Gabe, etwas neu zu hören. Dank seines unfehlbaren Gehörs kann er Details im Spiel noch in den kompliziertesten und lautesten Momenten hören und kann den kleinsten Intonationsfehler perfekt korrigieren. Ich lernte sehr viel von ihm. Da ich mit dem Klavier aufgewachsen war, besaß ich wie die meisten Pianisten hinsichtlich der Intonationsprobleme nicht besonders viel Feingefühl, weil die Frage der Intonation am Klavier eigentlich die Domäne des Klavierstimmers ist. Wenn das Klavier falsch gestimmt ist, kann der Pianist nichts dagegen tun, wohingegen jeder Musiker bei den Saiten- und den Blasinstrumenten den Ton selbst erzeugen muss, und das bedeutet, dass jeder Ton, auch wenn perfekt gestimmt ist, zu tief oder zu hoch sein kann. Es ist nicht leicht zu hören, ob ein Ton zu tief oder zu hoch ist, und es ist für jeden Musiker schwer, die Intonation zu beherrschen. Es erfordert viel Übung und muss ohne jede Emotion behandelt werden, sowohl bei einem Instrumentalisten oder Sänger als auch beim Dirigenten. Sehr oft sind auch Sänger nicht fähig, ihre Intonation zu korrigieren, wenn sie vom Dirigenten darauf aufmerksam gemacht werden, weil sie das Gefühl der Selbstsicherheit, das notwendig ist, verlieren und das zu einem emotionalen oder psychologischen Problem wird. Es ist sehr wichtig für alle Beteiligten, es als ein ausschließlich musikalisches, technisches und künstlerisches Problem zu behandeln.

Boulez ist bekannt dafür, in all seinen musikalischen Ideen und Wünschen äußerst kompromisslos zu sein, und so ist er auch als Mensch. So wie er denkt und sich benimmt, ist er vollkommen frei von jeglicher Arroganz, und er erwartet deshalb die gleiche absolute Hingabe und Ehrlichkeit von seinen Kollegen und von den Musikern. Es wäre für ihn undenkbar, etwas nicht zu sagen, das er als notwendig empfindet, nur weil die Gefahr besteht, dass er sich irren könnte. Diese Direktheit und seine kompromisslose Art machten ihn zu einem hoch geschätzten Musiker und in meinen Augen auch zu einem Menschen von hoher Integrität. Und diese Integrität ermöglichte es ihm, so viele Kämpfe gegen festgefahrene Ideen beim Musizieren und gegen die Musikadministration auszufechten. Die explosiven Statements des jungen Boulez – »Schönberg ist tot!«, »Die Opernhäuser müssen angezündet werden!« – waren gefürchtet. Doch diese Unabhängigkeit im Denken hat ihm den Mut gegeben, sich mit den Problemen auseinanderzusetzen, sei es in seinen Kompositionen oder als Chefdirigent der New York Philharmonic und des BBC Symphony Orchestra oder, später, bei seiner Tätigkeit für IRCAM.

Als Komponist vereinigt er eine interessante Mischung verschiedener Elemente in sich. Sein Studium und seine frühen Werke standen unter dem Einfluss seines Lehrers Olivier Messiaen. Boulez' Kontakt zur Zweiten Wiener Schule und seine Tätigkeit in Bayreuth, wo er *Parsifal* und den *Ring* dirigierte, haben ihm so viel neue Einsichten gebracht, dass er meiner Meinung nach einer der vielseitigsten musikalischen Köpfe ist, die wir heute haben. Seine Orchestrierung ist besonders phantasievoll. Es gibt Werke wie *Rituel (in memoriam Bruno Maderna)*, die das Orchester in verschiedene, unabhängige Gruppen aufteilen; es gibt andere Werke wie *Notations,* wo das Orchester auf der einen Seite als der große Apparat, der es ist, verwendet wird, auf der anderen Seite aber in den Streichern auch einzelne Gruppen mit einem gewaltigen Maß an Individualität geschaffen wurden. Man hat das Gefühl, dass das Orchester nicht als Ansammlung der vier üblichen Gruppen – Streicher, Holzbläser, Blechbläser und Schlagzeug – gesehen wird. Eher hat es den Anschein, dass das Orchester entweder als eine Einheit behandelt wird, die aus all diesen Elementen besteht oder aus siebzig oder achtzig Einheiten, weil selbst die Streicher in *Notations* so aufgeteilt sind, dass jeder von ihnen oft etwas anderes spielt als sein Nachbar. Man könnte unter Umständen zwischen diesem Problem der Einheit und dem, was ich bereits früher angesprochen habe, eine Parallele sehen: Der Pianist hat zwei Hände, aber zehn Finger, er muss also entweder mit einer Einheit oder mit zehn Einheiten spielen. Gleiches ist bei Boulez' Orchester zu beobachten; es spielt wie eine Einheit oder achtzig Einheiten – nie wie drei oder vier.

Notations sollte ein Zyklus von zwölf Orchesterstücken werden, wovon es schon eine Art Vorläufer gab: miniaturartige Klavierstücke, die Boulez schrieb, als er sehr jung war. Er schrieb die ersten vier Stücke für das Orchestre de Paris und hat die Serie für das Chicago Symphony Orchestra fortgesetzt. Boulez hat mich auch davon überzeugt, dass die mangelnde Akzeptanz moderner Musik einerseits dem armseligen Niveau der Erstaufführungen zuzuschreiben ist und andererseits der Tatsache, dass zeitgenössische Werke oft ein- oder zweimal gespielt werden und dann in Vergessenheit geraten. *Notations I-IV* spielte ich sehr oft; ich leitete die Welturaufführung 1981 mit dem Orchestre de Paris und spielte es dann sowohl auf Tournee als auch in Paris zu mindestens drei verschiedenen Anlässen. Es war erstaunlich und für mich eine große Freude zu sehen, wie die Musiker nicht nur die Stücke lernten, sondern fühlten, dass diese Teil unseres regulären Repertoires waren, und wann immer wir sie wieder aufnahmen, konnten sie sich irgendwie die ganze Arbeit früherer Aufführungen sofort ins Gedächtnis zurückrufen. Deshalb war es möglich, sie mit der gleichen Vertrautheit und dem gleichen Verständnis zu spielen, die man dem Standardrepertoire entgegenbringt.

Einiges vom Besten zeitgenössischer Musik zu spielen ist heute sicherlich viel schwieriger als in früheren Jahren. Das liegt daran, dass wir der Idee der Erstaufführung zu viel Bedeutung beimessen. Gewisse Werke werden durch die Wiederholung leichter verständlich, und man kann sie leichter behalten. Doch die Interpreten wie auch die musikalischen Institutionen vernachlässigen die zeitgenössische Musik und spielen sie zu selten. Gewisse Werke gelten immer noch als schwierig, weil sie nur ein- oder zweimal gespielt wurden und nicht jahrelang von den gleichen Musikern oder für das gleiche Publikum wiederholt wurden.

Wenn ich ein zeitgenössisches Werk regelmäßig dirigiere, wird es ein Teil meines Repertoires, das ich wieder und wieder studiere, wie ich es mit einem Ravel oder Debussy machen würde, ganz zu schweigen von Mozart oder Beethoven. Wenn ich heute sage: »Morgen gibt es eine Uraufführung einer Komposition von Boulez«, wird jeder kommen und interessiert zuhören. Wenn ich aber ein Jahr später sagen würde: »Wir werden nun die zweite Aufführung dieses Werkes von Boulez machen«, würde sich niemand dafür interessieren. Ich bin mir mit Boulez über die Notwendigkeit vollkommen einig, dass nicht nur für eine musikalische Erziehung gesorgt sein muss, die alle Musiksysteme beinhaltet – das tonale, das atonale und das serielle System –, sondern auch sichergestellt sein sollte, dass die Werke, die man als wesentlich betrachtet, regelmäßig gespielt werden. Wenn wir Beethovens Fünfte Symphonie hören, erinnern wir uns an das, was wir darüber wissen, selbst nach einer sehr mittelmäßigen Aufführung. Aber ich kann mir nicht vorstellen, dass Beethovens spätere Streichquartette so leicht zu lesen und zu spielen sind. Wir neigen dazu zu glauben, diese Werke seien »leichter zugänglich«, einfach weil der Stil Zeit gehabt hat, sich durchzusetzen – genau wie ein guter Wein Zeit braucht, um zu reifen. Aber ich bin mir sicher, dass jene Streichquartette für die Musiker und die Zuhörer zu Beethovens Zeit genauso schwierig waren wie Bartóks Streichquartette für unser Jahrhundert.

Außerdem lässt die Qualität der Aufführungen zeitgenössischer Musik oft zu wünschen übrig. Ich habe in Paris dafür gekämpft und werde in Chicago weiterkämpfen, nicht nur für Erstaufführungen, nicht nur dafür, dass wichtige neue Werke Zweit-, Dritt-, Viert- und Fünftaufführungen bekommen, sondern auch dafür, dass kompliziertere Partituren früh genug und nicht erst zwei Tage vor einem Konzert geprobt werden. Wenn man sich mit einem vollkommen neuen Werk beschäftigt, brauchen die Musiker und der Dirigent Zeit, um die Musik zu »verdauen« und mit ihr vertraut zu werden.

Um ein konkretes Beispiel zu geben: Ich spielte die *Notations* 1981 mit dem Orchestre de Paris. Es sind vier kurze Stücke. Das Ganze dauert ungefähr dreizehn bis fünfzehn Minuten. Die Musik ist sehr kompliziert und schwierig zu spielen, schwierig für den Zuhörer zu begreifen und schwierig zu dirigieren. Es war schwierig für uns auf allen Ebenen, technisch wie musikalisch, und wir probten sehr genau. Ich arbeitete getrennt mit jeder Gruppe – den Streichern, Bläsern, Blech und Schlagzeug. Dann hatten wir Proben, bevor wir das erste Konzert gaben. Zwei oder drei Jahre später wollten wir die *Notations* wieder spielen. Die Arbeit war nun natürlich ein wenig leichter. Einige Musiker im Orchester hatten sie schon gespielt. Ein paar Jahre später nahmen wir das Stück zum dritten Mal auf. Ich begann zu begreifen, dass ich zum ersten Mal praktisch erlebte, dass ein zeitgenössisches Musikstück zum Repertoirestück wurde – zumindest für das Orchester, wenn nicht auch für das Publikum. Die Musiker begannen dieser Musik gegenüber die gleichen Reflexe zu entwickeln, die sie dem gängigen Repertoire gegenüber hatten, das sie ihr ganzes Leben gespielt hatten – wie Beethoven, Brahms oder Debussy. Sie wussten nun, was sie erwartet.

Klassische Musik westlicher Prägung ist, wie wir wissen, die jüngste aller Künste. Wir kennen Gemälde, die vor zweitausend Jahren entstanden sind, und Literatur, die vor drei- oder viertausend Jahren verfasst wurde. Die Musik, mit der wir leben, hat ihren Anfang hingegen eigentlich erst am Ende des 17. Jahrhunderts. Dreihundert Jahre sind eine sehr kurze Zeitspanne.

In tonaler Musik gibt es gewisse Elemente, die mir das Gefühl vermitteln, sie seien mehr als nur vom Menschen geschaffen. Ob das tatsächlich so ist, weiß ich nicht; vielleicht ist es auch nur, wie Boulez meint, eine Frage der Gewohnheit: Wir sind mit dieser Musik und diesem System aufgewachsen und neigen daher dazu, eine übermenschliche Dimension darin zu sehen, die es gar nicht gibt. Ich glaube, dass etwas mit der Musik geschieht, wenn die Töne und Klänge in Bewegung gesetzt werden, etwas, das ihr eine gewisse Unabhängigkeit verleiht. Dies gilt für *Götterdämmerung* ebenso wie für das kleinste Menuett, das der junge Mozart komponiert hat. Es ist nicht wichtig, ob Wagners Chromatik im Rahmen einer Evolution zu Schönbergs Zwölftonsystem geführt hat, oder ob Schönbergs Formel einen Bruch mit der Tonalität darstellt. Jedenfalls ist es so gekommen. Es gab ein Streben nach Gleichheit, das mit der Französischen Revolution begonnen hat und in den Werken von Marx, Engels und später Lenin auf die Spitze getrieben wurde. Ich sehe eine Parallele dazu im Bereich der Musik, und wenn meine Theorie sich als richtig erweist, sind wir jetzt in einer schwierigen Situation, weil die Musik seit langer Zeit in einer Sackgasse steckt.

Ich glaube nicht, dass es je eine Situation gegeben hat wie diejenige, die wir derzeit erleben. Die Mehrheit der Men-

schen, die heute regelmäßig und mit großem Interesse
Konzerte besuchen, halten die Musik Strawinskys, Schönbergs und Bartóks noch immer für modern oder zeitgenös-
sisch. Viele dieser Werke wurden aber zwischen 1910 und
1920 geschrieben. Das Publikum der Uraufführung des
Ring des Nibelungen in Bayreuth im Jahr 1876 hätte die
späten Haydn-Symphonien oder die Werke aus Beethovens
mittlerer Schaffensperiode sicherlich nicht als moderne
oder zeitgenössische Musik aufgefasst.

Nie zuvor hat ein solches Interesse an Musik bestanden.
Nie zuvor waren so viele Menschen in der Lage, Musik hören zu können. Doch was die Qualität des Zuhörens angeht, habe ich meine Zweifel. Beethovens spätere Werke
müssen in den 1820er Jahren genauso schwierig für die
Zuhörer gewesen sein wie die Werke von Boulez, Messiaen
oder Lutosławski für uns heute. Beethovens Publikum aber
war musikalisch gebildet, hatte selbst Musikunterricht.
Heutigen Zuhörern fehlt diese aktive musikalische Basis
zumeist.

Im September 1966 reiste ich nach Japan. Ich habe in vielen verschiedenen Ländern gelebt und spreche viele Sprachen recht fließend – Englisch, Hebräisch, Deutsch, Französisch, Italienisch und Spanisch. Da ich mich in den
meisten Ländern, die ich besuche, zu Hause fühlen kann,
empfand ich es als äußerst irritierend, in Japan anzukommen und nicht einmal ein Schild lesen zu können, nicht zu
wissen, ob ein Geschäft Salz oder Fahrräder verkauft. Es
ist fürchterlich störend, immer von Dolmetschern abhängig zu sein. Das gleiche Gefühl hatte ich während meiner
ersten Reise in die Sowjetunion 1965.

In Japan war das Interesse für klassische Musik damals
schon so groß, dass ich mir kaum vorstellen konnte, dass
westliche Musik dort solch ein neues Phänomen war. Ich

glaube, Beethovens Neunte Symphonie wurde in Japan zum ersten Mal während des Ersten Weltkrieges gespielt. Doch heutzutage wird in Tokio vermutlich mehr Musik gespielt als in irgendeiner anderen Hauptstadt in Europa oder Amerika. Wenn ich in Japan Konzerte gebe, fasziniert mich nicht so sehr der große Zulauf des Publikums und die Bereitschaft, Schallplatten zu kaufen, auch nicht die hohe Entwicklung der Technologie, von der wir alle profitiert haben, was Plattenaufnahmen betrifft. Mich fasziniert immer wieder, wie sehr sich der Zugang des japanischen Publikums zur Musik von dem unterscheidet, was wir in Europa und Amerika gewohnt sind. Es gibt nicht die leiseste Tendenz, Musik für eine Art der Unterhaltung zu nehmen; es existiert ein beinahe greifbares Gefühl der Konzentration im Publikum, das für den Musiker auf dem Podium sehr inspirierend ist. Eine solche Ernsthaftigkeit und Ehrfurcht der Kultur gegenüber habe ich in Europa und in Amerika oft vermisst. Diese Eigenschaft der Japaner habe ich immer mehr bewundern und lieben gelernt. Ich habe nur einmal ein japanisches Orchester dirigiert, das NKH-Symphonie-Orchester im Jahr 1973, und es war ein unvergessliches Erlebnis. 1990 spielte ich Brahms' Klavierkonzerte mit dem Japanischen Philharmonischen Orchester unter der Leitung von Antonio Pappano und war damals auch von der großen Ernsthaftigkeit und dem Respekt, den die Musiker für die Musik empfanden, beeindruckt.

1967 spielte ich nicht nur mit dem New Philharmonia Orchestra als Solist unter Klemperer, ich dirigierte das Orchester auch in einer Aufführung des *Requiems* von Mozart. Ich hatte bereits viel Chormusik gemacht, bevor ich in den 1960er Jahren anfing, die großen Symphonieorchester zu dirigieren – Mozarts und Brahms' *Requiem*, einige Bruckner-Messen und natürlich Beethovens Neunte Symphonie.

Ich lernte sehr viel von Wilhelm Pitz, der ein außergewöhnlicher Musiker und ein wunderbarer Chordirigent war. Als ich in den späten 60er Jahren mit dem New Philharmonia Orchestra arbeitete, sammelte ich meine ersten Erfahrungen im Chordirigieren bei Pitz, der Chorleiter des Philharmonia Chorus war. Mich beeindruckte seine Fähigkeit, eine gewaltige Palette an unterschiedlichen Ausdrucksmöglichkeiten hervorzubringen durch eine sehr detaillierte Unterscheidung zwischen Legato- und Marcatosingen und eine Kombination von beidem. Ich erinnere mich vor allem an die massiven Klangexplosionen der Chöre in Bruckners *Te Deum* und daran, wie viel innere Spannung sie dank Pitz' Vorbereitung besaßen. Er weckte meine Lust an mehr Chorarbeit, und seit dieser Zeit wollte ich natürlich auch mehr Oper machen.

Der Chor wird oft für große Tutti verwendet, und er kann relativ ausdruckslos klingen, wenn er nur einen massiven, unkontrollierten und unartikulierten Klang produziert. Aber wenn Pitz sich mit den einzelnen Stimmen und den vollen dynamischen Möglichkeiten des Chors beschäftigt hatte, erreichte er eine zusätzliche Dimension. Ich erinnere mich besonders daran, wie er den Unisono-Satz »*Aeternam factum Sanctis tuis*« in Bruckners *Te Deum* probte. Dieser Satz wird sechsmal gesungen und ist von Anfang an mit fortissimo bezeichnet. Pitz schaffte es, den Chor dazu zu bringen, die Energie, Lautstärke und Intensität so einzuteilen, dass auf dem Höhepunkt – beim Forte Fortissimo – eine noch größere Wirkung erreicht werden konnte.

1968 fuhr ich das erste Mal mit dem London Symphony Orchestra nach New York. István Kertész, der damalige Chefdirigent, war erkrankt, und ich sprang im letzten Moment für ihn ein. 1969 dirigierte ich die Berliner Philharmoniker zum ersten Mal und noch im gleichen Jahr auch das New York Philharmonic. Zu dieser Zeit war ich mir nicht sicher, ob ich das Klavier zugunsten des Dirigierens aufgeben sollte oder umgekehrt. Viele Menschen, mit denen ich zusammenarbeitete, glaubten nicht, dass ich beides vereinbaren könnte. Einige meinten, ich solle das Klavier aufgeben, weil ich eine größere Begabung als Dirigent sei und viele sehr gute Pianisten heranwüchsen, aber nicht so viele Dirigenten. Ich kämpfte gegen diese eher engstirnigen Ansichten – ich wollte mir beide Optionen offen halten.

Ich hatte angefangen, regelmäßig mit Dietrich Fischer-Dieskau zu musizieren, und es war selbst für meine Freunde schwer zu akzeptieren, dass ich, ein anerkannter Pianist, als Begleiter auftrat. Ich spielte natürlich auch Kammermusik – zu dieser Zeit insbesondere mit Jacqueline du Pré und Pinchas Zukerman und später auch mit Itzhak Perlman. Ich war der Dirigent eines Kammerorchesters und dirigierte Symphonieorchester. Als ich 1973 dann auch noch meine erste Oper dirigierte, gaben die Leute es einfach auf, mit mir darüber zu reden: Ich passte nicht in ihr Spartendenken. Zugegeben, auch ich hatte mir ursprünglich nie vorstellen können, in all diesen Bereichen tätig zu sein. Eigentlich habe ich fürchterliche Angst davor, mich zu verzetteln.

Ich wollte immer herausfinden, wie der Charakter eines Instruments, das von einem großen Künstler gespielt wird, Phrasierung und Artikulation beeinflusst. Ich habe eine Menge daraus gelernt, und das kann man selbstverständlich nur durch Kammermusik. Wenn ich mit Streichern Kammermusik spielte, so geschah das meistens mit Jacqueline. Dass ich die Kammermusik in den letzten Jahren vernachlässigt habe, liegt auch daran, dass ich nie einen Ersatz für sie gefunden habe.

Das Prinzip der Kammermusik ist der Dialog, jedes Instrument spricht entweder für sich allein und unabhängig oder mit anderen Instrumenten zusammen. Die Ansicht, dass Kammermusik die Essenz der Musik schlechthin sei, wird heute immer seltener vertreten, aus verschiedenen Gründen. Erstens hing sie eng mit der Hausmusik zusammen – die nicht nur von Amateuren, sondern auch von Profis gespielt wurde. Heute haben die Menschen weniger Zeit und sind mehr am passiven Genießen und Hören von Musik interessiert; immer weniger Leute machen Kammermusik zu ihrem Vergnügen. Es ist eine untergegangene Tradition. Wir haben Zugriff auf eine Unmenge Musik – im Radio, im Fernsehen und natürlich auf CD. Das schwindende Interesse an Kammermusik hat aber meiner Meinung nach mit dem veränderten Denkprozess des 20. Jahrhunderts zu tun.

Wird ein Stück aufgeführt, so wird es in Bewegung gesetzt und entwickelt sich jedes Mal anders, je nach der individuellen Spielweise, den akustischen Bedingungen und so weiter. Die Vorstellung, wie ein Stück klingen sollte, hat der Komponist in seinem Kopf. Solange sie nur dort ist, kann er mit ihr machen, was er will – es ist seine ureigene Schöpfung. Sobald er sie jedoch aufschreibt, unterliegt die Komposition anderen Gesetzen. Ein Dirigent muss sich dessen bewusst sein. Es muss ein perfektes Gleichgewicht geben zwischen der Konzeption, nämlich der vorgefassten Idee, wie Musik klingen sollte, und ihrer eigentlichen Umsetzung – wobei keine Aufführung der anderen gleichen wird.

Ursprünglich war Kammermusik für Räume bestimmt, die viel kleiner waren als unsere heutigen Konzertsäle mit ihren zwei- bis dreitausend Plätzen. Paradoxerweise bleibt diese Intimität im Fernsehen erhalten, obschon Millionen zusehen, denn die Kamera kann dicht an die Musiker herangehen. Ein Symphonieorchester, noch dazu eines mit

Chor und Solisten, zu filmen, ist äußerst schwierig, wohingegen es nicht nur leichter ist, Kammermusik – ein Trio, Quartett oder Oktett – zu filmen, sondern auch weitaus interessanter. Das Fernsehen zeigt den Gesichtsausdruck der Musiker. Ich finde es wesentlich befriedigender, drei, vier oder acht Menschen auf einem Fernsehbildschirm zu sehen als einhundertundzwanzig. Das hat natürlich etwas mit dem Auge zu tun, aber es wird immer schwieriger, das Auge vom Ohr zu trennen. Die meiste Zeit sind wir schrecklichem Lärm unterworfen, und kaum jemand macht sich Gedanken darüber, dass auch das Ohr Dinge speichert. Wenn man aus einem Hotelzimmer im fünfunddreißigsten Stock kommt, einen Aufzug betritt, in dem die ganze Zeit Musik vor sich hin dudelt, unten in ein Taxi steigt, in dem wieder Musik gespielt wird, schließlich im Konzertsaal ankommt und den ersten Takt einer Beethovensonate oder eines Beethoven'schen Streichquartetts hört – dann bringt das Ohr unbewusst und automatisch dies mit all der Musik in Verbindung, die man während der letzten Stunde gehört hat. Deshalb höre ich möglichst keine Musik vor einem Konzert, egal ob als Ausführender oder Zuhörer. Es ließe sich mit einem Pianisten oder Geiger vergleichen, der bis zum letzten Augenblick, bevor er aufs Podium geht, noch übt. Manchmal mag das nötig sein, aber wenn man es vermeiden kann, wird man die Frische des ersten Anschlags bemerken, den ersten Kontakt mit den Tasten, was einem sonst fehlt.

Ich wuchs in einem Umfeld auf, in dem es normal war, sich einmal pro Woche zur Kammermusik zu treffen. Sogar noch Ende der 1960er Jahre spielten wir regelmäßig zu unserem eigenen Vergnügen in unserem Londoner Zuhause. Anfang der 60er Jahre gab ich mit dem Cleveland Orchestra ein Konzert. Der zweite Konzertmeister war damals Arnold Steinhardt. Außerdem hatten sie einen wunderbaren Solobratscher namens Abraham Skernik, und der Solocellist war Jules Eskin. Ich kannte diese Leute nicht einmal – aber während der Probe freundeten wir uns an, und danach gingen wir zu Abraham Skernik nach Hause, wo wir etwas aßen, um dann die ganze Nacht Kammermusik zu machen. Ich kehrte nicht mehr ins Hotel zurück, am nächsten Morgen frühstückten wir zusammen und gingen dann wieder zur Probe.

Der Cellist Pablo Casals war ein großer Musiker, der einen bedeutenden Einfluss auf die Streicher ausgeübt hat. Ich lernte ihn in Puerto Rico kennen, wo ich als Pianist und als Dirigent das Festival besuchte, das er organisiert hatte. Ich spielte Brahms' Klavierkonzerte und dirigierte auch einmal Elgars Cellokonzert mit Jacqueline. Casals war der erste Cellist, der ein fast fanatisches Bedürfnis hatte, richtig zu intonieren. Bis Casals auftauchte, hielt man das Cello für ein unwahrscheinlich kompliziertes Instrument und akzeptierte, dass Cellisten unsauber spielten, sobald die Musik in höhere Tonlagen kam.

Casals' Intonations- und Artikulationskonzept war nicht nur für die Streicher von großer Bedeutung, es beeinflusste auch mich. Seine Domäne war das, was wir expressive Intonation nennen, im Gegensatz zur wohl temperierten Intonation. Das Klavier hat nicht die Flexibilität in der Stimmung, die ein Streichinstrument besitzt, deshalb gibt es die Enharmonien auf dem Klavier nicht: Ein Dis und ein Es sind genau derselbe Ton. Bei den Streichinstrumenten kann man die Intonation ganz leicht verändern, um eine andere Farbe zu erzielen und die expressive Intensität des Tons zu modifizieren. Wenn ein Fis ein Ton ist, der in einer G-Dur-Skala zum G führt, ist es bedeutend höher als ein Ges in F-Dur. Mit anderen Worten: Ein Fis, das zum G hinaufgeht, ist höher gestimmt als ein Ges, das zum F hinuntergeht.

143

Im Grunde bestand der Sinn von Bachs Wohltemperiertem Klavier darin, mit den zahlreichen Problemen der Intonation aufzuräumen. Casals machte mir den gleichsam räumlichen Zusammenhang der Töne bewusst; es gibt gewisse Töne, die das Gefühl erzeugen, dass sie in eine bestimmte Richtung ziehen, absteigend, und dass andere ein schiebendes Gefühl erzeugen, aufsteigend. Das ist etwas, das auf dem Klavier nicht nachvollziehbar ist; wenn aber das geschulte Ohr die expressive Intonation – im Gegensatz zur wohl temperierten Intonation – wahrnimmt, kann man das mit den Händen und den Akkorden, die man auf dem Klavier spielt, ausgleichen und mit Intensität kompensieren, was man an mangelnder Flexibilität der Stimmung nicht ändern kann. Diese Lektion, die für die gesamte tonale Musik sehr wichtig ist, haben die Musiker des 20. Jahrhunderts Casals zu verdanken.

Ebenso bahnbrechend war Casals' Beschäftigung mit der Artikulation der kürzeren Noten in jeder musikalischen Phrase. Besonders in Legatophrasen gibt es eine Tendenz, die kürzeren Töne zu schlucken. Casals hatte geradezu eine Manie, die kürzeren Werte zu artikulieren. Er hatte eine fast onomatopoetische Art, dies dem Orchester zu beschreiben: Er sagte »la la lai«, nicht nur eine Ansammlung von Vokalen – aeiou –, sondern Konsonanten, gefolgt von Vokalen, um die Töne deutlich zu artikulieren. Man kann in Bachs C-Dur-Suite, in der Aufnahme der Probe mit dem Marlboro Orchestra, hören, welche Bedeutung er den kürzeren Tönen, den Sechzehntelnoten beimaß.

Das waren seine wichtigsten Neuerungen in der Geschichte der Interpretation. Als Casals älter wurde, war er von seinen Neuerungen derart besessen, dass jüngere Musiker, die unter seinem Einfluss standen, oft dazu neigten, sie bis zur Übertreibung, sogar bis zur Karikatur zu imitieren. Für mich waren Casals' Ideen besonders interessant.

Ich versuchte das Klavier wie ein Streichinstrument zu spielen, mit einer Art Legato, das nur der Bogen erzeugen kann, wohingegen er versuchte, ein Streichinstrument wie ein Klavier zu spielen. Selbst in einem sehr schön beherrschten Legato muss es eine Art natürliche Artikulation geben, die das Klavier fast von selbst hervorbringt, da es für jeden Ton eine eigene Taste hat.

Im Umfeld von Casals gab es ziemlich viele Musiker, die Kammermusik mit ihm spielten und in hohem Maß in seinem Bann standen. Der außergewöhnlichste von ihnen war Isaac Stern, der sein musikalisches Leben als ein großer Virtuose begonnen hatte, sich aber sehr bald leidenschaftlich für Kammermusik interessierte und sehr originelle Vorstellungen von den Möglichkeiten der Violine entwickelte. Selbst wenn er die offensichtlich virtuosesten Werke für Violine spielte, wie Wieniawskis Zweites Konzert, gab er sich nie damit zufrieden, einen konventionellen, schönen Violinton zu erzeugen, sondern versuchte immer, die Grenzen des Charakters eines Instruments zu überschreiten. Offensichtlich versuchen alle großen Geiger die Möglichkeiten ihres Instruments zu erweitern, aber ich hatte das Gefühl, dass Stern sich mehr mit den Ideen der Musik als mit dem Potential des Instrumentes an sich beschäftigte. Das ist der Grund, warum er während seiner sehr langen Karriere mit der Violine Farben erzeugen konnte, die üblicherweise nicht mit dieser in Verbindung gebracht werden. Solche Farben schuf er durch ein immer wieder anders eingesetztes Vibrato.

Er leistete sich den Luxus oder die Askese – wie man es sehen will –, mit sehr wenig, manchmal ganz ohne Vibrato zu spielen, um eine besondere Farbe hervorzubringen. Er besaß auch ein sehr feines Gespür für die Koordination zwischen der linken Hand und dem bogenführenden Arm. Von allen großen Geigern machte Stern mich mehr als alle anderen auf die Wichtigkeit der Bogenführung aufmerksam und zeigte mir, dass es überhaupt keinen Grund gibt, immer mit dem ganzen Bogen zu spielen, wenn man an einem Ende anfängt, sondern dass dies sogar zum Nachteil des musikalischen Ausdrucks werden kann. Die Artikulationsmöglichkeiten wachsen und die Ausdrucksmöglichkeiten nehmen zu, wenn man manchmal mit wenig Bogen und einem sehr konzentrierten Ton spielt, um im nächsten Moment mit dem ganzen Bogen zu spielen, wenn der Ton mehr Luft hat.

Sterns großen Einfluss als Musiker spürt man hauptsächlich in der jüngeren Generation der Geiger, insbesondere unter denen, die aus Israel kamen, denen er viel von seiner Energie auch jenseits des Violinspiels widmete. Ich denke natürlich an Pinchas Zukerman und Itzhak Perlman. Ich hatte beide schon kurz in Israel getroffen, als wir noch Kinder waren. Zukerman kam damals zum Konzert des Budapester Streichquartetts, als es die Beethoven-Quartette in Israel spielte, und auch als Casals da war, aber ich lernte Zukerman eigentlich erst 1968 in New York kennen, als er neunzehn Jahre alt war und schon großes Ansehen als Wunderkind genoss, das die gesamte Kammermusikliteratur auswendig kannte. Es hieß von ihm, dass er in jedem nur denkbaren Kammermusikstück die Violine oder auch die Bratsche spielen konnte. Wir trafen uns nach einem Konzert, das ich mit dem Philadelphia Orchestra unter der Leitung von Eugene Ormandy gespielt hatte. Am nächsten Tag spielten wir im Hotel, wo Jacqueline und ich wohnten, zu unserem Vergnügen Kammermusik. Es stellte sich sofort das Gefühl von Nähe ein, einer musikalischen Verwandtschaft zwischen uns dreien; aber auch eine solche Nähe zwischen den zwei Streichern, dass wir auf der Stelle beschlossen, Trioabende zu geben.

Zukerman spielte mit mir auch sehr oft als Solist und gab

mit mir auch seine ersten Konzerte in England. 1969 spielten wir auch mit dem English Chamber Orchestra zusammen in New York. In der kurzen Zeit, in der Jacqueline noch spielen konnte, wurde er ein wesentlicher Bestandteil unseres musikalischen Lebens, wobei die Trioabende den Höhepunkt bildeten. Es gab ein grundlegendes Verständnis zwischen ihm und Jacqueline als Streicher, allein wie sie Vibrato und Einsätze einander anpassten – das habe ich selten in Ensembles von großen Solisten erlebt.

Itzhak Perlman war damals mehr der typische Solist. Er war auch an Kammermusik interessiert, stellte sie aber nicht ins Zentrum seines Interesses. Mit seinem außergewöhnlichen Talent und der Stärke seines Charakters und Geistes, die er entwickeln musste, um seiner körperlichen Behinderung zu begegnen – er wurde im Alter von vier Jahren von Polio befallen –, war er eine einzigartige Persönlichkeit. Er musste stark werden, um gegen konventionelle Ansichten anzukämpfen – für das Publikum war ein Soloviolinist, der sitzend spielt, ein ungewohnter Anblick, und nur sehr wenige glaubten, dass er eine Karriere als Solist würde machen können, weil es für ihn schwierig sein würde, zu reisen und mit allen Begleiterscheinungen seiner physischen Behinderung fertig zu werden. Ich muss nicht hervorheben, dass er allen Zweiflern bewies, wie Unrecht sie hatten.

Ich erlebte mit ihm viele unvergessliche Abende und hatte das Vergnügen, sein erstes Konzert mit den Berliner Philharmonikern zu dirigieren, bei dem er Tschaikowskis Violinkonzert spielte. Ich erinnere mich noch heute an das Staunen des Publikums, als er auf der Bühne erschien. Ich trug ihm die Violine, und ich fühlte, dass es nicht der normale Applaus eines Publikums war, das einen Künstler auf dem Podium begrüßt. Die Bewunderung seines offensichtlichen Mutes kam mit einer Zurückhaltung zum Ausdruck, als ob es nicht angebracht wäre, zu laut zu applaudieren. Sobald er zu spielen anfing, vergaßen natürlich alle seine Behinderung. Das Publikum war von seinem Spiel verzaubert. Im letzten Satz riss eine Saite. Es gibt sehr wenige Takte in diesem Satz, wo der Solist nicht spielt, aber in einer kleinen Pause von zwei Takten gab er seine Stradivari Thomas Brandis, der damals der Konzertmeister war, und der gab Itzhak seine Violine, damit er weiterspielen konnte, und der Kollege neben Brandis gab Brandis die seine und tauschte auf der Stradivari die Saite aus. Als das getan war, fuhr Brandis fort, auf Itzhaks Instrument zu spielen. Noch immer habe ich Itzhaks Gesichtsausdruck vor Augen. Er wollte seine Violine zurückhaben, aber er spielte so meisterhaft, dass man nicht wirklich den Unterschied im Ton hören konnte. Brandis' Freude, eine unbezahlbare Stradivari unter dem Kinn zu haben, war überwältigend – wohl nur sehr widerstrebend gab er sie vor Ende des Satzes aus der Hand.

Einer der natürlichsten Geiger, dem ich je begegnete, war Nathan Milstein, der mit mir sehr oft während meiner Jahre in Paris spielte. Er konnte den individuellsten und schönsten Ton auf die müheloseste Weise, die man sich vorstellen kann, erzeugen. Er hielt sein Instrument so, dass es fast auf seinen Bauch zu fallen schien; er hatte in den Proben ein großes Taschentuch auf der Schulter und einen nonchalanten Gesichtsausdruck, als ob Geigespielen die einfachste Sache der Welt wäre. Als Dirigent lernte ich von Milstein vor allem, dass man die Violine nie forcieren und nie versuchen sollte, die Grenzen des Volumens und der Intensität zu überschreiten, die das Instrument aushalten und erzeugen kann. Seine große Farbenpalette rührte auch daher, dass er eine sehr individuelle Art des Fingersatzes verwendete, und zwar – darauf wies er immer stolz hin – intuitiv und immer verschieden von einem Abend zum anderen. In Paris hatten wir Gelegenheit, Mendelssohns oder Brahms' Violinkonzerte mehrmals in einer Woche zu spielen, und ich staunte über sein Improvisationstalent, seine Fähigkeit, Fingersätze und Bogenführung von einem Abend zum nächsten wie selbstverständlich und mühelos zu verändern. Milstein bleibt für mich das Ideal eines klassischen Geigers.

Israel nach 1967

Im Frühjahr 1967, als Israels Existenz auf dem Spiel stand und Nasser die Straße von Tiran sperrte, musste man kein Prophet sein, um zu sehen, dass ein Krieg bevorstand. Die Situation war eindeutig und zum Verzweifeln, und wie viele andere Musiker konnte ich die Vorstellung nicht ertragen, weit weg von meiner Familie und meinen Kollegen und Freunden in der Philharmonie zu sein. Ich beschloss nach Hause zu fahren. Ich kam mit einem der letzten normalen Linienflüge am 31. Mai 1967 in Israel an. Jacqueline bestand darauf, mit mir zu kommen, und wir gaben jeden Abend Konzerte in Tel Aviv und Haifa. Wir spielten unser letztes Konzert am 5. Juni, am Vorabend des Krieges, in Beersheba, das ungefähr auf halbem Weg zwischen Tel Aviv und der damaligen ägyptischen Grenze lag. Als wir an diesem Abend nach dem Konzert zurück nach Tel Aviv fuhren und die Panzer uns bereits entgegenkamen, wussten wir, wie unmittelbar der Krieg bevorstand. Zubin Mehta kam einige Tage nach uns an.

Nur weil die israelische Luftwaffe in der Lage war, die ägyptische Luftwaffe innerhalb von Stunden am Boden zu zerstören, konnte Israel als Sieger hervorgehen. Zu diesem Zeitpunkt war der Ausgang des Krieges jedoch völlig unklar – klar aber war für jeden in Israel, dass dies ein Kampf um die nackte Existenz des Landes war. Wenn man ums Überleben kämpft, muss man an den Sieg glauben, die Vorzeichen aber standen gegen Israel, genau wie 1948. Der beste Beweis dafür war die Art, wie die öffentliche Meinung im Laufe einer Woche umschlug. Bis Kriegsbeginn war die öffentliche Meinung in Europa (ich weiß nicht, wie es in den USA war, da ich zu dieser Zeit nicht dort war) fast einhellig proisraelisch. Doch die Tatsache, dass die Israelis es schafften, auf sich selbst aufzupassen und erfolgreich zu überleben, führte dazu, dass sie sich fast über Nacht gegen sie wendete.

Nach dem Krieg, der das Überleben Israels und das der jüdischen Nation im Nahen Osten sicherte, entstand ein ernsthaftes Problem dadurch, dass so viele Araber plötzlich unter israelischer Herrschaft lebten. Nachdem die Israelis ihren eigenen Übergang von einer Minorität zu einer Majorität vollzogen hatten, mussten sie sich jetzt mit einer Minorität innerhalb der eigenen Nation beschäftigen – ein Problem, mit dem die Juden seit Jahrtausenden keine Erfahrung mehr hatten. Ich bin nicht davon überzeugt, dass dieser neue Übergang so leicht und reibungslos verlief wie der von der Minorität zur Majorität. Es ist wahrscheinlich unmöglich, von Menschen, die während ihrer ganzen Geschichte unter der Intoleranz von anderen gelitten haben – eine milde Definition von Antisemitismus, wenn man an die Pogrome in Russland und die Ausschreitungen der spanischen Inquisition denkt, ganz zu schweigen von den Gräueltaten der Nazis –, eine andere Reaktion zu erwarten. Doch selbst wenn die arabische Minorität nur davon träumt, die Juden zu vernichten, ist Toleranz unbedingt geboten; doch das wurde weder von Israel noch von den israelischen Politikern erkannt.

Ich bin weder Politiker noch habe ich eine Zauberformel anzubieten, und es ist auch nicht meine Aufgabe, Israels Politiker zu beraten. Ich kann nur meine sehr persönliche Meinung als Jude äußern, dass man einen Weg der Toleranz finden muss. Nun sind wir aber jahrhundertelang Teil einer verfolgten Minderheit gewesen, sodass es vielleicht von den Israelis zu viel verlangt ist, auch den Bedürfnissen ihrer Nachbarn Rechnung zu tragen – oder es ist noch zu früh. Und doch denke ich, dass diese Toleranz für das Überleben des jüdischen Staates entscheidend ist. Toleranz ist dem jüdischen Denken oder der jüdischen Philosophie nicht fremd. Die Bibel oder der Talmud lehren uns nicht nur, wie wir mit uns selbst zurechtkommen können, sondern auch mit unseren Nachbarn. Aber um diese Toleranz, von der ich spreche, zu entwickeln, bedarf es der bewussten Anstrengung, viele Begriffe und Handlungsweisen aufzugeben oder zu ändern, die das jüdische Leben in der Diaspora in Jahrhunderten hervorgebracht hat. Der jüdische Humor, der oft mit Ausdrücken wie *gojim naches* (was soviel wie »gut genug für Nichtjuden« bedeutet) auf Kosten der Nichtjuden geht, ist als Ausdruck des Selbstschutzes akzeptabel und sogar bewunderungswürdig unter Umständen, in denen Juden als Minderheit leben. Aber sobald der israelische Jude sich in der Position befindet, über Menschen einer anderen Minorität zu herrschen – und ich sage dies, ohne in eine Diskussion über das Ausmaß der Feindseligkeit, die diese Minorität uns gegenüber empfindet, einzusteigen –, kann er nicht mehr einen Ausdruck wie *gojim naches* benutzen.

Der nächste Schritt in der Geschichte der jüdischen Entwicklung, die Koexistenz mit den Arabern, wird – so hoffe ich – mit der nächsten Generation von Israelis vollzogen werden. Ich glaube, dass die Ereignisse seit 1967 gezeigt haben, dass eine Form von Koexistenz für das Überleben sowohl des Staates wie auch der Idee Israels notwendig ist. Dies ist eine der großen Herausforderungen der Zukunft. Der jüdische Staat befindet sich im Nahen Osten und hat eine Verantwortung für die Region und für die Kultur und die Entwicklung dieser Region. Als der Staat Israel gegründet wurde, wurden nicht genügend Anstrengungen unternommen, um sicherzustellen, dass er eines Tages ein

Mitglied der Gemeinschaft der Staaten des Nahen Ostens werden kann. In den Schulen zum Beispiel ist die zweite Sprache nie Arabisch gewesen, sondern immer Englisch, die dritte ist manchmal Französisch, manchmal Arabisch. Wir leben umgeben von Arabern und dürfen nicht vergessen, dass sie einen gewaltigen Beitrag zur Entwicklung der Zivilisation geleistet haben. Die arabische Literatur des Mittelalters zeugt von ihrer großen Tradition. Die Araber haben eine reiche und vielfältige Kultur. Bedeutende wissenschaftliche Entdeckungen gehen auf frühe arabische Gelehrte zurück, und zahlreiche Konzepte und Ideen der klassischen griechischen Philosophie wären ohne die arabische Überlieferung für immer für den Westen verloren.

Wenn einmal die Grundlagen des Zusammenlebens zwischen Israelis und Arabern ausgearbeitet sind, sollte und könnte Israel dabei eine Hauptrolle spielen. Israel sollte unter den führenden Staaten, wenn nicht der führende Staat einer Gemeinschaft der Staaten des Nahen Ostens sein. Ich glaube, dass es für das jüdische oder besser israelische Bewusstsein von größter Wichtigkeit ist, nicht ausschließlich auf Europa und den Westen ausgerichtet zu sein. Israel sollte stattdessen eine Vereinigung zwischen Ost und West herstellen, und Elemente der Kultur des Nahen Ostens sollten Bestandteil des israelischen Bildungssystems werden – angefangen mit Arabisch als obligatorischer zweiter Sprache –, um so den nahöstlichen Charakter des Staates Israel weiterzuentwickeln.

Auf gastronomischem Gebiet wurde hier schon einiges erreicht – alle Israelis essen »hummus«, »falafel« und all die anderen Delikatessen der arabischen Welt. Sie haben ihre Essgewohnheiten übernommen, während sie weiterhin »gefillte Fisch« und andere typisch jüdische Gerichte essen. Es sollte doch möglich sein, die gleiche Akzeptanz den kulturellen und politischen Werten entgegenzubringen. Die Araber müssen überzeugt werden, dass der Staat Israel nicht nur ein künstlich eingepflanzter westlicher Staat ist und dass er nicht ausschließlich aus Menschen aus Warschau, Berlin, New York, Moskau und Buenos Aires besteht, sondern aus Menschen, die ein Teil des Nahen Ostens geworden sind.

Meiner Meinung nach ist das der einzige Weg für Israel, sich einer echten Koexistenz mit den Arabern zu nähern. Das Land darf keine Insel bleiben, die von den Nachbarn vollkommen unabhängig ist. Solange wir uns noch immer im Kriegszustand befinden, ist es nicht möglich, dieses Ziel zu verwirklichen; wenn aber die Probleme der Koexistenz gelöst sind, sollten wir in Israel bereit sein. Ich bin kein Verteidigungsexperte, und ich möchte mich nicht zu Dingen äußern, von denen ich nichts verstehe. Ich weiß aber, dass der einzige Weg für Israel, der Idee eines jüdischen Staates treu zu bleiben, die Idee ist, die David Ben Gurion und seine Freunde inspirierte, und zwar ein organischer Teil der Nationen des Nahen Ostens zu werden. Diesem Ziel hat Teddy Kollek all seine Energie als Bürgermeister von Jerusalem gewidmet. Kultur, Sprache und Wissen sind nicht etwas, das man einfach etwas anderem hinzufügen kann, wenn Friede ist. Wir müssen eher früher als später vorbereitet sein. Die Geschichte zeigt uns, dass Juden und Araber miteinander leben und sich gegenseitig inspirieren können. (Ich denke natürlich an Spanien im Mittelalter.) Eine echte und ehrliche Kooperation zwischen Juden und Arabern im Nahen Osten könnte bislang ungeahnte Möglichkeiten eröffnen. Wir könnten ein zweites Zeitalter der Aufklärung erleben.

Paradoxerweise ist die palästinensische Identität eben dadurch gestärkt worden, dass viele israelische Politiker sich geweigert haben, ihre Existenz überhaupt zur Kenntnis zu nehmen. Angesprochen auf das palästinensische Problem, sagte Golda Meir 1970: »Was meinen Sie mit palästinensischem Problem? Es gibt keine Palästinenser! Die einzigen Palästinenser sind die Juden, die jetzt dort leben, wo einst Palästina war!« Solche Verlautbarungen haben natürlich das Unglück geradezu heraufbeschworen. Selbst unter strategischen Gesichtspunkten war das keine sonderlich intelligente Aussage. Ob es eines Tages einen eigenen Palästinenserstaat geben wird oder eine Föderation mit Jordanien oder Israel, kann ich nicht voraussagen. Aber ich weiß, dass es eines Tages einen Staatenbund im Nahen Osten geben sollte, bestehend aus Ägypten, Israel, Jordanien, Libanon und Syrien.

Als ich nach dem Krieg im Juni 1967 für eine Woche oder zehn Tage nach Europa fuhr, konnte man nicht länger von der Unterdrückung der Juden sprechen; man musste zurückhaltend sein. Die schrecklichen Ereignisse des Zweiten Weltkrieges schienen plötzlich vergessen zu sein; zuerst gab es verschleierte und dann immer offenere Andeutungen über jüdischen Imperialismus. Ich erkannte wieder einmal, wie kurz unser Gedächtnis ist. Innerhalb weniger Tage hatte die Welt vergessen, dass die Araber den Krieg, den sie dann verloren haben, begonnen hatten.

Ich bin David Ben Gurion schon als Kind begegnet, als er mich in den frühen 1950er Jahren spielen hörte. Zu dieser Zeit war jeder damit beschäftigt, das neue Selbstbewusstsein auch in einem neuen Bild des israelischen Juden zum Ausdruck zu bringen. Aus diesem Grund gaben sich die Menschen in Israel neue, hebräische Namen gleicher Bedeutung. Ben Gurion, der im polnischen Płońsk geboren worden war, hieß ursprünglich David Grün. Er war versessen darauf, dass ich den Namen Barenboim, die jiddische Version von Birnbaum, in einen hebräischen Namen umändern sollte. Er versuchte meine Eltern zu überreden, zum hebräischen Agassi, was Birne bedeutet, überzugehen. Keiner von uns war besonders begeistert, und er sagte spaßeshalber, dass es besser sei, die Änderung vorzunehmen, bevor ich berühmt würde, da der Name Agassi sich viel leichter merken lasse. Wer Barenboim nicht aussprechen könnte, würde Agassi schon zusammenbringen und sogar glauben, es sei ein italienischer Name.

Ben Gurion war sowohl Pragmatiker als auch Visionär. Was Israel heute darstellt und geworden ist, verdankt es zu einem großen Teil der Leistung dieses Mannes. Ben Gurion war einer der größten Staatsmänner dieses Jahrhunderts, durchaus vergleichbar mit Winston Churchill. Er war nicht bloß ein Politiker, sondern ein Staatsmann, wobei der Unterschied darin besteht, dass ein Politiker pragmatische Ziele verfolgt, ein Staatsmann aber eine Persönlichkeit ist mit einer Strategie und Visionen. Nur – die Eigenschaften eines Visionärs harmonieren nicht immer mit denen eines Politikers.

Wenn man Wagners Opern inszeniert, wird man mit einem ähnlichen Problem konfrontiert, der scheinbar nicht zu vereinbarenden Mischung von Symbolik und Naturalismus. *Der Ring des Nibelungen* hat nicht nur diese naturalistische Seite, mit Wasser und Feuer; eigentlich wird das naturalistische Element oft vom Orchester suggeriert und muss nicht unbedingt auf der Bühne gezeigt werden. Die Charaktere und Situationen in Wagners Opern – insbesondere im *Ring* – besitzen eine symbolische Bedeutung, die fast unmöglich mit naturalistischen Mitteln zu beschreiben ist. Ein Staatsmann muss sowohl die visionären Eigenschaften als auch die des Pragmatikers besitzen, damit er weiß, wie er seine Vision umsetzt. David Ben Gurion hatte eine Vision von Zionismus und Sozialismus. Er gab nicht nur den Impuls zur Gründung des Staates Israel, sondern er konnte das Land auch diesen Weg führen. Das Israel meiner Kindheit und Jugend war in hohem Maße das Resultat seiner Visionen und seines Schaffens.

Abgesehen von der Rolle, die Ben Gurion in der Geschichte Israels und des 20. Jahrhunderts spielte, zeichnete er sich dadurch aus, dass er immer das Bedürfnis erkannte, eine jüdische Heimat zu schaffen – und dies mit angemessenem Respekt vor alldem, was im Nahen Osten bereits existiert hat und existieren könnte. Er war ein großer Vorkämpfer der jüdischen Sache, aber auch ein bedeutender Vermittler, wenn die Unmäßigkeit ihr hässliches Antlitz zu erheben drohte. Das bewies er durch seine Beziehungen zum britischen Mandat, später durch seine Beziehungen zu den Arabern und dadurch, wie er diese Beziehungen zu den Nachbarn entwickeln wollte. Selbst 1967, unmittelbar nach dem Sechstagekrieg, entwickelte er einige sehr originelle und weitsichtige Standpunkte, obwohl er schon ein alter Mann war und nicht mehr in der Regierungsverantwortung stand. Nach dem Krieg sagte Ben Gurion, dass er alle eroberten Territorien im Austausch gegen Frieden zurückgeben würde. Das war eine utopische Vorstellung, weil keines der arabischen Länder mit Israel in Frieden leben wollte. Er sagte auch, dass er die alten Mauern um die Altstadt Jerusalems zerstören würde. Die ganze Welt hätte gegen eine solche Tat protestiert; aber dies hätte sichergestellt, dass Jerusalem nie wieder eine geteilte Stadt gewesen wäre. Die Mauer um die Altstadt Jerusalems ist sowohl ein physisches als auch ein psychologisches Hindernis. Wir kennen die Bedeutung der Berliner Mauer, die weniger als dreißig Jahre existierte. Die Mauer von Jerusalem gibt es seit Jahrhunderten.

Ben Gurion hatte eine Vision von Einheit und Koexistenz in der Stadt Jerusalem. Leider waren in all der Euphorie über den militärischen Erfolg und den Triumph des Überlebens, der das Land sofort nach dem Krieg 1967 erfasste, seine Ideen und Visionen nicht populär. Er besaß nicht mehr die Aufmerksamkeit des Volkes. Mit seinem Rückzug begann in Israel eine Periode der Unruhe, mit ernsten politischen Konsequenzen, sowohl für Israel selbst als auch für seine Beziehung zu den Arabern.

Heutzutage muss ein Premierminister über drei besondere Eigenschaften verfügen. Erstens muss er mit der Bevölkerung Israels umgehen können – und mit zwei bis drei Millionen Juden auf einmal zurechtzukommen ist keine leichte Aufgabe. Es gibt einen alten Witz darüber, dass, wenn man einen Juden hat, man mindestens drei verschiedene politische Parteien bekommt. Er muss regieren können, ohne je die arabische Minderheit zu vergessen. Zweitens muss ein Premierminister in Israel mit den Juden außerhalb Israels umgehen können – nicht nur mit der jüdischen Lobby in Washington, sondern mit allen großen jüdischen Gemeinden in Nord- und Südamerika und in Europa. Die Sowjetunion war zur Zeit Ben Gurions nicht zugänglich, aber eine gewisse Form von Dialog war möglich. Ben Gurion hatte die Fähigkeit, die Leidenschaft seines Engagements zu vermitteln, ohne Bereiche zu betreten, die für die Juden in der Diaspora schwer zu akzeptieren waren. In den 1950er Jahren sagte man, dass ein wahrer Zionist nicht jemand ist, der in Rio de Janeiro, Washington oder Paris über Zionismus redet, sondern einer, der nach Israel geht und einen praktischen Beitrag zum Aufbau des Staates leistet. Und die dritte Eigenschaft, die ein israelischer Premierminister braucht und immer mehr brauchen wird, ist die Fähigkeit, mit den Arabern und den Supermächten zu verhandeln. In den 50er Jahren mussten wir auch mit Großbritannien und Frankreich auskommen. In Frankreich saß de Gaulle, und wir dürfen nicht vergessen, dass die Engländer erst in den späten 40er Jahren den Nahen Osten verlassen haben.

Ben Gurion ging hervorragend mit allen diesen Komplikationen um. Die Hauptschwierigkeit im Umgang mit den Arabern war ihr absoluter Widerwille, mit Israel als Staat zu verhandeln. Obwohl ein Zögern in Ben Gurions Politik, in seiner Strategie und Vision von Israel als einer jüdischen Heimat nicht vorkam, gab er immer zu verstehen, dass die Araber Rechte hatten, die man respektieren musste. Das war gewiss nicht einfach, weil sich das Land im Kriegszustand mit allen arabischen Ländern befand, und das offizielle arabische Ziel bestand darin, die Juden ins Meer zu werfen. Es ging also nicht nur um Krieg, sondern es war eine Frage des Überlebens.

Meine Bewunderung für Ben Gurion und die Art und Weise, wie er es zustande brachte, zwischen seiner Vision von Israel und seiner Vision vom Nahen Osten einen Ausgleich zu finden, kennt keine Grenzen. Ich glaube, dass seine Fähigkeit, ständig neue Ideen zu entwickeln, und sein Vermögen, immer wieder neue Aspekte in der Betrachtung der Konflikte zu entdecken, von seinem großen Interesse und der Beschäftigung mit Philosophie und philosophischen Problemen herrührte. Er war ein außergewöhnlich belesener Mann; er entwickelte ein Interesse an fernöstlichem Denken und Buddhismus und machte Yoga. Er war von der Figur des Don Quijote fasziniert und träumte davon, so gut Spanisch zu lernen, dass er Cervantes im Original lesen konnte. Zu einem Zeitpunkt, als das nackte Überleben Israels und seiner Bevölkerung auf dem Spiel stand, war es schwer zu verstehen, wie er sich mit Themen beschäftigen konnte, die nicht direkt in Bezug zum Konflikt im Nahen Osten standen. Seine philosophische Neugier wurde von vielen Israelis, die sich nur mit ihren eigenen Problemen oder, höchstens, mit denen des Staates Israel beschäftigen konnten, oft missverstanden oder vielmehr überhaupt nicht verstanden.

Mir war Ben Gurion ein großes Vorbild, ein Symbol, jemand, der sich ganz und gar der Sache seines Volkes verpflichtet fühlte. Er hatte kein tiefer gehendes Interesse für Musik, aber er verstand ihre Bedeutung für viele Menschen. Er unterstützte auf eine distanzierte Art kulturelle Institutionen, insbesondere das Israel Philharmonic Orchestra. Obwohl er im Konzertsaal ein seltener Gast war, besuchte er das Eröffnungskonzert des Orchesters in seiner neuen Heimstätte, dem »Mann Auditorium«.

Als Liedbegleiter und Gastdirigent

Abgesehen von einer einzigen Ausnahme – 1963 in Bayreuth – begleitete ich öffentlich keine Sänger, bis zum Jahr 1969, in dem ich mein erstes Konzert mit Dietrich Fischer-Dieskau gab. In der Folge arbeitete ich fast zwanzig Jahre lang regelmäßig mit ihm. Ich war ein großer Bewunderer von ihm, seit ich ihn 1952 zum ersten Mal in Wien gehört hatte. Er besuchte 1968 ein Konzert von Jacqueline und mir in Rom und schrieb uns danach einen rührenden, anerkennenden Brief. Zu diesem Zeitpunkt bemühte ich mich in London ein Festival zu organisieren, das hauptsächlich der Kammermusik gewidmet war, das »South Bank Summer Music«-Festival. Die Idee kam teils von mir, teils von der Leitung der Festival Hall, und ich trug von 1968 bis 1970 die künstlerische Verantwortung für das Programm.

Natürlich gab es damals auch schon ein anderes Sommerfestival in London, das größte Musikfestival der Welt – die Promenadenkonzerte in der Royal Albert Hall mit ihrer wunderbaren Tradition. Aber in der Festival Hall, in der das Jahr über symphonische Konzerte stattfinden, und in der Queen Elizabeth Hall wurde im Sommer überhaupt nicht gespielt. Die Saison ging Ende Juni oder Anfang Juli zu Ende, und danach gab es keine Musikkonzerte mehr in London mit Ausnahme der Promenadenkonzerte, die ihr eigenes Publikum haben und hauptsächlich der symphonischen Musik gewidmet sind. Die Direktion war sich im Unklaren darüber, was sie mit der Festival Hall und der Queen Elizabeth Hall anfangen sollte, abgesehen von einer bestimmten Zeit, die für eine Ballettsaison vorgesehen war, und bat mich um Vorschläge. Also arbeiteten wir ein Programm für ein Kammermusikfestival auf der South Bank aus. Da Fischer-Dieskau von unserem Konzert in Rom so sehr begeistert war, fragte ich ihn, ob er sich vorstellen könne, im Rahmen unseres Programms zu singen. Er sagte zu, und wir gaben unser erstes Konzert in London – es war Schuberts *Winterreise.*

Das war der Beginn einer langen Zusammenarbeit mit vielen Konzerten in Europa, den USA und auch mit vielen Schallplattenproduktionen. Über Fischer-Dieskau habe ich eine Menge neue Musikliteratur kennen gelernt, insbesondere die Werke von Hugo Wolf. Wir nahmen alle Lieder auf, die Wolf für Männerstimme geschrieben hat, alle Brahms-Lieder sowie Mahler, Mozart, Liszt und Schubert. Als ich mit neun Jahren in Salzburg war, sprach ich nur Spanisch und lernte Deutsch mit österreichischem Akzent. Dann hatte ich wieder jahrelang keine Gelegenheit, Deutsch zu sprechen, denn in Berlin war ich meistens von Englisch sprechenden Personen umgeben. Meine Arbeit mit Fischer-Dieskau lehrte mich eine Menge über die deutsche Sprache, darüber, wie man Sprache und Musik verbindet, über die Bedeutung der Worte und den Klang der Silben, die die Musik begleiten. Er lehrte mich einfache Dinge wie zum Beispiel, dass wenn auf einen Konsonanten ein Vokal folgt, der Konsonant vor dem Ton kommen muss.

Fischer-Dieskau ist einer der wenigen Sänger, die an zeitgenössischer Musik interessiert sind. Sein Anspruch und die peinlich genaue Vorbereitung bei den Aufführungen von Strawinskys *Abraham und Isaac* (in perfektem Hebräisch!) waren erstaunlich; ebenso bei Werken Lutosławski und Aribert Reimanns, die ich glücklicherweise mit ihm spielen durfte. Ich erinnere mich auch an eine Schallplattenaufnahme von Cimarosas *Il Matrimonio Segreto;* es war faszinierend, wie er in einer Mischung aus Intuition und deutscher Genauigkeit die komischen Aspekte der Rolle und die italienische Sprache herausarbeitete.

Für einen Pianisten kann es sehr nützlich sein, die Lied-Literatur zu kennen und zu spielen. Die menschliche Stimme ist das unmittelbarste Musikinstrument. Wenn man Musik spielt, die einen Text hat, versteht man, was in der Musik passiert, wenn ein subtiles Wort oder eine bemerkenswerte Idee im Text vorkommt. Wenn zum Beispiel das Wort Tod in Schuberts Liedern verwendet wird, geschieht harmonisch und rhythmisch etwas Ungewöhnliches. Es ist nicht wirklich wichtig, ob Schubert es bewusst oder unbewusst herbeigeführt hat; wichtig ist, dass es etwas Besonderes ist. Und wenn man ähnliche Muster in Schuberts Sonaten oder Impromptus findet, ist das Erlebnis weitaus stärker. Mit anderen Worten: Man kann durch die Beschäftigung mit unterschiedlichen Werken ein und desselben Komponisten viel gewinnen.

Alle romanischen Sprachen haben die Tendenz vorwärts zu gehen – Französisch ist ein gutes Beispiel, da hier die Betonung immer auf dem Ende eines Wortes liegt –, wohingegen Deutsch nicht nach vorn drängt, sondern eher nach hinten zieht. Das kommt vom Klang der Sprache. Mozart ist ein sehr gutes Beispiel dafür, weil Mozart sowohl deutsche Opern und deutsche Lieder als auch italienische Opern schrieb sowie einige Lieder auf Französisch. Die Beschaffenheit des Auftakts – der Ton oder die Gruppe von Tönen, die vor dem Haupttakt kommen – ist je nach Sprache unterschiedlich. Wenn man »das« oder »die« auf Deutsch sagt, sind beide Töne länger als *il* oder *la* auf Italienisch. *La luna* geht nach vorn, aber auf Deutsch sagt man »der Mond«. Bei Letzterem liegt die Breite der Betonung sowohl im Artikel als auch im Hauptwort.

Charakterisierung ist im Lied natürlich von großer Bedeutung. Wenn das Klavier ein Vorspiel, ein Zwischenspiel oder die Schlusstakte spielt, sollte die ganze Atmosphäre darin ausgedrückt sein. Manchmal kann es auch nur ein halber Takt sein – in Schuberts *Gretchen am Spinnrad* wird das Spinnrad erst durch das Klavier in Bewegung gesetzt. Wenn der Pianist Lieder spielt, kann er eine Charakterisierungsgabe entwickeln – manchmal mit ganz kleinen rhythmischen Motiven oder Modulationen –, die die Atmosphäre vollkommen verändert.

Ein anderer Faktor, der auch für die Kammermusik mit Klavier und Streichern gilt, aber besonders für die Stimme von größter Wichtigkeit ist, ist der Gebrauch des Pedals. Obwohl die Stimme nicht von der Klavierbegleitung abhängig ist, legt sich, sobald zu viel Pedal in der Begleitung verwendet wird, sowohl auf den Text als auch die Stimme ein Schleier. Wichtig ist auch, dass eine gehaltene vokale Linie oft eine gewisse Trockenheit im Klavier braucht, um auszugleichen – als Kontrast zum lieblichen Legatobogen der Gesangstimme.

Die Frage der Übertragung vom Podium auf den Saal wirft einige interessante Aspekte auf. Wenn es in der Sopranpartie einer Oper »piano« heißt, kann ein leichter Sopran zu leicht sein, und eine schwerere Sopranstimme kommt vielleicht besser durch – es hängt von der Partie ab. Bei Mozart zum Beispiel ist der Unterschied zwischen einer Donna Anna und einer Fiordiligi oder einer Susanna und Barbarina offensichtlich, und doch wird häufig, unter einem rein musikalischen Gesichtspunkt, der Unterschied nicht gemacht. Das hat mit der Art der Stimme und auch mit der Wirkung auf das Publikum zu tun. Wenn man in einem Saal spielt, der für ein bestimmtes musikalisches Idiom zu groß ist – sei es ein Lied oder ein spätes Brahms-Intermezzo für Klavier –, versucht der Pianist oder der Sänger eine Art künstliche Übertragung herzustellen, um die Musik herüberzubringen. Der Effekt kann viel größer sein, wenn man, anstatt den Ton bis zum letzten Sitz des Saales zu übertragen, versucht, diese Tausende Menschen zu einem auf die Bühne hinaufzuziehen. Fischer-Dieskau hat eine unheimliche Meisterschaft in dieser Kunst entwickelt, zum Publikum »hinauszugehen« und es dann »zu sich zu ziehen«.

Natürlich muss der Sänger den Text verstehen, ob er den Wotan oder die *Winterreise* singt. Der Unterschied liegt darin, dass ein Sänger in Opern und Oratorien die Einsätze und die musikalische Führung vom Dirigenten erhält. Beim Liedgesang ist es umgekehrt; da übernimmt der Sänger die musikalische Initiative und Führung. Opernsänger können einem Lied oft nicht gerecht werden, weil ihre Ausdrucksfähigkeit an Bewegungen auf der Bühne oder an Instruktionen des Dirigenten geknüpft sind. Ein Sänger, der beides kann, ist selten. Ich finde es sehr schade, dass viele Sänger ihre meiste Zeit und Energie der Oper widmen und nicht dem Liedgesang, oder aber sie tun es erst später in ihrer Karriere, wenn sich viele Gewohnheiten festgesetzt haben. Es ist auch bedauerlich, dass es wenige Pianisten gibt, die Lieder begleiten. Ich habe früher Konzerte mit Janet Baker gemacht und später mit Jessye Norman. In der Vokalmusik – sei es Lied, Oper oder Chormusik – hat vieles einen fast onomatopoetischen Effekt, den man nur durch genaues Nachdenken über die Klangelemente einer Sprache herausbringen kann. Ein großer Sänger kennt vielleicht auf der einen Seite die Sprache der Musik und auf der anderen den Klang der gesprochenen Sprache, aber nur die Kombination von beidem kann Liedern gerecht werden.

Gegen Ende der 1960er Jahre begann ich regelmäßig größere Symphonieorchester zu dirigieren: 1968 fuhr ich erstmals mit dem London Symphony Orchestra nach New York, dirigierte 1969 die Berliner Philharmoniker und 1969 oder 1970 einige der großen amerikanischen Orchester: in Chicago, Cleveland, New York und Philadelphia. In Boston dirigierte ich seltener. Ich arbeitete auch weiter mit den Londoner Orchestern zusammen, zuerst mit dem New Philharmonia und später mit dem London Philharmonic. Ich dachte nie ernsthaft über eine feste Anstellung als Chefdirigent nach, weil ich spürte, dass dies meine ganze Zeit in Anspruch nehmen würde. Und ich wollte ja auch verschiedene Orchester als Gastdirigent leiten, Klavier spielen und später Oper machen. Dann engagierte mich George Szell, die New Yorker Philharmoniker regelmäßig zu dirigieren. (Szell war der musikalische Berater, bevor Boulez Chefdirigent wurde.)

Als Kind hatte ich Szell bereits 1955 in Salzburg getroffen, während des Dirigentenkurses. Als Markewitsch wegen plötzlicher Erkrankung nicht nach Salzburg kommen konnte, befand sich das Mozarteum in einer sehr schwierigen Situation, weil alle, die am Kurs teilnehmen wollten – Studenten und Orchester –, bereits anwesend waren, nur der musikalische Leiter fehlte noch. Glücklicherweise gelang es, die verschiedenen Dirigenten, die bei den Salzburger Festspielen in jenem Sommer dirigierten, zu verpflichten, zu unserem Kurs zu kommen und uns je einen ganzen Tag zu unterrichten. Mitropoulos und Szell gehörten dazu. Ich nehme an, es waren auch noch andere dabei, aber die zwei sind mir in Erinnerung geblieben; insbesondere Szell, weil an jenem Tag, an dem er in den Kurs kam, ich an der Reihe war zu dirigieren. Er war sehr ernst und streng und Klemperer nicht unähnlich, wenn er es genoss, die Leute in schwierige Situationen zu bringen und zu beobachten, wie sie sich herausmanövrieren würden. Er erinnerte sich an mich als Pianist, da ich ihm ein Jahr zuvor

aufgrund einer Empfehlung von Furtwängler vorgespielt
hatte. (Nachdem Furtwängler mich gehört und eingeladen
hatte, mit den Berliner Philharmonikern zu spielen, was
mein Vater ja abgelehnt hatte, schlug er vor, dass ich George
Szell vorspielen sollte, der mir helfen könnte, in Amerika zu
spielen.) Szell war deshalb eher überrascht, mich jetzt als
Dirigent zu sehen. Er war natürlich sehr skeptisch, und das
erste, was er sagte, war: »Was werden Sie dirigieren?« Ich
antwortete: »Ich habe Beethovens Vierte Symphonie vorbereitet.« Das war eines der Werke, die wir für den Kurs
vorbereiten mussten. Aber Szell sagte: »Ich möchte sehen,
was Sie mit der Fünften Symphonie machen.« Allein schon
die Mühe zusammenzubleiben macht den Anfang dieser
Symphonie für fast jedes Orchester und jeden Dirigenten
zu einem Alptraum. Es war sadistisch von ihm, mich gleich
ins kalte Wasser zu werfen; aber ich vermute, dass er mir
zeigen wollte, dass Dirigieren nicht nur ein Trick ist, den
jeder ausführen kann. Ich versuchte zu dirigieren, natürlich ohne den geringsten Erfolg. Alles brach innerhalb kür-
zester Zeit zusammen, und ich bekam sehr ernste, strenge
Worte von Szell zu hören, der mir, um es kurz zu sagen,
riet, beim Klavier zu bleiben und ein seriöser Musiker zu
werden. Ich glaube, er hielt mein Interesse am Dirigieren
für zu oberflächlich. Deshalb empfand ich großes Vergnügen und Bestürzung zugleich, als ich, bevor ich zu meinem
ersten Konzert als Dirigent in der Carnegie Hall mit dem
London Symphony das Podium betrat, hörte, dass Szell im
Publikum saß. Ich war beunruhigt, weil ich wusste, dass er
ein sehr gutes Gedächtnis hatte und sich an den Vorfall in
Salzburg bestimmt erinnern würde, selbst wenn seither
dreizehn Jahre vergangen waren. Umso mehr freute ich
mich – eben weil er damals so streng mit mir gewesen war –,
als er mich dann einlud, das New York Philharmonic Orchestra regelmäßig zu dirigieren.

167

Mein letztes Zusammentreffen mit Szell fand statt, als ich Bartóks Klavierkonzert mit Boulez im März 1970 in Cleveland spielte und Szell im Zuschauerraum saß. Er war schon krank und lebte danach nur noch wenige Monate. Er machte uns beiden viele Komplimente; er kannte das Stück sehr gut – er hatte es mit Rudolf Serkin dirigiert und sogar eine Schallplatte aufgenommen – und sagte, dass es eines der kompliziertesten Stücke sei, die er je dirigiert habe, und dass er mit unserer Darbietung sehr zufrieden sei. Ich hatte die Ehre nach der Pause bei ihm in der Loge zu sitzen, als Boulez Mahlers Fünfte Symphonie dirigierte, die Szell nie selbst dirigiert hatte. Wir studierten gemeinsam die Partitur und hörten Boulez zu. Danach sah ich ihn nie wieder.

In den letzten Julitagen des Jahres 1970 starben Szell und Barbirolli. Sie ließen nicht nur die Musikwelt um vieles ärmer zurück, sondern auch zwei Orchester ohne Chefdirigenten. Beide sind viel mehr als nur übliche Chefdirigenten gewesen. Szell war ein großer Lehrer, ein Pädagoge im besten Sinne des Wortes. In Cleveland hatte er es zustande gebracht, eine Atmosphäre großer Ernsthaftigkeit zu schaffen. Sir John Barbirolli war eine große Vaterfigur in Manchester gewesen, wohin er gegangen war, nachdem er das New York Philharmonic Orchestra in den 1940er Jahren verlassen hatte. George Szell hatte sein Orchester bis zur Perfektion gedrillt und zum exquisitesten Streichquartett gemacht, mit einem hohen Grad an Artikulation, Homogenität beim Einsatz und perfekter Intonation. Barbirolli hatte mit dem Hallé-Orchester daran gearbeitet, insbesondere in den Streichern einen besonders expressiven Klang zu erreichen, eben jenen berühmten Barbirolli-Klang, der jede technische Schwäche, die das Orchester gehabt haben mag, wieder gutmachte.

Beide Orchester traten nun an mich mit der Frage heran, ob ich an der Position eines Chefdirigenten interessiert wäre. Während ich mich einerseits sehr geschmeichelt fühlte, spürte ich andererseits doch, dass ich auf keinen Fall dazu bereit war. Ich hatte weder das Repertoire noch das Wissen und – um ehrlich zu sein – auch nicht die Statur, um solch eine enorme Verantwortung auf mich zu laden. Außerdem kam bei Cleveland noch das Problem hinzu, dass ich das Orchester noch nie dirigiert hatte. Ich hatte zwar zweimal als Solist mit ihm gespielt – einmal mit Robert Shaw, der zu dieser Zeit neben Szell dort ständiger Dirigent war, und 1970 mit Boulez –, aber dirigiert hatte ich dort nie. Ich empfand nicht nur eine tiefe Ehrfurcht vor dem Orchester und der Arbeit, die Szell dort geleistet hatte, ich konnte mir wirklich nicht im Entferntesten vorstellen, in einer ständigen Funktion dort zu arbeiten, ohne das Orchester je dirigiert zu haben. Als Gastdirigent sagte ich allerdings zu.

Mein erstes Konzert mit dem Cleveland Orchestra dirigierte ich im Februar 1972: Liszts Zweites Klavierkonzert mit Clifford Curzon, die Ouvertüre zu *Le nozze di Figaro* und Bruckners Siebte Symphonie. Dasselbe Programm spielten wir einige Tage später in der Carnegie Hall in New York, und im Januar 1973 dirigierte ich Strawinskys Konzert für Streichorchester, Schuberts große C-Dur-Symphonie, Lalos Cellokonzert mit Jacqueline du Pré und später noch Mendelssohns Violinkonzert mit Pinchas Zukerman als Solist. Ich erinnere mich noch an eine Probe mit dem Cleveland Orchestra von Brahms' Zweiter Symphonie. Ich zögerte damals, meine eigenen markierten Orchesterstimmen mitzubringen, weil Szell doch solch ein peinlich genauer Arbeiter gewesen war, ich nur wenige Proben für das Konzert mit dem Orchester hatte und auch erwog, eventuell die Noten zu verwenden, an die das Orchester gewöhnt war. Außerdem dachte ich, dass ich von den jeweiligen Markierungen, die Szell gemacht hatte, viel lernen könnte. Zu guter Letzt beschloss ich dann doch, meine eigenen Noten mitzubringen, da ich sie genau kannte, um in der kurzen Zeit, die zur Verfügung stand, die Resultate zu erreichen, die ich wünschte. Ich empfand so etwas wie einen Kulturschock, als ich zum ersten Mal vor dem Orchester stand, nicht nur wegen seiner technischen Perfektion, sondern weil ich spürte, dass jeder Musiker die gesamte Partitur kannte, genau wusste, worauf er hören und wie genau er Volumen und Artikulation dosieren sollte. Das Orchester hatte eine Transparenz, die legendär ist. Es war ein erstaunliches Erlebnis.

Nach dieser ersten Probe erklärte ich dem Manager des Orchesters, warum ich mich damals, als man mir das Angebot machte, ganz nach Cleveland zu kommen, noch nicht bereit dazu fühlte – woran sich auch nichts geändert hatte – und dass ich gerne die Möglichkeit hätte, meine Entscheidung noch einmal zu überdenken, angesichts des hohen musikalischen Standards, der mir hier geboten wurde. Aber die Gespräche mit Lorin Maazel waren schon so weit gediehen, dass man kurz davor stand, seine Berufung als Nachfolger von George Szell bekannt zu geben, und somit war dieses Kapitel beendet.

Wahrscheinlich war es Glück im Unglück, dass ich nicht nach Cleveland ging, weil ich die Erfahrung, die für eine solch hohe Position erforderlich ist, wirklich noch nicht hatte. Nichts ist schlimmer, als nur dank des Talents durchzukommen. Um vor einem Orchester dieses Kalibers zu bestehen, um hundert hoch qualifizierte und hervorragende Musiker zu leiten, braucht man eine Kombination aus Talent und Erfahrung sowie musikalischer und persönlicher Reife. Ganz abgesehen von meinem Gefühl der Unzulänglichkeit, ein solches Orchester zu leiten, hatte ich ernsthafte Bedenken, mich zu diesem Zeitpunkt für eine feste Position zu verpflichten, aus dem Gefühl heraus, dass ich als Gastdirigent wertvolle Erfahrungen sammeln und auch mein Klavierspiel weiterentwickeln konnte.

Mit Szell hatte ich meine unterschiedlichen Aktivitäten diskutiert – Klavier mit Kammerorchester und Symphonieorchester – und ihm auch gesagt, dass ich auf keinen Fall eine feste Position wollte und vor allem nicht die administrative Last, die damit verbunden ist. Darauf sagte er etwas, das ich nie vergessen werde und das auch sehr wahr ist: »Sie irren, weil man bessere Musik mit dem eigenen Orchester macht, selbst wenn es ein dritt- oder viertklassiges Orchester ist, denn als Gast mit einem erstklassigen Orchester. Es gibt etwas in der Entwicklung der Arbeit, in der regelmäßigen Beziehung zwischen Dirigent und Orchester, das man als Gastdirigent nie erreichen kann.«

Ein anderes Orchester, welches ich in den späten 1960er Jahren oft dirigierte, war das Hallé-Orchester in Manchester: Es war nicht das vollkommenste Instrument der Welt, aber eines mit einer wunderbaren Fähigkeit zu musizieren. Alle Eigenschaften, die ich bei Barbirolli so sehr respektiert und bewundert hatte, waren hier immer noch stark vertreten, und meine Zusammenarbeit mit den Musikern dieses Orchesters war künstlerisch sehr eng. Rückblickend glaube ich, dass ich sehr viel praktische Erfahrung im Dirigieren durch meine Arbeit mit ihnen erworben habe. Ich hatte dort die Gelegenheit, zum ersten Mal Werke wie Beethovens Neunte Symphonie und etliche Symphonien von Bruckner zu dirigieren.

Mir waren die Unterschiede in der Mentalität und der Motivation zwischen den Musikern in Europa und Amerika immer deutlich bewusst. Wie alle Generalisierungen birgt auch diese ihre Gefahren, aber im Laufe der Jahre habe ich festgestellt, dass die amerikanischen Musiker auf eines sehr stolz sein können: auf ihre Flexibilität. Sie können ein Stück in einer ganz bestimmten Weise für einen bestimmten Dirigenten an einem Tag spielen und dasselbe Stück am nächsten Tag für einen anderen Dirigenten in einer ganz anderen. Sie sind vollkommen offen und gänzlich frei von jeder musikalischen Arroganz. Die wenigen großen europäischen Orchester haben jeweils eine unverwechselbare Art, Musik zu machen: Sie passen sich dem Dirigenten, mit dem sie arbeiten, an, aber es gibt etwas Grundlegendes, eine Art Urmusizieren, die wirklich aus dem Bauch kommt und sich im Wesentlichen nicht verändern lässt.

Ich habe mich oft gefragt, warum die Motivation der Orchester so verschieden ist. Es liegt vielleicht daran, dass das meiste an Musik, das von amerikanischen Orchestern gespielt wird, aus anderen Ländern stammt, weshalb die gleiche Nähe – oder Distanz – zu Debussy wie zu Beethoven, Tschaikowski oder Verdi erreicht werden kann. Die Berliner Philharmoniker jedenfalls werden anders auf Debussys *La Mer* als auf eine Bruckner-Symphonie reagieren – und auch umgekehrt das Orchestre de Paris. Die gewisse unvermeidliche Nähe ist bedingt durch die Assoziation mit einem musikalischen Idiom und die historische und kulturelle Entwicklung des eigenen Landes. Zu viel wurde in den letzten zwanzig oder dreißig Jahren über den Klang dieses oder jenes Orchesters gesagt. Ein großes Orchester sollte seinen eigenen Klang für Beethoven, einen völlig anderen Klang für Debussy und wieder einen anderen für jeden einzelnen Komponisten entwickeln und nicht den eigenen Klang der Komposition aufbürden, die gerade gespielt wird.

Im Laufe der Jahre, in denen ich hauptsächlich als Gastdirigent arbeitete – also zwischen 1968 und 1975 –, habe ich noch eine andere Beobachtung gemacht. Es gibt gewisse Musiker, gewisse Länder, sogar gewisse Nationalitäten, die eine natürliche Fähigkeit für organisierte tägliche Arbeit haben. Was man sich für den Tag vorgenommen hat, muss im Hinblick auf den nächsten Tag beendet werden, damit

Jacqueline und ich mit Pablo Casals in Marlboro, USA, 1969

Aufnahme von Brahms' *Requiem* mit Dietrich Fischer-Dieskau in Edinburgh, 1972

Auf Tournee mit dem English Chamber Orchestra
in den späten 60er Jahren, hier bei einer Probe

Mein erstes Konzert als Dirigent mit dem
Chicago Symphony Orchestra, 1970

Ein Abendessen der CBS anlässlich des 55. Geburtstages von Leonard Bernstein im August 1973. *In der vorderen Reihe:* Janet Osborn, Felicia und Leonard Bernstein, Pierre Boulez, Jacqueline und ich

Während der Aufnahmen der Beethoven-Klavierkonzerte mit Artur Rubinstein in London, 1974

Mit Artur Rubinstein und dem Israel Philharmonic Orchestra in der Royal Albert Hall in London

Mit Zubin Mehta, Olivier Messiaen und seiner Frau in Paris in den späten 70er Jahren

Mit Pierre Boulez in Paris während der Aufnahme seiner *Notations*, 1988

Mit Wolfgang Wagner vor meiner ersten Probe in Bayreuth, 1981

Nach der *Tristan*-Premiere 1981 in Bayreuth mit René Kollo, Wolfgang Wagner und Johanna Meier

Ein Soloabend 1989

Mit Georg Solti, Pierre Boulez und Zubin Mehta nach einem Konzert des Orchestre de Paris in London, 1988

Spielen und Dirigieren mit dem Chicago Symphony Orchestra, 1991

man morgen fortsetzen kann, wo man heute aufgehört hat. Das ist eine sehr deutsche, aber auch angelsächsische Eigenschaft. Romanische Musiker sind im Allgemeinen, französische Musiker im Besonderen ganz anders. Als ich einmal in Paris (wo ich als Gast bereits seit 1971 dirigierte) einen bestimmten Satz detailliert probte, musste ich am nächsten Tag feststellen, dass wir an derselben Stelle beginnen mussten wie am Tag zuvor. Auf der anderen Seite hat der französische Musiker eine grenzenlose Begeisterungsfähigkeit und, wenn er in der Stimmung ist, eine Großzügigkeit des Gebens und Nehmens, die in anderen Orchestern selten ist.

Als ich 1958 zum ersten Mal das Chicago Symphony Orchestra – unter der Leitung von Fritz Reiner – hörte, kam es für mich einer künstlerischen Offenbarung gleich. Ich hatte damals noch nie ein Orchester von diesem Kaliber gehört. Zu diesem Zeitpunkt war ich noch bei keinem Konzert mit den Berliner Philharmonikern gewesen. Ich hatte als Kind die Wiener Philharmoniker in Salzburg gehört, aber nichts, was ich in Europa oder sonst wo erlebte, hatte mich auf den Schock der Präzision, des Volumens und der Intensität des Chicago Symphony Orchestra vorbereitet. Es war wie eine perfekte Maschine mit einem pochenden menschlichen Herzen. Aber es war nicht nur ein kaltes und perfektes Instrument, es besaß eine enorme Vitalität. Der Schock steigerte sich noch, als ich zum ersten Mal *Ein Heldenleben* von Richard Strauss hörte.

1963 oder 1964 spielte ich zum ersten Mal mit dem Chicago Symphony Orchestra unter Georg Solti, noch bevor er zum Chefdirigenten ernannt wurde. Ich spielte auch 1969 Bartóks Erstes Klavierkonzert mit ihnen unter Pierre Boulez. Als ich das Orchester dann dirigierte, fühlte ich, wie wichtig es war, mein Bestes zu geben. Es herrschte großer gegenseitiger Respekt, und die Musiker wussten, wie sehr ich sie bewunderte. Tatsächlich wurde meine regelmäßige Arbeit mit dem Chicago Symphony Orchestra ab 1970 eine feste Säule meines musikalischen Lebens. Ich dirigierte dort jedes Jahr sechs Wochen, und zum ersten Mal konnte ich eine Beziehung zu einem Orchester von hoher Qualität aufbauen. Wir spielten sehr viel Musik des 20. Jahrhunderts (ich dirigierte die erste Aufführung des Orchesters von Schönbergs *Pelléas und Melisande*), viele von Lutosławski Orchesterstücken und auch *Métaboles* von Henry Dutilleux; und wir spielten – auch für Schallplatte – komplette Zyklen der Bruckner- und Schumann-Symphonien. Unsere Arbeit umfasste ein großes Repertoire, wobei vieles davon dem Orchester nicht bekannt war. Ich erinnere mich insbesondere an ein atemberaubendes, brillantes Orchesterspiel in Elgars *Falstaff*.

In Chicago fand ich eine Kombination höchstmöglichen musikalischen Standards mit einer sehr warmen und bewegenden Beziehung zu den Musikern, die mir immer wichtiger wurde. Immer wenn ich vor dem Chicago Symphony Orchestra stand, empfand ich, dass, was immer ich zu geben imstande war, dies nicht genug sei und das Orchester mehr und Besseres verdiente. Ich habe selten in einer Gruppe eine solche Professionalität und ein solches Streben nach Qualität gespürt. Man hatte wirklich das Gefühl, dass alle bis zum letzten Mann bestrebt waren zu zeigen, dass sie das große Orchester waren, als das sie galten. Sie hatten aber auch ein ausgeprägtes Verantwortungsgefühl gegenüber der Musik und waren bestrebt, höchste Qualität zu bieten.

Die Arbeit in Chicago war überaus inspirierend. Jeden Tag ging ich mit Begeisterung zu den Proben, und es drängte mich, Fortschritte zu erzielen. Und das regelmäßig jedes Jahr für sechs Wochen, was verständlich macht, warum die Arbeit hier ein so wichtiger Teil meines Lebens wurde. Damals hätte ich nie gedacht, dass ich eines Tages Chefdirigent des Chicago Symphony Orchestra werden würde, aber ich wusste vom ersten Moment an, dass dies ein Orchester war, mit dem ich gern für den Rest meines Lebens musizieren würde. Es war eine ideale Situation, dass Sir Georg Solti als Chefdirigent zehn bis zwölf Wochen im Jahr dirigierte, Giulini als erster Gastdirigent acht Wochen, und ich mit meinen sechs Wochen in dieser erlauchten Gesellschaft dabei sein konnte! Erst im Jahr 1980, als Jacquelines gesundheitliche Verfassung sich verschlechterte, musste ich meine Tätigkeit in den USA einschränken, und es war für mich sehr schmerzlich, dass ich nicht mehr so oft nach Chicago kommen konnte.

Frankreich

Nachdem ich einige Jahre regelmäßig als Gastdirigent aufgetreten war, begann ich zu verstehen, was George Szell
mir in New York gesagt hatte. Als mir die musikalische Leitung des Orchestre de Paris im Jahr 1973 angeboten wurde,
beschloss ich anzunehmen. Es war eine ungewöhnliche Position, weil es ein sehr junges Orchester war – nur sechs
Jahre alt. Und es bestand aus einer Mischung sehr unterschiedlicher Talente. Es gab viele wundervolle Musiker,
aber auch einige weniger gute. Außerdem hatte das Orchester eine schwierige, wechselhafte Zeit erlebt.

Es war von Charles Munch gegründet worden, als er
schon ein sehr kranker Mann war. Er war eine Vaterfigur
und wurde von den Musikern sehr geliebt. Tragischerweise
starb er kurz nach der Gründung des Orchesters. Dann
wurde Herbert von Karajan Chefdirigent und nach ihm
Georg Solti. Für ein Orchester, das erst am Anfang seiner
Entwicklung stand, bedeutete es schon ein Glück, mit einigen der größten Musiker unserer Zeit zu arbeiten; doch
weder Karajan noch Solti betrachteten ihre dortige Tätigkeit als Mittelpunkt ihres beruflichen Wirkens. Karajan
hatte die Berliner Philharmoniker und viele andere Verpflichtungen, denen er nachkommen musste, und Solti dirigierte das Chicago Symphony Orchestra.

Als ich zum Orchester kam, fand ich Musiker vor, die enttäuscht waren, dass eine viel jüngere Person, ohne die Erfahrung ihrer Vorgänger, die Leitung übernahm; zugleich
aber hatten sie den Wunsch nach einer soliden Beziehung,
und ich fühlte mich zu ihnen sehr hingezogen. Sowohl ra-

tional als auch emotional spürte ich sofort eine Zugehörigkeit zum Orchester, und von Anfang an betrachtete ich das Orchester als meine berufliche Hauptaufgabe. Alle meine anderen Interessen traten in den Hintergrund. Trotz vieler – üblicher – Schwierigkeiten brachten wir in den fünfzehn Jahren gemeinsamer Arbeit Beachtliches zustande. Wir bauten ein Repertoire mit vielen deutschen klassischen und romantischen Werken auf, die das Orchester vorher nicht gespielt hatte – viele der Bruckner-Symphonien wurden in Frankreich erstmals vom Orchestre de Paris aufgeführt. Darunter war ein ganzer Mahler-Zyklus mit Rafael Kubelík und sehr viel zeitgenössische Musik in denkwürdiger Zusammenarbeit mit Boulez, der regelmäßig kam und dirigierte. Als wir zum ersten Mal Bruckners Neunte Symphonie spielten, stellten die Bläser ein wirkliches Problem dar. Wir hatten vierzehn Proben, und ich begriff langsam, dass sich die Musiker nur über die Klangfarben dieser Musik nähern konnten. Sie fingen an zu verstehen, dass der Klang der Bläser bei Bruckner oft dem einer Orgel ähnelt und dass dieses Orgelgefühl verlangt, dass die Hörner, Posaunen, Tuben und Wagner-Tuben zu einem Klang verschmelzen.

Das Orchestre de Paris schenkte mir die Freude an französischer Musik, aber auch einen Einblick in französische Musik, den ich früher nicht hatte. Die unterschiedlichen Schwierigkeiten, die sich bei Beethoven und Debussy ergeben, sind offensichtlich: Bei Beethoven muss man ein Crescendo oft über eine lange Zeit aufbauen, und wenn man zu schnell bei einem Forte oder Fortissimo anlangt, erübrigt sich der Rest des Crescendos. Bei Debussy ist meist genau das Gegenteil der Fall: Es gibt ein plötzliches Aufleuchten eines Crescendos oder Diminuendos, das sehr schnell kommt – manchmal nur auf einem einzelnen Ton –, und wenn man es versäumt, entsteht nur ein dicker Klang, der nicht zur Musik passt. Die besten Musiker im Ensemble machten das Orchester zu einem wunderbaren »Laboratorium« für mich: Sie demonstrierten, wie in der Musik Leben entstehen kann – wie man Musik mit dem Ernst und dem Tiefgang behandelt, den sie verlangt –, und das nicht nur als eine Übung in orchestraler Farbgebung, ein Gesichtspunkt, auf den man auch oft außerhalb Frankreichs trifft. Bei Debussy geht es nicht nur darum, einen ätherischen, fast körperlosen Klang zu erreichen; seine Musik verlangt auch eine enorme Strenge in der Struktur der Phrasen, die viel kürzer als in der deutschen Musik sind, und eine enorme Beherrschung der schnellen dynamischen Veränderungen. Alles in allem sehe ich meine Jahre in Paris als ein sehr positives Erlebnis, weil ich glaube, dass ich sowohl etwas geben konnte als auch etwas bekommen habe. Es war natürlich sehr bereichernd, zum ersten Mal für hundertzwanzig Musiker verantwortlich zu sein.

In Paris liegt die Verpflichtung von Gastdirigenten im Verantwortungsbereich des Chefdirigenten. Die Situation ist eine andere in Berlin, wo die Aufgaben zwischen dem Chefdirigenten, dem Intendanten und dem Orchestervorstand aufgeteilt sind. Ich erinnere mich, dass ich ein unvergessliches Konzert in London besuchte – das Symphonieorchester des Bayerischen Rundfunks spielte unter der Leitung von Rafael Kubelík Mahlers Erste Symphonie. Ich war von seiner Interpretation so begeistert, dass ich Kubelík auf der Stelle fragte, ob er bereit wäre, jedes Jahr nach Paris zu kommen und einen kompletten Mahler-Zyklus zu dirigieren. Ich dachte, dass es für das Orchestre de Paris eine wunderbare Gelegenheit wäre, Mahlers Werke durch ihn kennen zu lernen. Kubelík fragte: »Warum machen Sie das nicht selbst?« Ich erklärte ihm, dass, wenn das Orchester Mahlers Werke – eines nach dem anderen – zum ersten Mal spielt, es von jemandem geleitet werden sollte, der sich mit ihrem Studium und ihrer Ausführung lange Zeit beschäftigt hatte. Er war von meinem Argument überzeugt, kam nach Paris und dirigierte die meisten Mahler-Symphonien – leider nicht alle, da er damals schon ein kranker Mann war. Auch Boulez dirigierte das Orchester regelmäßig, und zwar nicht nur zeitgenössische Musik, sondern auch Klassiker des 20. Jahrhunderts; Mehta kam regelmäßig und brachte sehr unterschiedliches Repertoire ein, einschließlich Schönbergs *Gurrelieder*, die das Orchester zuvor noch nicht gespielt hatte. Und dann kam noch Carlo Maria Giulini, der von Anfang an eine sehr enge Beziehung zum Orchester hatte. Er sorgte immer für große Momente der Inspiration. Auch Georg Solti kam regelmäßig, wenn auch aufgrund seiner anderen Verpflichtungen nicht so oft, wie wir es gerne gehabt hätten; aber er hatte doch ein väterliches Auge auf uns. Es machte mir immer große Freude und stärkte mein Selbstvertrauen, wenn Solti anerkennende Worte für unsere Fortschritte fand.

Dirigieren ist ebenso ein Handwerk wie das Spielen eines Instruments. Aber ein Großteil der Zuhörer weiß ganz einfach nicht, was der Dirigent eigentlich tut. Wenn das Publikum ein wirklich großes Orchester wie das Chicago Symphony, die Berliner oder Wiener Philharmoniker ein Repertoirestück spielen hört, weiß es oft nicht, welchen Anteil der Dirigent dabei hat. Wozu sollte ein wunderbares Orchester, das das Musikstück auswendig kennt, einen Dirigenten brauchen? Das Publikum begreift, dass ein Geiger, der Tschaikowskis Violinkonzert spielt, zuerst einmal die Noten spielen können muss. Das ist zwar nicht alles, aber es ist der Ausgangspunkt. Beim Dirigenten ist dieser Ausgangspunkt für das Publikum viel schwieriger zu erkennen. Wenn das Publikum einen Geiger spielen hört, kann es beobachten, wie seine Finger und sein Bogen sich bewegen. Wenn aber ein Dirigent vor einem Orchester steht, treten alle möglichen nichtmusikalischen Überlegungen in den Vordergrund: Persönlichkeit, Charisma, Sexappeal – alles Dinge, die mit Musik nichts zu tun haben.

Was ist nun so schwierig am Dirigieren, und warum ist es so schwierig, Dirigent zu werden? Ein Instrumentalist muss sein Instrument spielen können und die physische Kraft und manuelle Geschicklichkeit besitzen, um mit seinem Instrument umzugehen und es zu beherrschen. Aber wie beherrscht man ein Orchester? Ein Instrumentalist kann immer üben; er hat ein Klavier oder eine Violine oder ein Cello zu Hause. Wo sollte ein Dirigent üben? Er kann die Noten oder die Musik nicht auf eine abstrakte Weise erlernen. Man muss sich einmal einen Pianisten vorstellen, der kein Klavier hat und eine Beethoven-Sonate allein in seinem Kopf lernen muss. Das ist unmöglich.

Es gibt verschiedene Wege, Dirigent zu werden. Der herkömmliche Weg führte über die Arbeit als Repetitor an einem Opernhaus, oder aber man kam über ein Instrument zum Dirigieren, oder – noch besser – man war Musiker, der auch komponierte. Viele große Dirigenten der Vergangenheit waren auch Komponisten, komponierende Dirigenten oder dirigierende Komponisten. Es ist nicht wirklich wichtig, ob Furtwängler oder Klemperer große Komponisten waren oder nicht, aber die Tatsache, dass sie komponierten, gab ihnen das Verständnis für die Konstruktion eines Stückes, das Nichtkomponisten fehlt. Auch wenn man von der Oper kommt, hat man als Repetitor viel gelernt, was man dann beim Dirigieren symphonischer Musik verwenden kann.

Die Handhabung des Klangs ist nur sehr schwer erlernbar, besonders für einen Dirigenten, der keinen physischen Kontakt zum Klang hat. Der Dirigent sollte das Orchester wirklich kennen und wissen, was die Instrumente leisten können, wie die Musik sich von einer Gruppe zur anderen

bewegt und praktisch durch das ganze Orchester wandert.
Wenn die ersten Geigen in den ersten acht Takten die wichtigsten Instrumente sind und die Oboe später dazukommt,
muss man mit den Streichern arbeiten, indem man von
einem zum anderen geht. Ein Blasinstrument kann allein
arbeiten, doch wenn es sechzehn erste Violinen gibt, jede
mit ihrer individuellen Eigenart, muss man sie organisieren. Mit Organisation meine ich, dass jeder Musiker seine
Musik nicht nur so gut wie möglich spielt, sondern er muss
auch seinen Nachbarn zuhören und versuchen, sich ihrer
Spielweise anzupassen. Das bedeutet in erster Linie reine
Intonation und Ähnlichkeit im Einsatz, im Klang und in
der Artikulation. Die Homogenität der Gruppe fördert den
Gesamtausdruck. Dieses Prinzip gilt für das ganze Orchester. Der Dirigent sollte den Klängen zuhören können,
die vom Orchester erzeugt werden, und auch zu deren Präzision und Ausdruck beitragen. Viele dieser Probleme werden von großen Orchestern wie jenen in Berlin oder Chicago auf selbstverständliche Weise gelöst – ich spreche von
den zwei Orchestern, die ich am besten kenne. In ihrem
Fall sind solche Probleme natürlich einfacher zu lösen als
mit dritt- oder viertklassigen Orchestern. Aber ein Dirigent
muss auch wissen, wie er den Klang eines weniger guten
Orchesters organisiert, sonst wird er nicht in der Lage sein,
ein großes zu beeinflussen.

Die einzigen wirklich polyphonen Instrumente sind das
Klavier, alle Arten von Cembalos und Clavichorden, die
Gitarre, die Orgel und die Harfe. Man kann eine Illusion
der Polyphonie erzeugen, wenn man Bach ohne Begleitung
auf einem Cello oder einer Violine spielt, aber an sich sind
diese Instrumente homophon. Doch Musik ist von ihrem
Wesen her polyphon, und Harmonie ist nur möglich im
Sinne der Polyphonie. Ich habe es oft als notwendig emp-

finden, sowohl Sänger als auch Instrumentalisten auf die polyphone Beschaffenheit der Musik aufmerksam zu machen, auf die Relation zwischen dem Vertikalen und dem Horizontalen. Das Horizontale ist die melodische Linie, und das Vertikale sind die Harmonien, die Polyphonie. Wenn die Relation zwischen dem Horizontalen und dem Vertikalen nicht stimmt, ist die ganze Interpretation falsch. Für mich ist Polyphonie das Wesentlichste einer Komposition. Es bedeutet, dass man mehrere »Stimmen« hat, und es ist schwierig, viele Instrumente so zu vereinen, dass sie simultan spielen, oder mehrere unabhängige Stimmen zur gleichen Zeit auf einem Instrument sich entwickeln zu lassen, sagen wir auf dem Klavier. Sind die verschiedenen Stimmen auf einem Klavier wirklich unabhängig voneinander? Wenn man an die *Goldberg-Variationen* denkt, kann man die Unabhängigkeit erkennen. Die Frage ist hier, ob unterschiedliche Stimmen in einer Klavierkomposition tatsächlich vollkommen unabhängig sind oder ob sie untereinander doch zusammenhängen. Wenn man die Fragestellung auf die Instrumente eines Orchesters erweitert, wird sofort klar, dass sie nicht wirklich unabhängig voneinander sind. Wenn jedes Instrument vollkommen unabhängig wäre, würde es sein eigenes Tempo und seine eigene Dynamik ohne Rücksicht auf das der anderen verfolgen und würde damit das Auseinanderbrechen des Orchesters verursachen. Die unterschiedlichen Stimmen oder Instrumente stehen also miteinander in einem Zusammenhang. Was Spinoza über die Bewegung von Körpern sagt, trifft auch auf Klang-Körper zu: »Ein bewegter oder ruhender Körper muss zur Bewegung oder Ruhe von einem anderen Körper bestimmt werden, der ebenfalls zur Bewegung oder Ruhe von einem anderen bestimmt wird, und dieser wiederum von einem anderen und so fort ins Unendliche.« Instrumente sind nichts anderes als Klang-Körper. Da die Musik durch ihren eigenen Einheit stiftenden Kosmos bestimmt wird, reagieren die unterschiedlichen Stimmen oder Instrumente wie Körper, und ihre Akkumulation bildet eine Gesamtheit.

Aber kann eine Stimme die Bewegung oder den Stillstand einer anderen bestimmen? Gibt es eine Art Hierarchie, die die Wichtigkeit der einen und die Unterordnung der anderen festlegt? Und wenn es so ist, wird dies durch die Kraft gewisser Instrumente in einem Orchester oder durch die Hörbarkeit des Vortrags bestimmt? Wenn dem so wäre, würde von jedem Instrument verlangt werden, dass es die ganze Zeit über mit voller Kraft spielt. Es muss also die musikalische Substanz sein, die die dynamische Hierarchie diktiert, sodass ein bestimmtes Instrument oder bestimmte Instrumente dominieren müssen. Es ist deshalb von größter Wichtigkeit, ein korrektes Gleichgewicht zwischen den verschiedenen Instrumenten oder Stimmen zu schaffen, um so völlige Hörbarkeit zu ermöglichen und die Hierarchie der Instrumente oder Stimmen wiedergeben zu können. Das erzeugt wiederum ein Gesamtgewicht, das das gewählte Tempo beeinflussen wird: Mit anderen Worten, das Gewicht des sich bewegenden Objekts bestimmt dessen Bewegung.

Eine der hervorragendsten Eigenschaften, die von einem Interpreten oder einem Dirigenten verlangt werden, ist die Fähigkeit, die unterschiedlichen Stimmen oder Instrumente auszubalancieren. Die Schaffung eines wirklichen Gleichgewichts bedeutet, dass die verschiedenen Stimmen in einer solchen Form hörbar sind, dass sie in der richtigen Perspektive erscheinen – alle sind vorhanden, aber einige erscheinen näher als andere. Jede Stimme oder jedes Instrument muss deutlich artikulieren – nur so wird es in der Lage sein, mit den anderen in Zusammenhang gebracht zu werden. Die unterschiedlichen Stimmen können auf zahlreiche

Arten beeinflusst werden, entweder durch die Veränderung der Stimme selbst oder durch den Kontakt mit anderen Stimmen. Aber die Parallelstellung der unterschiedlichen Stimmen wird die Gesamtheit nicht verändern. Das bedeutet, dass jede Stimme ihre Eigenart bewahren muss. Die Verbindung mit anderen Stimmen schafft unaufhörlich komplexere Eigenarten, muss aber die jeweilige Eigenart selbst nicht beeinträchtigen.

Was das Orchesterspiel betrifft, habe ich das meiste dessen, was ich heute weiß, von Barbirolli gelernt. Ich kannte Barbirolli in meiner Eigenschaft als Klaviersolist und beobachtete ihn oft bei Proben. Was ich lernte, ist einer Mischung von seinem und Jacquelines Einfluss zuzuschreiben. Barbirolli lehrte mich mehr über die praktische Arbeit mit einem Orchester, wohingegen Jacqueline mir alles beibrachte, was hinsichtlich des Klanges eines Streichinstruments überhaupt denkbar ist. Sie zeigte mir viele Möglichkeiten, die ich allein nicht herausgefunden hätte.

Der Bogen eines Streichers kann in zwei Richtungen bewegt werden – hinauf und hinunter. Ob man eine bestimmte Passage mit einem Aufstrich oder einem Abstrich beginnt, ist wesentlich. Noch wichtiger ist die Art, wie man den Bogen einteilt, und die Geschwindigkeit, in der dieser bewegt wird. Der Bogen ist viel schwerer am unteren Ende, dem Frosch, als an der Spitze, der oberen Hälfte, wo der Bogen dünner und leichter wird. Ein guter Streicher muss diesen Unterschied im Gewicht beherrschen können. Jeder Teil des Bogens hat gewisse Vorteile gegenüber den anderen für gewisse Arten der Artikulation. Ein natürliches Gewicht wird mit einem Abstrich erzeugt, beginnend am Frosch; aber man kann auch problemlos einen Ton an der Spitze beginnen, mit einem Aufstrich, weil es hier leichter ist, den Anfang des Tones zu kontrollieren. Es ist wichtig zu wissen, wie man den Bogenstrich einteilt: ein, zwei oder fünf Noten in einem Bogen. Aber wann wechselt man den Bogen und in welche Richtung? Man darf nicht vergessen, dass es in einem Symphonieorchester üblicherweise sechzehn, manchmal nur vierzehn, manchmal aber auch achtzehn erste Violinen gibt. Das bedeutet, dass es vierzehn, sechzehn oder achtzehn Musiker gibt, die genau die gleichen Noten zur gleichen Zeit spielen. Man muss sich vorstellen, was geschähe, wenn von sechzehn an einem Tisch sitzenden Leuten erwartet werden würde, dass sie auf ein Zeichen des Oberkellners genau zur gleichen Zeit, mit der gleichen Geschwindigkeit und der gleichen Begeisterung eine Gabel aufnehmen. Dieses Problem gilt nicht für die Bläser, da jeder Musiker nur seine Musik spielt und die Musik der zweiten Oboe anders als die der ersten Oboe ist. Deshalb muss es das Element einer musikalischen Organisation geben, um den Klang der Streichersektion zu erzeugen.

Für die Artikulation der Phrasen (was gleichzustellen ist mit der Interpunktion in der Sprache) ist es von größter Wichtigkeit, eine disziplinierte Art der Bogenführung zu haben. Barbirolli erkannte das und entwickelte seine eigene Bogentechnik. Er konnte den Streicherklang, den er sich vorstellte, mit jedem Orchester, das er dirigierte, erzielen. Gleichwohl ist verständlich, dass in Berlin, wo ihn das Orchester besonders gut verstand, seine Erfolgsquote höher war als bei einem zweitklassigen Orchester irgendwo anders.

Ich hatte noch dazu das große Glück, dass ich Jacqueline bei einigen dieser Eigenheiten, die mich besonders interessierten, um Rat fragen konnte, und ich markiere bis heute die Bogenführung in den Orchesterstimmen der Streicher selbst. Wenn es also sechzehn erste Geigen gibt, bedeutet dies, dass man acht Exemplare dieser Noten markieren muss. Ich fertigte sie immer selbst an und lernte so jede Stimme auf eine individuelle Weise kennen. Wenn man an die Kompliziertheit und den Zeitaufwand denkt, den man für die Einrichtung der Stricharten einer Mozart-Symphonie braucht, kann man sich vorstellen, wie viel Zeit ich aufgebracht habe, um eine ganz neue Bogenführung für den *Ring*-Zyklus in Bayreuth zusammenzustellen. Ich habe festgestellt, dass selbst sehr gute Streicher in Orchestern oder Kammerorchestern – ja sogar Solisten – nicht genug über die Einteilung und die Geschwindigkeit in der Bogenführung nachdenken.

Wenn ein Dirigent die Bedeutung des Streicherklanges nicht erkennt, nimmt er einfach eine standardisierte Art des Musizierens in Kauf. Einige Orchester und Dirigenten ziehen sich auf einfachste Art aus der Affäre: An Stellen, die für eine der Streichergruppen mit »piano« bezeichnet sind, spielt der Stimmführer der Gruppe mezzoforte und der Rest pianissimo. Die Summe von fünfzehn Pianissimi und einem oder zwei Mezzoforte entspricht einem gewöhnlichen Piano. So zu spielen hat den Vorteil, dass es einfacher wird zusammenzubleiben, und wenn der Stimmführer dieser Gruppe einen besonders attraktiven Klang erzeugen kann, sorgen einfach die anderen Instrumente für eine Form von Aura. Aber ich bin immer gegen dieses Prinzip gewesen. Ich halte es für musikalisch falsch. Ich glaube, dass sechzehn Musiker, die ein expressives Piano spielen, einen ganz anderen Klang erzeugen als ein oder zwei, die mezzoforte oder forte spielen, und der Rest spielt pianissimo, um sozusagen nur ein Kissen darunter zu legen. Letzteres hat weniger Qualität und weniger Intensität.

Die Probleme der Bläsersektion und deren Gestaltung durch den Dirigenten sind wieder etwas anderes. Sie haben mit den physischen Aspekten jedes Instruments zu tun: Flöte, Oboe,

Klarinette, Fagott – ganz zu schweigen von Blech – Horn, Trompete und Posaune, jedes Instrument hat ein leicht unterschiedliches Mundstück und eine andere Art, Töne zu erzeugen. Deshalb ist es sehr schwierig, von einigen dieser Instrumente eine Homogenität im Einsatz zu bekommen. Es ist nicht leicht, das richtige Gleichgewicht zwischen individueller Phrasierung, die notwendig ist, wenn eine Oboe oder eine Klarinette eine Solophrase in einer Symphonie haben, und kollektivem Ensemblespiel zu finden. Die individuelle Art der Phrasierung eines Hauptsolos, wie es die Oboe oder die Klarinette in Schuberts Unvollendeter Symphonie hat, muss wenige Takte später wieder zum Spielen von Akkorden umschwenken, bei dem es dem Zuhörer nicht mehr möglich sein sollte, die individuelle Klangfarbe der Instrumente zu unterscheiden. Dieses Problem stellt sich einem Pianisten, der ein Mozart-Konzert spielt. Wenn das Klavier das Hauptthema hat, erfordert es eine ganz persönliche Phrasierung und Artikulation mit einem Maximum an Vorstellungskraft und Phantasie. Später, wenn das Hauptthema vom Orchester gespielt wird und das Klavier nur eine ornamentale, weniger wichtige Rolle einnimmt, ist es schwierig, sich zu unterwerfen. Man hört oft Aufführungen von Musikern, die sehr viel Individualität besitzen und die jede Note hervortreten lassen, selbst wenn ihre Bedeutung untergeordnet ist.

Dann gibt es natürlich das Intonationsproblem. Das Klavier ist entweder gestimmt oder nicht, und es ist die Arbeit des Klavierstimmers und nicht des Pianisten, es perfekt zu stimmen. Jeder Ton aber, den der Bläser hervorbringt, kann zu tief, sauber oder zu hoch sein. Manche Töne sind bloß ein bisschen zu hoch oder zu tief, aber selbst wenn man das Instrument allein spielt, kann das für das Ohr sehr störend sein; doch in einem Akkord mit mehreren Instrumenten ist eine falsche Intonation für den sensiblen Zuhörer einfach unerträglich. Es ist wesentlich für einen Dirigenten, Intonationsfehler und Fehler der Balance bei den Bläsern zu entdecken. Gewisse Töne klingen etwas unsauber, wenn sie im Akkord nicht richtig ausbalanciert sind. Das gleiche Problem hat auch die Gruppe der Blechblasinstrumente.

Noch komplizierter wird es, wenn man nun alle Orchesterteile (Streicher, Holzbläser, Blech) zusammenfügt und dann die Pauken und das übrige Schlagzeug dazunimmt, denn all die unterschiedlichen Klänge – Pauke und Schlagzeug, Blech- und Holzbläser und die Streicher – müssen vereint werden. Das Hauptproblem bei den Blechbläsern ist natürlich die Kraft ihrer Instrumente. Ein Dirigent muss ein profundes Wissen über das notwendige Volumen und dessen »Dosierung« haben. Mit anderen Worten – wenn das Wort »crescendo« in der Partitur für das ganze Orchester verzeichnet ist, sollte es nicht zugleich vom gesamten Orchester gespielt werden, da die schwächeren Instrumente sonst nicht deutlich gehört werden können – das Blech und die Pauken sollten später mit dem Crescendo beginnen. Dieses Ausgleichen, Organisieren oder sogar Manipulieren des Klangs ist wesentlich für die Durchsichtigkeit des Klangbildes eines Orchesters. Das Gleichgewicht zwischen Durchsichtigkeit und Fülle des Klangs muss vom Dirigenten gefunden werden, und es kann nur zustande kommen, wenn nicht jeder einzelne Musiker zum gleichen Zeitpunkt mit voller Intensität und vollem Volumen spielt.

Blechbläser haben eine Eigenart, die auf einen jungen Dirigenten fast Furcht erregend wirkt. Wegen der Instrumente, die sie spielen, sind diese Musiker üblicherweise große, starke Menschen, die fähig sind, jeden anderen Ton einfach durch das Volumen, das sie produzieren können, zu töten. Sie können die Holzbläser und die Streicher vernichten – und auch den Dirigenten und die Musik! Blechbläser neigen oft dazu, zu laut zu spielen; ihnen fehlt manchmal das

Gefühl für das, was im übrigen Orchester passiert, und sie haben aufgrund des Volumens, das sie nun einmal erzeugen, oft kein Gefühl für die Musik und treten unvermeidlich in den Vordergrund.

Vor Berlioz berücksichtigten die Komponisten die Klangfarben der unterschiedlichen Instrumente in einem Orchester nicht bewusst. Ich sage nicht, dass Mozart unempfänglich für Klangfarben war – niemand hat jemals etwas Vergleichbares für Oboe oder Klarinette komponiert –, aber innerhalb des Gesamtrahmens eines Orchesters wurde Klangfarbe nie berücksichtigt und als ein unabhängiges Element gesehen. Erst Berlioz begann in einer neuen Weise darüber nachzudenken. Aber vor Berlioz und seinen romantischen Kollegen wurden insbesondere die Pauken und Trompeten oft dazu degradiert, die weniger interessante Rolle des Tonika- und Dominantspielens zu übernehmen. In diesen klassischen Werken haben sie meistens nicht sehr viel zu spielen, und deshalb ist ihr Konzentrationsniveau zwangsläufig niedriger als das der Musiker, die ständig und ohne Unterbrechung spielen. Gute, sensible Blechbläser aber können durch einen oder zwei Töne oder durch einen Unterschied im Ansatz die Klangfarben des gesamten Orchesters beeinflussen. In Ravels *Daphnis und Chloë* zum Beispiel erzeugt ein Crescendo der Trompeten das Gefühl, dass das gesamte Orchester durch nur zwei oder drei Trompetentöne plötzlich Feuer gefangen hat. Wenn der Klang das richtige Gleichgewicht hat und der Einsatz rein und nicht zu hart ist, kann sich der Glanz des Instruments auf das übrige Orchester übertragen.

Aus all diesen Gründen muss die Gruppe der Blechbläser vom Dirigenten sehr umsichtig behandelt werden. Das gilt vor allem für die klassische Musik; im 19. und 20. Jahrhundert wird die Musik, die für das Blech geschrieben wurde, viel ausführlicher und interessanter. In Bruckners

Symphonien vermittelt es tatsächlich das Gefühl einer Orgel, die die Fähigkeit hat, einem eher dunklen Klang eine große Breite zu verleihen. In der Musik Zentraleuropas – bei Dvořák zum Beispiel – sind die Trompeten die Instrumente, die die Menschen zum Tanzen bringen. In romanischen Ländern ist die Trompete die Vorahnung des Todes, nicht nur in Verdis *Requiem,* sondern auch in der spanischen Musik. Selbst wenn die Musik zu tanzen scheint, beinhaltet sie ein Element der Angst. Bei Wagner hat sich die Trompete in eine sehr individuelle Richtung entwickelt, die seither – bewusst oder unbewusst – fast jeden Komponisten beeinflusst hat. Auf der einen Seite bahnte er den Weg für Bruckner und Mahler, und auf der anderen Seite kündigte er Debussy an. Wenn man an die Todesverkündigung in der Walküre mit ihrem besonderen Klang der Trompeten und Wagner-Tuben denkt, kann man Wagners Art der Verwendung des Blechs beispielhaft erleben. Er entwickelte tatsächlich die Wagner-Tuba, da ihm Hörner, Trompeten und Posaunen nicht genug waren. Er wollte die Gruppe um einen speziellen Klang erweitern und dem Blech so viel Farbe und Bedeutung wie möglich geben. Das erzeugt das Gefühl, welches in der Partitur mit »feierlich« bezeichnet wird. Es ist aber nicht nur feierlich im festlichen Sinne, es hat etwas mit einer »Trauerfeier« zu tun. Hier wird der Unterschied zwischen dem deutschen und dem romanischen Gebrauch der Trompete deutlich. In Mahlers Fünfter Symphonie wird zwar die Trompete in der romanischen Art verwendet, aber Mahler ist auch ein besonderer Fall – eben die Ausnahme von der Regel. Er ist nicht Teil der normalen Entwicklung der so genannten Deutschen Tradition. Er führte viele neue Elemente in die symphonische Musik ein. Ich finde, dass in Mahlers Musik mehr Berlioz steckt, als man gemeinhin annimmt. Nicht nur was die Klangfarbe der Instrumente betrifft, sondern auch den Geist der Musik – es ist eine gewisse

Verrücktheit, die Mahler und Berlioz gemeinsam ist. Man muss daran denken, dass selbst Wagner ohne Berlioz nicht möglich gewesen wäre. Natürlich war er hauptsächlich von Beethoven beeinflusst, aber eben auch sehr von Berlioz – Liszt nicht zu vergessen sowie, auf übertragene Weise, von Schumann.

Es ist sehr interessant zu sehen, welche Partner Wagner für die Trompete bestimmte. Insbesondere in den weichen Passagen kann man oft erleben, dass die Trompeten unisono mit Englischhorn spielen. Dieser Effekt, die Klangfarbe, die die zwei Instrumente erzeugen, wurde auch von Debussy verwendet: In *La Mer* spielen Trompete und Englischhorn unisono – gleich nach der Introduktion. Ich glaube nicht, dass das ein Zufall ist. Wagners Orchestrierung war sorgfältig durchdacht. Boulez sagte einmal mit seinem typischen Humor, dass man das Gefühl habe, dass Wagner so orchestrierte, wie ein Fleischhauer Hackfleisch mischt – soundso viel Kalb, soundso viel Schwein und soundso viel Rind. Ich finde, das ist eine sehr treffende Art der Beschreibung. Man spürt geradezu, wie Wagner die Klangfarben der Instrumente abwägte.

In der klassischen Musik haben die Pauken auf vielen Ebenen die gleichen Probleme wie das Blech, indem sie immer Tonika und Dominante spielen, wobei erschwerend hinzukommt, dass die klassischen Komponisten nicht für chromatische Pauken schrieben. Sie sind deshalb auf zwei oder drei Noten begrenzt. Das Problem der Pauken besteht darin, dass sie – wenn sie gut gespielt werden – viel mehr können, als nur als Betonungselement oder als rhythmisches Element eingesetzt zu werden. Wirklich gute Pauker haben eine gewisse Klangvorstellung – und eine Vorstellung, wie sie die Illusion von länger gehaltenem Klang erzeugen können, wie auf dem Klavier.

Pauke spielen ist nicht nur eine Frage, wie man den Schlegel herunterfallen lässt und einen Laut erzeugt. Der Klang hängt stark davon ab, wo der Schlegel landet und mit wie viel Kraft. Zum Beispiel wird eine gewisse innere Kraft dadurch erzeugt, dass man jede Note nur mit einer Hand spielt. Am Beginn des vierten Satzes der *Symphonie fantastique* sollen die Sextolen nach Berlioz' Vorstellung mit einer Hand geschlagen werden, während die andere Hand nur jeden sechsten Ton spielt. Viele Pauker ändern das oft und spielen eine Note mit der rechten und die nächste mit der linken Hand, wodurch ein ganz anderer Klang entsteht. Die Originalpartitur zeigt, dass das Tempo nicht zu hoch sein darf. Wenn Berlioz beabsichtigt hätte, dass der Satz sehr schnell gespielt werden soll, hätte er diese Instruktion nicht gegeben.

Auch am Beginn des ersten Aktes von *Siegfried* bitte ich die Pauker immer, nur mit einer Hand zu spielen. Ich bin sogar so weit gegangen, dass ich sie ersucht habe, bei der Todesverkündigung in der *Walküre,* die ich in einem relativ langsamen Tempo nehme, die Triole ebenfalls nur mit einer Hand zu spielen. Die Hand muss bei jedem Ton herunterkommen und wieder hinaufgehen, sodass jeder Ton eine unbarmherzige Tonqualität hat. Das Element der Klangqualität und Klangfarbe ist für Schlaginstrumente sehr wichtig. Im zweiten Satz von Bartóks Erstem Klavierkonzert hat jedes Schlaginstrument eine andere Klangfarbe. Und dann ist da noch Pierre Boulez mit seinen Marimbaphonen, Vibraphonen und Xylophonen und all ihren verschiedenen Farben!

Ein Komponist, der kein besonders interessanter Orchestrator war, aber einen Instinkt für einen sehr individuellen Gebrauch der Schlaginstrumente hatte, war Liszt. Einer seiner Hauptbeiträge zum Orchesterklang war – neben dem Einsatz der Harfe – der Triangel. Verglichen mit Liszts

Erstem Klavierkonzert, scheint der Gebrauch des Triangels in Brahms' Vierter Symphonie eher rückständig. In Brahms' Dritter Symphonie übrigens erfordert es Überlegung und Sensibilität, um das Gleichgewicht zwischen der Klarheit in den Pauken und dem Gefühl von Tremolo zu erreichen. Tremolo kommt natürlich von dem Wort »tremolare« (zittern), und es ist die Frage, wie schnell man zittert – also tremoliert. In Bruckners Symphonien sehen viele Dirigenten und Streicher das Tremolo als unverändert und spielen es in einer unbedachten Weise, entweder sehr langsam oder sehr schnell, anstatt die unterschiedlichen Geschwindigkeiten zu nutzen, die im Tremolo möglich sind und die zu den ausdrucksstärksten Elementen der Musik gehören.

Wenn man das Thema Psychologie bei einem Orchester anschneidet, begibt man sich in einen sehr sensiblen, wahrscheinlich sogar empfindlichen Bereich. Nichts ist für einen Orchestermusiker, der seine Probleme kennt und sie gelöst hat, schlimmer, als wenn er einen Dirigenten sagen hört: »Mir scheint, dass es ein Problem gibt, das gelöst werden muss.« Ich sah einmal die Partitur eines Dirigenten mit der Eintragung: »Fagott zu laut!« Das heißt, das Fagott hatte bei der Probe nicht zu laut gespielt, sondern der Dirigent hatte sich schon vor der Probe vorgestellt, dass es an diesem Punkt der Partitur zu laut werden würde. Er hatte mir seine Partitur geliehen, und als ich zu seiner Probe ging und die einschlägige Passage an der Reihe war, unterbrach er und sagte: »Das Fagott ist zu laut.« Eine solche Unehrlichkeit kann, was das Orchester betrifft, die Arbeit des Dirigenten vollkommen untergraben, und das mit Recht. Das Orchester akzeptiert eher eine gewisse Unsicherheit des Dirigenten als musikalische Unehrlichkeit.

Eines der delikatesten Themen auf diesem Gebiet ist die Intonation, und auch ich hatte zu Beginn meiner Dirigentenlaufbahn meine Probleme damit. Da ich vom Klavier kam, bemerkte ich nicht immer, wenn die Intonation im Orchester nicht ganz sauber war. Ich wusste, was nicht ganz sauber war, wenn ein falscher Ton gespielt wurde, und offensichtlich hörte ich, wenn Akkorde nicht tonrein waren, aber ich konnte nicht immer sagen, welches Instrument zu tief und welches zu hoch war. Während der 1960er Jahre war ich in London bei einer Probe von Schönbergs *Pelléas und Melisande* zugegen, die Pierre Boulez abhielt. Während eines sehr komplizierten Tutti kam ein Akkord vor, und Boulez sagte, dieses Instrument war zu hoch und jenes zu tief. Ich war sehr erstaunt. Ich hatte gehört, dass es nicht sauber war, aber ich konnte nicht hören, welches Instrument zu tief und welches zu hoch war; Boulez aber wusste es genau. Er wiederholte, und diesmal war der Akkord sauber. Ich fragte ihn: »Wie macht man das? Ich komme vom Klavier, und ich weiß nicht genau ...« – »Man braucht Erfahrung«, erwiderte er. »Wenn Sie zum Beispiel einen Akkord nicht ganz klar oder ganz sauber hören, dann sagen Sie nur, was Sie in diesem Moment denken – das ist zu hoch oder das ist zu tief. Sie können Recht haben, und wenn das der Fall ist, dann wissen Sie es für das nächste Mal. Oder aber Sie sind auf einem ganz falschen Gleis und sagen dem Musiker, dass er zu tief war, und er sagt darauf: ›Ich war nicht zu tief, wenn überhaupt, war ich zu hoch.‹ Man darf nicht Angst haben, etwas Falsches zu sagen, denn nur so kann man Übung bekommen.« Und so lernte ich es auch. Es war mir nicht peinlich zu sagen, das ist zu tief, wenn ich etwas Unsauberes hörte. Am Anfang passierte es oft, dass ein Musiker antwortete: »Was meinen Sie mit zu tief? Ich war viel zu hoch!« Dann sagte ich: »Ja, Sie haben Recht.« So schult man seine Ohren. Aber man muss offen sein und keine Angst haben Fehler zu machen. Nicht anders ergeht es einem, wenn man eine fremde Sprache lernt. Hat man Angst Fehler zu machen, wird man nie lernen, sie zu sprechen.

Seit den 1980er Jahren gehören meine Konzerte mit Sergiu Celibidache in München zu den alljährlichen wichtigen Ereignissen meines beruflichen Lebens. Celibidache hatte 1979 den Posten des Chefdirigenten der Münchner Philharmoniker übernommen und lud mich ein, jedes Jahr mit ihm zu spielen. Er besitzt nicht nur ein bemerkenswertes technisches Wissen vom Orchester und die Gabe, es auszubalancieren, er verfolgt auch konsequent und kompromisslos seine Ziele. Charakteristisch für ihn sind: langsame Tempi, eine besondere Art der Phrasierung, die sehr oft einen weniger vollen Klang vom Blech erfordert, und seine spezielle Art, Phrasen zu beenden. Diese Charakteristika sind leicht zu imitieren, doch indem sie das tun, erweisen so genannte Celibidache-Schüler ihm und sich selbst einen schlechten Dienst. Sie wären besser beraten, wenn sie versuchten zu verstehen, warum er Dinge in einer gewissen Art tut, und das dann auf ihre eigene Arbeit anwenden würden.

Nehmen wir einmal das Tempo: In einer Bruckner-Symphonie zum Beispiel sind Celibidaches Tempi festgelegt, nicht nur weil er einen ununterbrochenen Klang haben möchte, sondern weil er das langsame Tempo braucht, um all das auszudrücken, was er in der Musik sieht. Sein Tempo ist mit der Substanz der Musik und des Klangs verbunden. Wichtig ist für ihn die Art, wie ein Instrument zum anderen führt, wie jede Phrase ihren Höhepunkt hat, wie er das Prinzip der Spannung und Entspannung anwendet. Bei Celibidache findet man nie eine Betonung an der falschen Stelle. Es gibt kein Instrument, das so spielen darf, dass es nicht in den Gesamtklang des Orchesters integriert ist. Und es gibt keinen Musiker bei den Münchner Philharmonikern, der auch nur einen Ton in einer mechanischen, routinierten, unbedachten Weise spielen darf.

Celibidache hat ein ausgezeichnetes Gehör und ist einer der schärfsten musikalischen Köpfe, denen ich je begegnet bin. Ich glaube nicht, dass ich nach Proben und Konzerten mit ihm jemals aus München weggefahren bin, ohne neuen Stoff zum Nachdenken gehabt zu haben. Manchmal ist bei den Proben oder in den Konzerten völlig unerwartet ein ganz neuer Blickwinkel entstanden. Diese ständige Beschäftigung mit Phrasierung und Artikulation war für jeden Musiker, der Celibidache kennen lernte, eine Bereicherung.

Oper

Wenn ich auf meine Tätigkeit als Operndirigent zu sprechen komme, muss ich zum Beginn der 1970er Jahre zurückgehen. Die erste Oper, die ich dirigierte, war Mozarts *Don Giovanni* in Edinburgh 1972. Zu dieser Zeit war Peter Diamand der Direktor des Festivals. Er hatte seine Berufslaufbahn sehr jung als Sekretär von Artur Schnabel begonnen und jede erdenkliche Stufe musikalischen Managements durchlaufen. Später war er siebzehn Jahre lang Direktor des Holland Festivals und dann dreizehn Jahre lang Direktor der Festspiele von Edinburgh gewesen. Er hatte eine große Leidenschaft für die Oper und war sich vollkommen im Klaren über die Grenzen der Repertoire-Oper mit ihren unzureichenden Probezeiten.

In Edinburgh gab es beste Arbeitsbedingungen, noch dazu mit dem English Chamber Orchestra. Wir hatten ein Ensemble von Sängern, das für eine lange Periode ohne Unterbrechung dort war, einschließlich Proben und Vorstellungen. Wir hatten ein Theater, das technisch nicht ideal war, aber das ausschließlich für unsere Produktion zur Verfügung stand, das King's Theatre. Peter Diamand hatte bereits jedes erdenkliche europäische Opernhaus nach Edinburgh geholt, bevor er beschloss, dass das Edinburgh Festival eigene Opern produzieren sollte. Das war eine sehr mutige Entscheidung und verschaffte dem Publikum einige Opernaufführungen von sehr hoher Qualität. Er glaubte offensichtlich an mich und meine Fähigkeit, Oper zu dirigieren. Ich habe es nie bereut und werde ihm immer dankbar sein, dass er mir diese erste Chance gab.

Während meiner Entwicklung zum Dirigenten von Symphonieorchestern hatte ich mir immer gesagt: »Nicht auch noch Oper – das wäre zu viel.« Peter Diamand überzeugte mich jedoch, zumindest Mozart-Opern zu dirigieren, und schlug vor, dass wir *Don Giovanni, Le nozze di Figaro* und *Cosí fan tutte* machen sollten. Wir spielten *Don Giovanni* dann zwei Jahre lang, und *Le nozze di Figaro* lief ähnlich lang, aber leider wurde *Cosí fan tutte* nie in Edinburgh realisiert. Bereits 1967 hatte ich ein Angebot aus Rom bekommen, eine konzertante Aufführung dieser Oper im Rundfunk zu spielen, aber dann brach der Sechstagekrieg in Israel aus, und ich sagte ab. Es war wirklich besonders schade, dass es dann auch in Edinburgh nicht klappte, weil dies eigentlich die erste Oper war, die ich gründlich studiert hatte.

Peter Diamand hatte ursprünglich für Edinburgh die Idee, alle drei Da-Ponte-Opern mit Jean-Pierre Ponnnelle zu produzieren, aber zu dieser Zeit war er in Salzburg voll beschäftigt. *Don Giovanni* wurde dann von Sir Peter Ustinov inszeniert und *Le nozze di Figaro* von Sir Geraint Evans. Jean-Pierre und ich hatten uns damals mehrfach getroffen und über diese Opern gesprochen, aber zur Realisierung kam es erst später in Paris. Dann spielten wir noch zwei der drei Werke als Koproduktion in Washington, eine davon, *Le nozze di Figaro,* mit Übertiteln. Dieser Text oberhalb der Bühne war in vielerlei Hinsicht fabelhaft, und das Publikum reagierte sehr gut darauf. Aber es gab ein paar Probleme, insbesondere wenn Rezitative mit einer komischen Passage erschienen, bevor die Figur auf der Bühne tatsächlich ihren Satz gesagt hatte. Es war auch schwierig, wenn mehr als eine Figur zur gleichen Zeit sprach. Der Text muss so diskret wie möglich gezeigt werden und darf nur die wesentlichen Informationen vermitteln. Sie müssen dichterisch genau sein, und das Timing ist von höchster Wichtigkeit.

Auch in Israel spielten wir alle drei Da-Ponte-Opern als Zyklus. Da Tel Aviv kein Opernhaus oder Theater besaß, führten wir sie in einem Konzertsaal auf, und Ponnelle teilte die Bühne so, dass es einen Bereich gab, wo das Orchester spielte. Das Orchester saß ein paar Stufen tiefer, und hinten, wo üblicherweise der Chor bei Konzerten sitzt, war ein kleiner Vorhang befestigt, der auf- und zuging. Es war eher improvisiertes Theater als große Oper, aber wunderbar gemacht, ohne richtige Dekorationen, aber im Kostüm, mit nur wenigen bezeichnenden Requisiten.

Ich hatte in meiner Jugend nicht sehr oft die Möglichkeit, Opernvorstellungen zu besuchen, im Gegensatz zu einigen meiner Kollegen, die in einer Stadt wie Wien studiert hatten, wo es ein wunderbares Opernhaus gibt. Erst als ich zu reisen anfing, begann ich Opernhäuser wie Covent Garden, die Metropolitan Opera und die Opernhäuser in Deutschland zu besuchen. Mein Interesse an Oper wurde durch meine Arbeit mit Stimmen und durch die Begegnungen mit Dietrich Fischer-Dieskau und Wilhelm Pitz immer größer. Außerdem basierte meine ganze musikalische Erziehung und Klavierausbildung auf dem dramatischen Element in der Musik. Während ich durch die Arbeit mit Chören Erfahrung darin gewann, enorme Kräfte zu beherrschen, spielte ich auch weiter Klavier und suchte ständig nach theatralischem Ausdruck und dem inneren Drama in der Musik. Ich erinnere mich noch, wie ich Furtwänglers Proben zu *Don Giovanni* hörte; und durch mein Interesse für so viele von Mozarts Werken – seine Klavierkonzerte und Sonaten, seine Symphonien und das *Requiem* – hatte ich natürlich den Wunsch, den Schritt in Richtung Oper zu machen. Ich wollte auch Beethovens *Fidelio* dirigieren, aber – vielleicht aufgrund des romanischen Einflusses meiner Erziehung – ich fühlte mich damals mehr zur italienischen Seite Mozarts hingezogen, insbesondere zu den Da-Ponte-Opern.

Mitte der 1970er Jahre wurde Jacquelines Krankheit akuter, und ich schränkte meine Tätigkeiten in Amerika beträchtlich ein. Jacqueline war zu diesem Zeitpunkt bereits auf den Rollstuhl angewiesen. 1976 fuhr sie einmal nach Paris, aber das war die letzte Reise, die sie unternahm. Es wurde sehr schwer für mich, sie und London überhaupt noch für einige Zeit zu verlassen – und so lebte ich in London und arbeitete in Paris.

1978 kam ich zum ersten Mal an die Deutsche Oper in Berlin. Siegfried Palm, der Opernintendant, bat mich, zuerst *Le nozze di Figaro* und dann *Tristan und Isolde* zu dirigieren. Später dirigierte ich auch noch *Fidelio, Aida* und den *Fliegenden Holländer*. Ich hatte damals eine ideale Beziehung zur Deutschen Oper, weil wir das Programm frühzeitig genug planten, was mir die Möglichkeit gab, das Werk, das ich betreute, mindestens drei Jahre lang in regelmäßigen Abständen zu wiederholen. Die Besetzung blieb mehr oder weniger unverändert, sodass es in diesem Repertoire-Theater fast so etwas wie ein festes Ensemble gab. Ich glaube, dass sowohl *Figaro* als auch *Tristan* in den ersten drei oder vier Jahren gleich besetzt waren.

Ich hatte damals natürlich viel weniger Erfahrung, meine Deutschkenntnisse waren viel begrenzter und auch meine Kenntnisse von Wagners Welt. Aber ich habe sehr gute Erinnerungen an meine Arbeit mit Götz Friedrich in Berlin. Wir arbeiteten an vier Opern zusammen: *Le nozze di Figaro, Aida* und *Tristan und Isolde* in Berlin und *Parsifal* 1987 in Bayreuth. Friedrich besaß die Fähigkeit, jede sinnlose Bewegung auf der Bühne zu unterbinden, und war der Erste, der mich erkennen ließ, wie leicht Sänger andernfalls auf der Bühne herumwandern, ohne zu wissen, wohin sie gehen sollen und warum.

1963 bin ich das erste Mal in Bayreuth gewesen. Im Laufe der Jahre hatte ich eine Vielzahl von Rundfunkübertragungen gehört, und Wolfgang Wagner hatte mich bereits in den 1970er Jahren eingeladen, *Lohengrin* in Bayreuth zu dirigieren. Das schien mir damals wirklich zu früh; aber als ich die Gelegenheit hatte, *Tristan* in Berlin zu dirigieren, wurde ich wie die meisten Dirigenten immer mehr in die Partitur verstrickt und fühlte mich auch von Bayreuth, insbesondere wegen der akustischen Bedingungen, mehr und mehr angezogen. Es war wiederum Wolfgang Wagners Vorschlag, dass ich 1981 *Tristan und Isolde* dirigieren sollte, und ich nahm mit großer Begeisterung, aber auch einigem Bangen an. Ich erinnere mich, dass ich ihn fragte, ob es nicht möglich wäre, *Tristan* ein oder zwei Jahre später zu machen, weil ich mit der Berliner Inszenierung noch so eng verbunden war; aber er erklärte mir, dass *Parsifal* 1982 hundertjähriges Bestehen feierte und *Der Ring des Nibelungen* zu Wagners hundertstem Todestag 1983 folgen sollte, sodass man die neue *Tristan*-Aufführung 1981 machen müsste. Ursprünglich hatte Patrice Chéreau inszenieren sollen, und ich hatte bereits mehrere Gespräche mit ihm und Wolfgang Wagner über dieses Projekt geführt. Doch nach dem letzten *Ring*-Jahr von Chéreau und Boulez erzählte mir Patrice, dass er eine Pause von Wagner und Bayreuth brauchte, sonst würde *Tristan* einfach der fünfte Teil des *Rings* werden, deshalb zog er sich mit Bedauern von diesem Projekt zurück. Man einigte sich dann, dass Jean-Pierre Ponnelle Regie führen sollte. Ponnelle hatte schon sehr viel Erfahrung mit Wagner, aber noch keines seiner Werke in Bayreuth inszeniert. Er war hauptsächlich für seine Arbeit mit Monteverdi, Rossini und Mozart bekannt, hatte aber auch bereits den *Ring* in Stuttgart und den *Fliegenden Holländer* und *Parsifal* auf die Bühne gebracht. Damals begann ich die Arbeitsweise Bayreuths kennen zu lernen. Wolfgang Wagner war immer anwesend, immer verfügbar, zu jeder Zeit, für jede Diskussion über Besetzung oder Probenpläne, was mir ein Gefühl großer Sicherheit gab. Pierre Boulez hatte die gleiche Erfahrung gemacht. Wolfgang Wagner schlug vor, dass Ponnelle und ich 1980 zu ausführlichen Gesprächen nach Bayreuth kommen sollten, also ein Jahr bevor *Tristan* aufgeführt werden sollte. Ich fragte mich damals, warum es notwendig war, wegen Gesprächen nach Bayreuth zu fahren, aber mit den Jahren habe ich eingesehen, wie wichtig es ist, die Projekte an Ort und Stelle vorzubereiten – und die Sänger auf der Bühne vorsingen zu lassen, weil die Akustik des Theaters ganz anders ist als die irgendeines anderen Hauses der Welt, und das nicht nur, weil der Orchestergraben abgedeckt ist, was einen großen Einfluss auf die Beziehung zwischen Orchester und Sänger hat. Selbst auf der Bühne klingt die Akustik völlig anders, und das Theater ist auch nicht so groß, wodurch es für die Sänger leichter ist, den Saal mit Klang zu füllen, ohne, wie in manchen anderen Theatern, die Stimme forcieren zu müssen. Der Vorteil des bedeckten Grabens ist offensichtlich. Er erleichtert das Verhältnis zwischen Stimme und Orchester und ermöglicht eine ideale Mischung des Klangs.

In Bayreuth kann man Projekte und Probleme in einer anderen Art besprechen als an den üblichen Theatern. Und das nicht nur, weil man in Bayreuth ist, sondern weil man dort allem gegenüber aufgeschlossen ist. Nie wird etwas nur deswegen akzeptiert, weil es früher so gemacht wurde. Ich finde, dass das für ein Festspiel, das sich seit mehr als hundert Jahren auf nur zehn Werke eines Komponisten beschränkt, sehr bemerkenswert ist. Wolfgang Wagners Auffassung, wie man die Produktion aufbaut und die Festspiele leitet, ist ein einzigartiges Beispiel für die Leitung eines Opernhauses. Als Regisseur hat er seine eigenen, klaren Ideen, und er besitzt eine unglaublich intime Kenntnis der Werke und Schriften seines Großvaters. Und doch hat er jedem Regisseur – damals Ponnelle und später Harry Kupfer, jeder mit einem ästhetischen Konzept, vollkommen verschieden von seinem eigenen – nicht nur das Gefühl gegeben, dass er seine künstlerischen Visionen ohne Einmischung realisieren konnte, sondern auch, dass er alle Mittel bekommen würde, um es tun zu können. Ich kenne keine andere Institution, die ihren Künstlern eine derart unbegrenzte Freiheit gewährt.

Die Tatsache, dass die finanzielle Entlohnung so außerordentlich niedrig ist, wirkt sich in Bayreuth beinahe als Vorteil aus. Diese Konstellation von vollkommener Offenheit und dem Willen, mit neuen Ideen zu experimentieren – ein unbegrenzter Raum für künstlerisches Schaffen –, und sehr begrenztem persönlichem Entgelt fördert irgendwie eine große Kreativität unter allen Beteiligten. Wolfgang Wagners Hauptinteresse gilt natürlich mehr der theatralischen als der rein musikalischen Seite. Aber er verstand zum Beispiel, dass ich es mit dem Orchestermaterial, das wir verwendeten, sehr genau nahm und dass ich meine eigenen Vorstellungen über die Bogenführung der Streicher hatte, es also nicht aus Arroganz geschah, wenn ich meine eigene Bogenführung in den Orchesterstimmen verzeichnet haben wollte. Ich hatte immer Wagners volle Unterstützung in Bezug auf neue Stimmen, und er beschaffte auch völlig neues Material für den ganzen *Ring*. Tatsächlich findet die ganze Arbeit in einer Art Werkstattatmosphäre statt.

Das Bayreuther Orchester besteht aus Musikern vieler verschiedener Opernhäuser, hauptsächlich aus Deutschland, obwohl manche auch aus dem Ausland kommen. In jüngster Zeit hat sich die Qualität des Orchesters durch die Mitarbeit einiger großartiger Musiker aus Dresden, Leipzig und Ostberlin stark erhöht. Die meisten Musiker spielen Wagner an den Opernhäusern das ganze Jahr hindurch und kennen die Werke so gut wie auswendig. Sie kommen einfach nach Bayreuth, weil sie daran interessiert sind, dort zu spielen. Da sie hauptberuflich Oper spielen, würde es nicht überraschen, eine Spur von Routine in ihrem Spiel zu finden, aber mir begegnete auf der Seite des Orchesters nur größte Neugierde, was bedeutete, dass die Musiker darauf vorbereitet waren, die Stücke stets neu anzugehen.

Wenn man alles zusammennimmt – die Organisation des Vorsingens, die Gespräche mit dem Regisseur, die Planung des Bühnenbildes und die Gelegenheit, Dinge sehr viel früher ausprobieren zu können –, empfindet man eine große Geborgenheit, wenn man in Bayreuth arbeitet.

Ich habe mich durch meine Arbeit in Bayreuth auf Wagner spezialisiert, und auf Mozart, weil ich das Mozart-Festival 1982 in Paris mit Ponnelle auf den Weg brachte. In Paris dirigierte ich auch *Fidelio* und Berlioz' *Beatrice et Benedict*. Mein einziger Wunsch ist es, auch die Chance zu bekommen, mich mit Verdi in größerem Umfang zu beschäftigen und einen Verdi-Zyklus herauszubringen – insbesondere *La Traviata*, *Otello* und *Falstaff*.

Es kann für einen Regisseur sehr schwer sein, das zu erreichen, was er sich vornimmt, wenn auf der musikalischen Seite Phrasierung, Artikulation, Intensität, Tempo und Volumen nicht stimmen. Viele Schwierigkeiten entstehen auch, wenn die Klarheit des Textes und das Zusammenwirken zwischen dem Klang der Sprache und dem Klang der Musik zu wenig beachtet wurde. Gleiches gilt für die Artikulation in der Musik – Betonung, Pausen oder Rhythmus. Der Pose des Sängers auf der Bühne wird gemeinhin zu viel Bedeutung beigemessen. Dass er auf dem Boden liegen oder knien muss, kann mit einer außergewöhnlich schwierigen musikalischen oder stimmlichen Passage durchaus vereinbar sein. Vorrangig ist jedoch nicht die Stellung, sondern die zeitliche Abstimmung. Wann nimmt der Sänger eine Position ein, damit sie auch unter dem Aspekt des Atmens günstig ist, und wann macht er oder sie die notwendige Bewegung auf der Bühne? Das gespannte Verhältnis zwischen Sänger und Regisseur ist, wie so oft im Leben, auf eine Art Sturheit auf beiden Seiten zurückzuführen. Die Lösung kann einfach eine Frage der zeitlichen Abstimmung einer gewissen Bewegung oder Handlung sein – ein paar Töne früher oder später wird dieselbe Bewegung leicht und sogar hilfreich für den Gesang. Wenn ein Sänger zu einer Probe mit der Einstellung kommt: »Hier muss ich stehen«, und der Regisseur kommt zur gleichen Probe mit der Vorstellung: »Hier muss er knien«, sind Spannungen unvermeidlich. Das ist einer der Gründe, warum ein Dirigent bei so vielen Bühnenproben wie möglich anwesend sein sollte, nicht nur um das Gesamtkonzept mit dem Regisseur zu diskutieren, sondern um in der Lage zu sein, bei der Zeiteinteilung gewisser Bewegungen zu helfen. Ich habe entdeckt, dass aufgeschlossene Regisseure nur allzu froh sind, wenn der Dirigent zugegen ist. Gleichzeitig habe ich immer die Anwesenheit des Regisseurs bei den musikalischen Proben begrüßt. Ich denke, dass die Musik und das Geschehen auf der Bühne zur gleichen Zeit ausgearbeitet werden sollten, ohne Rücksicht darauf, dass sie manchmal Hand in Hand gehen und manchmal einander entgegenwirken. Das ist die einzige Art, um die ideale Situation zu erreichen, in der man mit den Augen hört und mit den Ohren sieht. Man kann diese zwei Dinge nicht trennen. Manchmal ist es die Parallelstellung der Aktion und der Musik, die den vollen Ausdruck ermöglicht. Oper kann nicht von einem Regisseur inszeniert werden, der überhaupt kein Gefühl für die Musik hat und das durch die Musik bedingte Element der Zeit nicht versteht. Wenn man einen nur gesprochenen Text hat, steuert man die Geschwindigkeit jeder Silbe, aber in einer Oper ist viel durch die Länge der Musik bestimmt. Daraus entsteht oft eine große Diskrepanz zwischen der Bühne und dem Orchestergraben. Das andere Extrem wäre ein musikalischer Regisseur, der versucht, alles durch die Musik auszudrücken. Dann bekommt man vielleicht eine choreographische Beschreibung der Musik. Beide Extreme sind gleich armselig. Als Dirigent muss man an den szenischen Aspekten einer Produktion interessiert sein, denn die Triebkraft für das Drama kann manchmal von der Bühne kommen, gefolgt von der Musik, mit der Musik als Begleitung oder nebeneinander gestellt. Zu einem anderen Zeitpunkt sind die Prioritäten vertauscht, und die Motivation für das Geschehen auf der Bühne geht vom Orchester aus.

Ein Operndirigent sollte nicht nur am theatralischen Aspekt einer Oper interessiert sein, sondern diesen mit dem musikalischen Element verbinden. Wenn ein Dirigent nicht am theatralischen Aspekt einer Oper interessiert ist, kann er sich gleich auf symphonische Musik beschränken. Mich faszinierte dieser Aspekt von Anfang an, und ich verwendete während der Proben zu den Mozart-Opern viel Zeit darauf, jede mögliche Modulation der Rezitative auszuarbeiten. Einer der großen Vorteile des recitativo secco – also des Rezitativs ohne Orchesterbegleitung – besteht darin, dass man das eigene Tempo und die Dynamik frei wählen kann. Es gibt selten Richtlinien für Rezitative, die anzeigen, ob sie langsam oder schnell, laut oder sanft sein sollen. Es gibt bestimmte Fälle, wo sotto voce angegeben ist, wenn die Figuren zur Seite sprechen. Aber meistens hat man genug Freiheit, und es ist Sache des Dirigenten, an den Rezitativen zu arbeiten, insbesondere am Tempo, an der Relation von Gesang und rezitativer Sprache und an der Frage des Volumens. Das Secco-Rezitativ verwendet nur das Cembalo – manchmal vom Continuo-Cello unterstützt – neben der menschlichen Stimme. Pausen können bisweilen außerordentlich ausdrucksvoll eingesetzt werden, und eine plötzliche Unterstreichung einer Silbe, eines Wortes oder eines Satzes kann einen viel stärkeren dramatischen Effekt haben als ein gesamtes Tutti des Orchesters in einer Musiknummer. Und man wird sich der Notwendigkeit bewusst, die Rezitative mit der übrigen Musik zu verbinden. Manchmal ist eine radikale Unterbrechung zwischen der einen und der anderen Nummer beabsichtigt; aber in anderen Fällen bereitet das Rezitativ den Einstieg des Orchesters in die nächste Nummer vor. In dem berühmten Duett in *Don Giovanni* »Là ci darem la mano« kann man hören, dass Don Giovanni am Ende des vorhergehenden Rezitativs schon die Atmosphäre und das Volumen des Duetts vorbereitet hat. Deshalb darf es keine abrupte Veränderung in Tempo und Volumen geben.

Jean-Pierre Ponnelle begann seine Karriere als Bühnenbildner. Er war ein sehr begabter Handwerker und Maler. Dadurch dass er alles selbst machte, hat er sich dem Dialog mit den Bühnen- und Kostümbildnern entzogen, aber auf dem Höhepunkt seines Schaffens erreichte er eine vollkommene Einheit, die bemerkenswert war. Das Bühnenbild erzeugte ein fast physisches Wohlgefühl und die Gewissheit, dass es keine andere Möglichkeit gab, als es so zu machen.

Ponnelle kannte mich als Pianist, er hatte meine Konzerte in München besucht, und ich hatte seine Filme gesehen. Unter den Regisseuren war er – musikalisch gesehen – der kenntnisreichste. Man konnte ihn bei Kammermusikkonzerten oder symphonischen Konzerten treffen, wann immer er Zeit hatte. Er besaß eine unbegrenzte Neugier für alles, und er lebte sein Leben in vollen Zügen. Er vereinte in sich auf ideale Weise deutsche Erziehung und südländisches Temperament. Etwas erfrischend Phantasievolles und

Spontanes ging von ihm aus. Romanische Menschen, die viel Zeit in Deutschland verbringen, dort wohnen oder arbeiten, erreichen oft eine besondere Synthese dieser zwei scheinbar antagonistischen Temperamente. Auf Busoni traf das ebenso zu wie auf Claudio Arrau, Ponnelle und Giulini. Eine Synthese, die – historisch gesehen – Mozart zu einem einzigartigen Phänomen unter den Komponisten seiner Zeit gemacht hat. Nichts ist »italienischer« als die Da-Ponte-Opern, die Mozart schrieb, aber auch nichts »deutscher« inspiriert als *Die Zauberflöte*. Mozart war einer der ersten Europäer.

Alle *Tristan*-Aufführungen unserer Produktion in Bayreuth fanden statt, als Ponnelle noch lebte – er kam jedes Jahr. Die Art, wie ich mit ihm arbeitete, war jener sehr ähnlich, in der ich mich später mit Harry Kupfer verständigte. Die erste Inszenierung Kupfers, die ich sah, war seine Inszenierung von *Der fliegende Holländer* in Bayreuth – sie faszinierte mich. Als Wagner mit mir über weitere Projekte sprach, erwähnte ich deshalb, dass ich gerne mit Kupfer arbeiten würde. Ich habe die Notwendigkeit der Zusammenarbeit zwischen dem Regisseur und dem Dirigenten schon betont. Wenn man eine sehr intensive Partitur hat, aber keine theatralische Intensität auf der Bühne, oder wenn es ein sehr starkes darstellerisches Niveau gibt und wenig Intensität in der Musik, wird die Inszenierung als Gesamtwerk einfach nicht gelingen. Kupfer und ich haben von Anfang an diese Beziehung diskutiert, die Tatsache, dass die Motivation manchmal von der Musik und manchmal vom Darstellerischen kommen muss.

Eine der besonderen Eigenschaften von Harry Kupfer, die mich fesselte und mich dazu veranlasste, mit ihm zu arbeiten, war seine ungewöhnliche Fähigkeit, mit Menschenmengen auf der Bühne umzugehen. Es gibt dafür nur ein einziges Beispiel im *Ring des Nibelungen,* im zweiten Akt der *Götterdämmerung;* aber in *Der fliegende Holländer* war seine Führung der Massenszenen wirklich bemerkenswert. Man hatte das Gefühl, dass Tausende Menschen auf der Bühne waren, dass aber die Bewegungen und Positionen eines jeden genau durchdacht waren. Eine andere Eigenschaft Harry Kupfers, die in mir den Wunsch weckte, mit ihm zu arbeiten, war, dass er den Unterschied zwischen Intensität und Volumen klar erkannte. Das gilt in gleichem Maße für das Singen, Sprechen, Spielen und natürlich für die Musik. Um das Gefühl von etwas Statischem zu erzeugen, muss es eine genau beherrschte, langsame Bewegung geben, die diese Illusion vermittelt. Wenn man der Figur auf der Bühne erlaubt, bewegungslos zu verharren, ist dies weder ästhetisch befriedigend, noch drückt es etwas Statisches aus – es ist einfach das Fehlen von Ausdruck. Wir sprachen über die Ideen, die mich interessierten, und fanden, dass wir in dieser Hinsicht wirklich Seelenverwandte waren. Harry Kupfer besitzt auch die Fähigkeit, Sänger dazu zu bringen, Momente großer Intensität zu erzeugen, ohne ein zu großes Volumen, zu große Lautstärke oder Schreien zu fordern. Einige der intensivsten Momente ereignen sich bei sehr geringem Volumen.

Im ersten Akt von Kupfers *Siegfried* in Bayreuth gab es einen Sänger, dem es einfacher fiel zu singen, wenn er sich viel bewegte, deshalb erarbeiteten wir gemeinsam einen Bewegungsablauf, in dem er immer wieder Momente der Ruhe fand, um seine Atmung in den Griff zu bekommen, bevor er zum nächsten »Angriff« überging. Der erste Akt von *Siegfried* verlangt Virtuosität im wahrsten Sinne des Wortes. Das Wort »virtuos« kann leicht eine negative Bedeutung bekommen, als ob es das Gegenteil von ernsthaft durchdachtem Musizieren wäre. Ich sehe es am liebsten als ein Wort, das von der gleichen Wurzel wie das Wort »Virtus« (männliche Tugend) stammt.

Meine Bayreuth-Erfahrung diente mir als Modell für die Planung der Bastille-Oper, für die ich im Juli 1987 die Verantwortung übernahm. Der Erste, der mit mir über die Oper sprach, war Pierre Boulez, der, neben seinen anderen Interessen an dem Projekt, auch im Architektur-Ausschuss für das Gebäude saß. Ich zögerte zunächst, weil ich schon mehr als nur Vorbesprechungen mit dem Chicago Symphony Orchestra geführt hatte und unsicher war, ob ich auch noch das Bastille-Projekt wahrnehmen könnte. Zum Schluss entschied ich mich dann doch dafür. Vor Chicago hatte ich zwei volle Jahre, um mich ganz der Bastille zu widmen. Diese hätte im Januar 1989 eröffnen sollen, und so wären mir von Herbst 1988 bis Herbst 1991 zwei Spielzeiten nur für die Bastille-Oper geblieben, bevor ich in Chicago begonnen hätte. Es war bei allen beteiligten Künstlern eine solche Begeisterung und Entschlossenheit vorhanden, in diesem Projekt zusammenzuarbeiten, dass ich entschied, es zu übernehmen.

Ich unterzeichnete einen Fünfjahresvertrag mit dem damaligen Kulturminister François Léotard. Das Theater war ein neues Gebäude, und ich war begierig, sozusagen von Anfang an bei einem ganz neuen Projekt mit dabei zu sein. Es war die Möglichkeit, eine neue Vision der Musiktheaterproduktion umzusetzen, die mich faszinierte. Ich war Chefdirigent und Künstlerischer Leiter und bereits der dritte Intendant dieser neuen Oper, seit der Bau begonnen worden war, nach Jean-Pierre Brossman, der nach neun Monaten ging, und Gerard Mortier, der nach fünf Monaten zurücktrat. Alle wesentlichen Entscheidungen, das Gebäude betreffend, waren bereits früher gefallen, aber wir mussten nun das Orchester aufbauen. Es gab viel zu tun, deshalb sollte die erste Saison verkürzt werden. Zwischen Januar und Juni 1989 sollten etwa fünfzig Opernabende stattfinden und einige Konzerte, die wir langsam aufbauen wollten. Das Theater sollte erst im dritten Jahr auf vollen Touren laufen. Zu dieser Zeit hätte ich wahrscheinlich vierzig oder fünfzig Abende im Jahr dirigiert.

Im März 1988 gab ich den Spielplan für meine ersten drei Spielzeiten bekannt. Ich wollte eine Situation schaffen, die allen unterschiedlichen Disziplinen die gleiche Aufmerksamkeit sichert – dem Orchester, dem Dirigenten, dem Gesang, der Regie, dem Bühnenbild und den Kostümen. Mit anderen Worten: weder *prima la parola* noch *prima* irgendwas.

Theateradministration ist eine komplizierte Aufgabe. Das Repertoire-Theater hat trotz mancher Vorteile gezeigt, dass es unmöglich die Qualität halten kann, die man sich wünschen würde. Wenn man fünfzig verschiedene Opern an zweihundertfünfzig oder dreihundert Abenden spielt, ist es unvermeidlich, dass die Probenzeit zu knapp wird. Das System eines festen Ensembles hat den Vorteil, dass die Werke eines Zyklus ausreichend geprobt werden; und doch ist es nicht vollkommen zufrieden stellend, es sei denn es handelt sich um ein Festival. In der Bastille-Oper hatte ich ein System geplant, das eine Kombination aus beidem war. Wir hatten eine fast unbegrenzte Probenzeit, sowohl für die Musik als auch für die Regie. Wir hatten eine Besetzung für die erste Vorstellungsreihe geplant, aber jedes Werk würde innerhalb einer Spielzeit in zwei oder drei Serien mit nur ein oder zwei Besetzungsänderungen wiederholt werden. Wir wollten nicht von Anfang an mit einer doppelten Besetzung arbeiten. Die Regisseure hatten sich alle auf dieses Prinzip geeinigt und wurden alle diesem Prinzip verpflichtet – Chéreau, Ponnelle, Kupfer, Carlos Saura und Peter Stein, der Debussys *Pelléas et Mélisande* mit Boulez inszenieren sollte. Sie versprachen alle zu den Wiederaufnahmen da zu sein, sodass jeder Regisseur wenigstens drei Jahre lang dabei gewesen wäre und jedes Jahr eine Produktion hinzugefügt und die alte aufgefrischt hätte. Wenn man zwei oder drei Serien von Vorstellungen während einer Saison plant, spart man Probenzeit, weil man eine Produktion nie wirklich wieder ganz von Neuem beleben muss. Eines der Probleme der Qualität einer Opernvorstellung liegt darin, dass sie für die Premiere geprobt wird, auf die eine Reihe von Vorstellungen folgt. Dann wird das Werk praktisch aufgegeben und muss wieder aufgenommen werden. Im Laufe von drei Jahren hätten wir zwei, wenn nicht drei Besetzungen für Werke wie *Don Giovanni* haben können; aber alle von Chéreau geprobt, der diese Inszenierung mit mir als Dirigent machen sollte.

Ich plante auch *Tosca* und *Tristan und Isolde* für die erste kurze Frühlingssaison und hatte vor, sie im Herbst wieder aufzunehmen, in der zweiten Saison fünf neue Opern hinzuzufügen und noch fünf in der darauf folgenden, sodass wir in der dritten Saison die Möglichkeit gehabt hätten, über vierzehn verschiedene Produktionen zu verfügen. Da wir keine Ballettvorstellungen machen konnten, weil die Regierung das alte Opernhaus, das Palais Garnier, in ein reines Ballett-Theater umwandeln wollte, beschlossen wir, Konzerte zwischen den Opernvorstellungen zu geben. Deshalb hatte ich schon die Berliner Philharmoniker und die Münchner Philharmoniker eingeladen, dort zu spielen. Mit Chéreau, Ponnelle und Kupfer in der Bastille-Oper hatte ich die drei Säulen der Bühne gewonnen. Als Dirigenten hatten wir Boulez, Solti, Christoph von Dohnányi, Zubin Mehta und mich selbst.

Nach der Präsidentenwahl in Frankreich 1988 änderte sich die politische Situation, und jemand, der der Regierung und François Mitterrand nahe stand, bekam die Verantwortung für die Opernhäuser übertragen. Es war Pierre Bergé, ein erfolgreicher Geschäftsmann und Präsident von

Yves Saint Laurent. Er hatte weder Verständnis für meine künstlerische Konzeption für das neue Opernhaus noch eine andere, eigene Konzeption. Er behauptete, dass das Repertoire nicht populär genug sei. Die Regierung wollte, dass die Bastille die Oper des Volkes würde, und die einzige wirklich populäre Oper, die wir geplant hatten, war *Carmen*. Er meinte auch, dass eine größere Anzahl von Vorstellungen die Bastille populärer machen würde, und ich nehme an, dass er größeren Einfluss auf das Repertoire und meine Arbeit haben wollte. Er hatte es wohl satt, immer nur der Geschäftsmann für irgendeinen »Künstler« zu sein. Bergé war immer sehr höflich, und wir kommunizierten auf einer äußerst freundlichen Basis miteinander. Er sagte gern, dass er sich – obwohl er in der Politik noch neu war – immer »links gefühlt« hätte. Es kam mir vorher nie in den Sinn, dass man mich in dem Moment, als ich eine Position von einem Minister in Jacques Chiracs Regierung akzeptiert hatte, als einen »Mann der Rechten« betrachten würde.

Der Kampf begann mit einem Artikel auf der Titelseite von *Le Monde* mit dem Titel »Daniel Barenboim, *Oui ou Non?*« im Herbst 1988. Im Anschluss daran hörte die Sache auf, ein künstlerisches Problem zu sein, und wurde ein rein politisches. Es war unvermeidlich, dass eine Situation entstand, in der nicht mehr Platz für uns beide war, und die politische Gunst, in der Bergé stand, gab ihm die Macht, mich meiner Pflichten zu entbinden.

So fand ich mich am Ende des Frühlings 1989 zum ersten Mal seit fünfzehn Jahren ohne einen administrativen Posten wieder. Ich hatte meine Zusammenarbeit mit dem Orchestre de Paris beendet, man hatte mich in der Bastille-Oper entlassen, und ich hatte nun für eine Periode von zwei Jahren sehr viel Zeit zur Verfügung, bevor ich die Position als Chefdirigent des Chicago Symphony Orchestra übernehmen sollte. Da ich so viele Monate für die Arbeit an der Bastille-Oper freigehalten hatte, besaß ich auf einmal die Möglichkeit, Dinge zu tun, die mir Spaß machten, aber für die ich jahrelang nicht wirklich Zeit gehabt hatte. Die einzigen Fixpunkte in meinem Kalender waren meine acht Wochen mit dem Chicago Symphony, sechs Wochen in Chicago und zwei auf Tournee, und natürlich der *Ring* im Sommer in Bayreuth. Genau zur gleichen Zeit befanden sich die Berliner Philharmoniker ohne Chefdirigent, und wir hatten die Möglichkeit, unsere schon sehr enge musikalische Beziehung in einem Maß zu entwickeln, das ich nicht für möglich gehalten hatte. Wir spielten viel unterschiedliches Repertoire in unseren zahlreichen Konzerten in Berlin, nicht nur die deutschen Klassiker, Bruckners, Beethovens und Brahms' Symphonien, sondern auch eine Vielzahl zeitgenössischer Werke, unter anderem die erste deutsche Aufführung von Lutosławski Dritter Symphonie und Boulez' *Notations,* und wir nahmen Mozart-Klavierkonzerte, die drei Da-Ponte-Opern und *Parsifal* auf.

Sonderbarerweise führte ich ausgerechnet in Bayreuth mein erstes Gespräch mit Solti über das Chicago Symphony Orchestra. Er dirigierte den *Ring* 1983 und machte mir gegenüber damals die erste Andeutung, dass er in ferner Zukunft das Orchester verlassen würde. Er meinte, dass ich sein natürlicher Nachfolger wäre. Er kannte die Bewunderung, die ich für das Orchester empfand, und ich glaube, dass er auch die Zuneigung spürte, die die Musiker mir entgegenbrachten. Mit großem Charme sagte er, dass, nachdem die Übernahme 1975 in Paris so glatt gegangen war, eine ähnliche Übernahme in Chicago zu dem Zeitpunkt, wo er zu gehen wünschte, auch gut gehen würde. Ich fand seine Einschätzung sehr schmeichelhaftund fühlte mich von dem Vertrauen, das er mir entgegenbrachte, sehr gerührt. Ich wusste, dass, wenn Chicago mir diese Position tatsächlich anbieten sollte, ich mir keinen besseren Vorgänger als Solti hätte wünschen können, und so kam es, dass der Traum, den ich mich nie getraut hatte zu träumen, später, Ende der 1980er Jahre, Realität wurde: Die Stelle des Chefdirigenten des Chicago Symphony Orchestra wurde mir angeboten. Damit war meine lange und fruchtbare Beziehung zum Orchester als Gastdirigent, die 1970 begonnen hatte, beendet und ließ mich gleichzeitig auf eine noch fruchtbarere Zusammenarbeit für die Zukunft hoffen.

Chicago

Wenn ich heute zurückblicke, stelle ich fest, dass der Beginn meiner Zeit in Chicago mit vielen wichtigen Entscheidungen verknüpft war. 1987, kurz nachdem ich eingewilligt hatte, Chefdirigent des Chicago Symphony Orchestra zu werden, erhielt ich das Angebot, die musikalische Leitung der Bastille-Oper in Paris zu übernehmen. Es stellte sich die Frage, ob es möglich wäre, beide Tätigkeiten gleichzeitig auszuüben. Ich kann mich noch gut an ein Gespräch mit Pierre Boulez in Paris erinnern. Ich fragte ihn, ob er sich vorstellen könne, dass ich beides bewältige. Auf seine übliche pragmatische Art erwiderte er, bewältigen würde ich das sicherlich, allerdings ginge es vermutlich auf Kosten meines Klavierspiels.

Die Frage stellte sich erneut, als mir die Position des Künstlerischen Leiters der Deutschen Staatsoper in Berlin angeboten wurde, nachdem ich 1991 in Chicago Chefdirigent geworden war. Das Angebot aus Berlin anzunehmen, so wurde mir bewusst, würde eine drastische Einschränkung meiner Auftritte als Pianist bedeuten. Ohne Zweifel würden Chicago und Berlin eine Menge Aufmerksamkeit, Zeit und Energie erfordern, denn beides waren bedeutende Aufgaben. Die Situation in Berlin war völlig neu, der Mauerfall lag erst wenige Jahre zurück. Und auch in Chicago stand ein Neubeginn an, nach zweiundzwanzig Jahren einer sehr erfolgreichen und genau definierten Partnerschaft zwischen dem Chicago Symphony Orchestra und Sir Georg Solti. Ich glaube, es wäre einfacher gewesen zu übernehmen, wenn das Orchester auf eine kürzere und weniger intensive Zusammenarbeit mit Solti zurückgeblickt hätte. Aus Respekt für Solti und für das, was er in musikalischer Hinsicht dort erreicht hatte, fühlte ich jedenfalls die Notwendigkeit eines sachten Übergangs. Der Wechsel an der Spitze hätte sich nicht großzügiger und fairer vollziehen können. Es war das zweite Mal, dass ich eine solche Übergabe miterlebte, schließlich war ich 1975 bereits Soltis Nachfolger beim Orchestre de Paris geworden.

Der geplante sachte Einstieg erwies sich dennoch als schwierig, da ich sehr genaue Vorstellungen davon hatte, wie das Orchester klingen sollte. Ich musste also einen Mittelweg finden und leise, aber bestimmt auftreten. Ganz bewusst bemühte ich mich zu unterscheiden zwischen dem, was eine Eigenheit des Chicago Symphony Orchestra war, und dem, was es aus der Zusammenarbeit mit Solti übernommen hatte. Ich kannte das Chicago Symphony Orchestra seit 1970 – damals hatte ich es zum ersten Mal dirigiert – und hörte mir nun alle seine Aufnahmen unter verschiedenen Dirigenten an. Ich versuchte zu bestimmen, was den Charakter des Orchesters im Lauf seiner Geschichte ausmachte. Ich hatte das Gefühl, dass »Etwas« – sofern ich entdeckte, was dieses »Etwas« war – unberührt bleiben und mit dem größten Respekt behandelt werden musste.

Einige Eigenheiten waren das Ergebnis der Zusammenarbeit mit Solti, und das waren dann diejenigen, die ich als weniger unantastbar empfand. Wenn es jedoch etwas gab, das über Generationen hinweg typisch für die Art war, wie dieses Orchester musizierte, so wollte ich es erhalten. Ich bin immer noch der Meinung, dass es eine gewisse Klarheit der Artikulation besitzt, eine rhythmische Transparenz, eine besondere Reinheit der Intonation und eine äußerst saubere, dabei aber durchaus nicht ornamentale Art der Phrasierung – und all das wollte ich auf jeden Fall fortführen. Ich hatte stets den größten Respekt für Solti und seine

Art des Musizierens, doch seine Klangvorstellung war kantiger und eckiger als meine eigene.

Ich empfinde es heute als sonderbar und interessant, dass Solti und ich, als wir zusammen Klavier spielten, uns auf Anhieb ausgezeichnet verstanden und herrliche Musik machten. Doch um dies zu erreichen, schlugen wir zwei völlig unterschiedliche Wege ein. Die Entscheidung, welches Tempo gewählt wird, fällt für mich zuletzt. Solti dagegen bestand stets darauf, zuerst das Tempo anhand des Metronoms festzulegen und diese Vorgabe dann sklavisch zu erfüllen. Zuerst fiel also die Entscheidung über das Tempo, und dann sah er, was er in dieses Tempo hineinlegen konnte. Ich gehe genau umgekehrt vor. Am Anfang steht bei mir nur die Ahnung eines Tempos – nur die Noten und die Musik. Das Tempo ist die Geschwindigkeit, die erforderlich ist, damit sie hörbar werden – die Transparenz, die Klarheit und die Lautstärke, welche die Spannung der Musik erfordert. Es ist eine völlig andere Art zu denken und Musik vorzubereiten.

Sänger, vor allem diejenigen, die noch nicht regelmäßig mit mir zusammengearbeitet haben, kommen oft zu mir und fragen mich, welches Tempo ich wählen werde. Ich antworte dann, dass ich ihnen das erst sagen kann, wenn ich sie singen gehört habe, und oft gebe ich ein törichtes, aber einleuchtendes Beispiel: Wenn man in den Urlaub fährt und keinen Koffer hat, was tut man dann? Kauft man einfach irgendeinen Koffer und entscheidet dann, was man hineinpacken kann? Oder überlegt man erst, was man mitnehmen möchte – Hemden, einen Tennisschläger, Rollerblades, Bücher oder was auch immer – und kauft dann einen Koffer in der entsprechenden Größe? Höchstwahrscheinlich wird man Letzteres tun. Das Tempo ist der »Koffer« und die Musik der »Inhalt«. Wenn der Koffer zu klein ist, kann man nicht seine gesamten Habseligkeiten hineinpacken, und wenn er zu groß ist, rutscht alles darin herum. Am Ziel angekommen, ist es gleich, ob der Koffer breit und braun oder schmal und schwarz ist. Das Einzige, worauf es ankommt, ist, dass man alles dabeihat, was man braucht. Das Tempo ist dazu da, die korrekte Geschwindigkeit für den Inhalt der Musik zu liefern; daher ist die Entscheidung über das Tempo die letzte, die ich treffe. Für viele Musiker des Chicago Symphony Orchestra war dies ein völlig neues Konzept, denn sie hatten sich über die Jahre daran gewöhnt, erst das Tempo festzulegen und es dann in jedem Konzert zu reproduzieren. Das ist mir fremd, und es hat einige Zeit gedauert, das Problem zu lösen.

Solti hatte im Herbst 1969 in Chicago angefangen. Ich dirigierte das Orchester im November 1971 zum ersten Mal, ganz zu Beginn der Solti-Ära also. Zwischen 1970 und 1980 stand ich dort regelmäßig als Gastdirigent am Pult, doch dann legte ich aus persönlichen Gründen eine Pause in Chicago ein und kehrte etliche Jahre nicht dorthin zurück. Als ich dann Chefdirigent des Orchesters wurde, waren einundzwanzig Jahre vergangen, seit ich es zum ersten Mal dirigiert hatte. In der Zwischenzeit hatte sich das Orchester verändert – viele Musiker waren neu –, und man spürte die Auswirkungen der Jahre unter Solti.

Als Chefdirigent arbeitet man ganz anders mit einem Orchester als wenn man dort gastiert. Wenn ich als Gast nach Chicago kam und vier Proben hatte, auf die das Konzert folgte, bemühte ich mich, das Programm so gut wie möglich vorzubereiten, um es auf dem höchstmöglichen Niveau aufzuführen. Als Chefdirigent verwende ich die Probenzeit, um mit dem Orchester eine gemeinsame Vorstellung von Klang, Phrasierung, Artikulation und Intonation zu erarbeiten. Fast nebenbei wird dabei das Programm geprobt. Es ist eine völlig unterschiedliche Herangehensweise, die einem nur als Chefdirigent möglich ist. Es ist das Recht und zugleich die Pflicht eines Chefdirigenten, eine einheitliche Art des Musizierens zu schaffen.

Es gibt eine herrliche Anekdote, die das verdeutlicht. Fritz Busch, ein großer Bewunderer Toscaninis, besuchte eines von dessen Konzerten und war zutiefst beeindruckt. Er ging hinter die Bühne, um Toscanini zu gratulieren, doch dieser schritt wütend auf und ab. Warum er denn so unzufrieden sei, fragte ihn Busch, nach solch einem herrlichen Konzert? Schließlich hatte das Orchester genau so gespielt, wie er es gewollt hatte. Darauf antwortete Toscanini, jedes professionelle Orchester, das unter einem professionellen Dirigenten spiele, könne das – doch das finde er weder interessant, noch habe es für ihn etwas mit Musikmachen zu tun. Er sei erst dann zufrieden, wenn jeder Musiker im Orchester genau dasselbe zur selben Zeit wie er empfände.

Es ist nicht schwierig, ein Orchester einfach drauflosspielen zu lassen. Es ist schön, wenn ein professioneller Dirigent ein Gefühl dafür hat, was er will, und das Orchester ihm dabei folgen kann, doch hat das nicht unbedingt etwas mit Musizieren zu tun. Denn dies geschieht nur dann, wenn sich das Orchester eine kollektive Lunge erarbeitet und die Musik wie ein einziger Organismus atmet. Das kann man als Chefdirigent erreichen, wenn man gewillt ist, die eigenen Gedanken und Sorgen mit dem Orchester zu teilen. Ich finde diese Art, Musik zu machen, befriedigender, aber als Gastdirigent hat man selten die Gelegenheit, dieses Empfinden herbeizuführen. Das ist der Grund, weshalb ich seit so vielen Jahren kaum gastiere, außer bei Orchestern, die ich sehr gut kenne.

Meine gesamte Arbeit in Chicago hat mehr mit einem generellen Konzept des Musizierens als mit dem Proben einzelner Stücke zu tun. Ich halte es für sehr wichtig, sowohl für den Dirigenten als auch für das Orchester, immer im Gedächtnis zu behalten, dass es die Musiker sind, die den

Klang produzieren. Der Dirigent kann sie erziehen und sie dazu bringen, besser zu spielen als zuvor, doch der musikalische Impuls kommt von der Person, die den Klang erzeugt. Der Stab des Dirigenten ist unhörbar. In jedem Orchester gibt es Musiker, die das Gefühl haben, es sei ihre Pflicht, die Musik so vorzubereiten, dass jede Note perfekt umgesetzt werden kann. Sie glauben, dass der Dirigent die Musik erzeugt, was natürlich nicht der Fall ist. Und dies ist keine demagogische oder psychologische Analyse, sondern eine rein musikalische.

Ich habe ausführlich über die Beziehung zwischen Klang und Stille geschrieben und wusste, dass dies den Musikern des Chicago Symphony Orchestra noch nicht zur zweiten Natur geworden war. Sehr oft hatte ich das Gefühl, dass das Nachdenken über die Musik erst einsetzte, nachdem die erste Note gespielt worden war, nicht vorher, was der Grund dafür war, dass der Einsatz oft harscher kam, als es mir vorschwebte. Es gab eine Flexibilität des Klangs, der Phrasierung und des Tempos, die vielen Musikern fremd war, vor allem denjenigen, die dem Orchester seit vielen Jahren angehörten. Daher war es notwendig, wieder bei Null anzufangen, also nicht einfach nur ein Stück zu proben, bis es saß und so oft wie möglich wiederholt werden konnte. Das bewusste Streben nach einer perfekten Wiedergabe jeder Aufführung war zwar für die Musiker eine Erleichterung, aber für mich ist diese Art von Routine der Erzfeind des Musizierens. Ich versuchte, die Musiker dazu zu bringen, jeden Tag wieder ganz von vorn anzufangen und den Klang neu zu erschaffen. Deshalb ist es so wichtig, *in jeder Probe* eindeutig festzulegen, was hervorgehoben werden soll – wo der Höhepunkt, wo der Tiefpunkt ist –, und dies nicht zu zementieren, sondern es in genau dem Moment geschehen zu lassen, in dem der Klang buchstäblich zur Welt gebracht wird. Dies erfordert einen unglaublichen Mut von jedem

Musiker auf dem Podium, denn es ist viel einfacher, sich zurückzulehnen und etwas zu reproduzieren, das in der Vergangenheit funktioniert hat.

Das Konzept des Zuhörens – dass also die Instrumente nicht nur einander folgen, sondern eine stetige Wechselwirkung untereinander erzeugen – ist die wichtigste Eigenschaft, die man benötigt, um in einem Orchester zu spielen. Sie ist mindestens so wichtig wie das individuelle Können, wenn nicht noch wichtiger. Schon sehr früh war mir daran gelegen, dieses Konzept umzusetzen. Indem ich individuelle Flexibilität nicht nur tolerierte, sondern sogar einforderte, nahm ich den Musikern zunächst einen Teil ihrer Sicherheit – zum Beispiel, wenn es erforderlich ist, sehr leise zu spielen, und die Gefahr besteht, dass die Blechbläser kieksen könnten, oder wenn es für die Streicher einfacher wäre, zusammenzuspielen, indem sie auf jeden Schlag des Taktes akzentuieren. Viele Musiker würden lieber so verfahren, um nichts zu riskieren, doch davon halte ich nichts. Bei Musik geht es nicht darum, auf Nummer Sicher zu gehen. Bei Musik geht es um Mut, und Mut bedeutet Risiko.

In einigen Werken ist das Element der Anstrengung sogar Teil der Musik selbst. Wenn man versucht, Beethovens Musik leicht und fließend zu spielen, so geht dies gegen deren Natur. Ein Crescendo vor einem plötzlich einsetzenden Piano bis zur maximalen Lautstärke zu führen, erfordert eine unglaubliche Energie und Anstrengung, die Teil der Musik sind. Virtuoserer Musik dagegen ist Mühelosigkeit werkimmanent. Wenn ein Geiger Paganinis *Capricen* spielt, muss dies mühelos klingen, denn es ist Teil der Natur dieser Musik. Im Unterschied dazu muss man in Beethovens Violinkonzert hören, dass der Geiger mit den aufsteigenden Oktaven kämpft. Dieser Kampf ist hier Teil der Musik.

Es ist sehr schwierig für ein Orchester, das unbegrenzte

technische Fähigkeiten besitzt wie das Chicago Symphony Orchestra, plötzlich mit der Idee konfrontiert zu werden, dass gewisse Dinge anstrengend sein müssen. Von der ersten Unterrichtsstunde an lernen Musiker, dass es ihr Ziel ist, einen Punkt zu erreichen, an dem ihnen alles ganz mühelos von der Hand geht. Doch die große Mehrheit des Orchesters ist mir mit großer Offenheit begegnet. Einige hielten mich zwar für einen komischen Vogel, aber musikalische Arroganz geht dem Orchester in Chicago vollkommen ab. Die zehn Jahre in Chicago haben mir das Gefühl tiefster Befriedigung geschenkt, weil ich ständig spürte, dass ein wirkliches Geben und Nehmen stattfand. Ich konnte dem Orchester etwas von mir geben und von dem, was meiner Meinung nach das Wesen der Musik ausmacht, und die Orchestermitglieder wiederum konnten und wollten mir eine Menge von sich selbst geben, durch ihre Ernsthaftigkeit, die Perfektion ihres Spiels und – mindestens ebenso wichtig – ihre Offenheit und Bereitschaft, alles zu tun, was als erstrebenswert angesehen wurde.

Als ich 1991, kurz vor dem hundertjährigen Bestehen des Orchesters, meine Arbeit in Chicago begann, lud ich zwei ehemalige Chefdirigenten ein, gemeinsam mit mir eine Wiederholung des ersten Konzertprogramms des Orchesters vom 16. Oktober 1891 zu dirigieren. Es waren Georg Solti und Rafael Kubelík, und gespielt wurde Wagners *Faust*-Ouvertüre, die ich dirigierte, Beethovens Fünfte Symphonie, dirigiert von Solti, Tschaikowskys Erstes Klavierkonzert mit Solti als Dirigent und mir als Pianist, schließlich Dvořáks *Husitzká*-Ouvertüre mit Kubelík am Pult – dies war sein einziger Beitrag, da seine Gesundheit zu dem Zeitpunkt bereits angegriffen war.

Ich erinnere mich daran, dass Kubelík mir sagte, ich solle die Sitzordnung des Orchesters verändern. Wenn Kubelík die Leitung inne hatte, saßen die ersten und zweiten Geigen immer getrennt. Unter Solti dagegen wurden sie nebeneinander platziert, links vom Dirigenten, die Celli auf der Rechten, außen. Als ich kam, saßen jedoch die Bratschen außen, worüber viele der Musiker unglücklich waren. Die Cellisten waren besonders enttäuscht, denn sie waren es gewohnt, rechts vom Dirigenten zu sitzen, und sie hatten das Gefühl, dort mehr Raum und Freiheit zu haben. Meinem Eindruck nach waren Klang und Balance der Streicher trotzdem nicht stimmig, und so votierte ich für die traditionellere deutsche Sitzordnung, mit den Bratschen außen und den Celli in der Mitte, nach draußen gewandt, was einen volleren Bassklang ergibt.

Ich hatte immer Zweifel, was die Trennung der ersten und zweiten Violinen anbelangt. Zunächst einmal spielen die zweiten Violinen, wenn sie rechts vom Dirigenten sitzen, eigentlich in die falsche Richtung – das heißt, mit den Instrumenten von den Zuschauern abgewandt. Und zweitens sind die Probleme des Zusammenspiels, vor allem in Unisono- oder Oktavpassagen, größer, weil man schlecht von einer Seite des Podiums auf die andere hinüberhören kann. Später, nach dem Umbau der Orchestra Hall, welcher dieses Problem schließlich behob, kam ich immer mehr zu der Überzeugung, dass die Vorteile der Trennung zwischen ersten und zweiten Violinen die Nachteile überwiegen und dass Kubelík Recht hatte. Heute sitzen die Violinen so, wie er es zuerst angeregt hatte, die Celli und Bratschen dazwischen und die Kontrabässe hinter den ersten Violinen. Die Kommunikation zwischen den Violinen ist sogar besser, wenn sie einander gegenübersitzen, denn in Unisono- oder Oktavpassagen ertönt der Klang über die ganze Breite des Podiums, was jede Richtungslosigkeit aufhebt. Am wichtigsten aber ist, dass die Nähe der Celli und Bässe zu den ersten Violinen der gesamten Streichersektion zu einem volleren, harmonischeren Klang verhilft, und überdies klingen die Violinen im oberen Register runder und schöner, wenn die tiefen Streicher neben ihnen sitzen, fast so als würden sie sie tragen.

Diese Sitzordnung wollte ich jedoch anderen Dirigenten nicht vorschreiben, und so änderte sie sich ab und an, je nach den Wünschen des jeweiligen Gastdirigenten. Als ich die Uraufführung von Pierre Boulez' *Notations* dirigierte, wusste ich, dass bei ihm die Bratschen meistens außen und die beiden Violingruppen zusammensitzen. Ich fragte ihn also, ob ich die Sitzordnung ändern solle. Interessanterweise überließ er mir die Entscheidung. Übrigens gab es ein Zwischenspiel der Violinen, das wir hinbekamen, obwohl wir sie getrennt voneinander platziert hatten, und das uns wahrscheinlich nicht gelungen wäre, wenn wir sie nebeneinander hätten sitzen lassen.

Die andere Veränderung, die ich vornahm, betraf die Hörner, die oft links vom Dirigenten sitzen. Diese Anordnung kommt den meisten Orchestern entgegen, denn wenn die Hörner rechts platziert werden, blasen sie direkt ins Orchester hinein, und das ist für einige Instrumentengruppen unangenehm. Doch das Horn ist meiner Meinung nach kein reines Blechblasinstrument, sondern stellt einen Übergang zwischen Holz- und Blechblasinstrument dar – zwischen Oboe und Fagott auf der einen und Trompete und Posaune auf der anderen Seite. Daher muss ich sie ganz ins Orchestergefüge integrieren, und zwar indem ich sie rechts von mir platziere. Ich finde es unerträglich, wenn sie links sitzen, denn dann stehen ihre Töne außerhalb des Orchesters und man kann ihren Klang nicht integrieren.

Jeder Versuch, Veränderungen in einem Orchester durchzuführen, hängt von der Zeit ab, die man mit den Musikern verbringt, aber auch von der Wahl der Gastdirigenten. Ich bin zwölf Wochen pro Saison in Chicago, zusätzlich zu den Tourneen mit dem Orchester. Die Qualität der Gastdirigenten ist daher von entscheidender Bedeutung für das Orchester, denn sie gewährleistet sowohl die Kontinuität als auch die Qualität der Arbeit. Wir hatten das große Glück, Pierre Boulez als Principal Guest Conductor zu gewinnen. Ich bot ihm diese Position nicht nur wegen des tiefen Respekts an, den ich für ihn empfinde, sondern auch weil ich das Gefühl hatte, dass es ihm besser als irgendjemand sonst gelingen würde, einen starken Akzent auf die Klassiker des 20. Jahrhunderts zu legen und die Neugier auf Neue Musik wach zu halten. Dass er dies mit großer Selbstsicherheit, vollkommener Ehrlichkeit und Hingabe auf höchstem Niveau tun würde, darüber bestand für mich kein Zweifel, denn ich kannte ihn als einen Menschen, für den es keine Lippenbekenntnisse gibt.

Das Orchester hat über die Jahre eine tiefe Beziehung zu Boulez aufgebaut. Er hat es mit neuer Musik bekannt gemacht und fast alle der so genannten Klassiker des 20. Jahrhunderts dirigiert – zusammen haben wir im Grunde einen vollständigen Überblick über die Zweite Wiener Schule gegeben. Neben Strawinsky, Bartók und Ravel beschäftigt er sich immer häufiger mit Stücken, die ihn bislang nie interessierten, etwa den Symphonien von Bruckner. Zu seinem siebzigsten Geburtstag 1995 schenkten wir ihm eine Partitur von Bruckners Achter Symphonie, signiert von jedem Orchestermitglied, denn das war die erste Bruckner-Symphonie, die er dirigieren würde, und zwar mit den Wiener Philharmonikern. Das war umso bemerkenswerter, als Boulez zwanzig Jahre zuvor ein Konzert des Orchestre de Paris besuchte, bei dem ich Bruckners Achte dirigierte, und einige ziemlich kritische Bemerkungen über das Werk gemacht hatte. Als ich ihn damals auf eine sehr schöne Überlappung eines Zweier- und eines Dreierrhythmus zu Beginn des langsamen Satzes hinwies, erwiderte er, im zweiten Akt von *Tristan und Isolde* gäbe es ein viel interessanteres Beispiel dafür. Boulez ist neuen Ideen gegenüber stets aufgeschlossen, und das ist eine große Inspirationsquelle für alle. Dass er im Alter von siebzig Jahren Bruckner zum ersten Mal dirigiert – Bruckners Fünfte und Neunte folgten in Chicago –, ist ein Zeichen seines sich ständig erweiternden Horizonts und seiner Überzeugung, dass Neugier das wichtigste Element des Fortschritts ist.

Ich finde es extrem wichtig für ein Symphonieorchester, vor allem für eines wie das Chicago Symphony Orchestra, auch Opern aufzuführen, und ich habe etliche in Chicago dirigiert, seit ich dort Chefdirigent bin. Es mag wichtiger für ein Opernorchester sein, sich ab und zu auch mit symphonischen Werken auseinanderzusetzen, denn ein Orchester, das normalerweise im Graben spielt, sollte so oft wie möglich Gelegenheit haben, auf der Bühne aufzutreten und in Kontakt mit anderen Arten von Musik zu kommen. Ein Symphonieorchester dagegen profitiert ungemein, wenn es eine Oper spielt. Die Musiker reagieren viel besser und flexibler aufeinander, denn sie müssen sich nicht nur gegenseitig beachten, sondern auch auf die Stimmen auf der Bühne hören. Außerdem machen sich die Musiker so mit den Ausdrucksmöglichkeiten der Stimme und auch des gesungenen Wortes vertraut. Wenn man die Beziehung zwischen musikalischen Ausdrucksmitteln und der Bedeutung der Worte begreift, bekommt man offenkundig ein wesentlich ausgeprägteres Gefühl für Assoziationen. In Chicago dirigierte ich *Elektra, Fidelio, Tristan und Isolde,* den zweiten *Parsifal*-Akt und halbszenische Produktionen der drei Da-Ponte-Opern. Das Orchester blickte auf eine lange Operntradition zurück, bevor ich kam – es hatte zum Beispiel *Das Rheingold* und *Moses und Aron* mit Solti gespielt –, und in meiner Zeit als Chefdirigent haben die Musiker *Otello* und die *Meistersinger* mit Solti aufgeführt, außerdem *Moses und*

Aron mit Boulez, womit wir auch auf Tournee nach Berlin gingen.

Ende der 1990er Jahre wurden umfangreiche und notwendige Umbauten in der Orchestra Hall durchgeführt. Obwohl es noch zahlreiche weitere Gründe für einen Umbau gab, galt es vor allem, die Akustik zu verbessern. Das Podium war zu breit und nicht tief genug. Es ermöglichte einen wunderbar direkten Klang, war aber sehr trocken und gestattete dem Orchester nicht, sich selbst richtig auszubalancieren. Außerdem waren bessere Arbeitsbedingungen hinter der Bühne vonnöten. Es gab keine Übungsräume für die Musiker, und die recht umfangreiche Verwaltung – das Kernstück einer jeden amerikanischen Institution – hatte Platzprobleme. Die Tatsache, dass es in Amerika nur sehr geringe staatliche Subventionen für kulturelle Einrichtungen gibt, bedeutet, dass das Chicago Symphony Orchestra auf private Unterstützung angewiesen ist. Das erfordert eine wahre Sponsoren-Werbemaschinerie, eine Art schwerer Artillerie, die mit Seidenhandschuhen bedient werden muss. Ich weiß nicht, ob die Qualität der Seide wichtiger ist als die Quantität der Artillerie, aber es handelt sich dabei auf jeden Fall um eine größere Operation, die viel Platz braucht.

Der pluralistische Charakter der amerikanischen Gesellschaft spiegelt sich mehr und mehr in diesem Orchester wider, was nicht verwundert, denn ein Orchester ist nichts anderes als eine Miniaturversion der Gesellschaft. Es bereitet mir großes Vergnügen zu sehen, wie viele überaus talentierte junge Musiker zu dem Orchester mit seiner langen Tradition kommen, um das aufzunehmen, was es anzubieten hat – seien es unser chinesischer Konzertmeister, die chinesischen Musiker vom Festland oder diejenigen aus Taiwan. Es ist sehr wichtig, sich nicht gegen andere Identitäten zu wehren, sondern vielmehr ihre Entwicklung zu fördern. Es gibt viele Gründe, pessimistisch zu sein, wenn man die heutige Weltlage betrachtet. Ein eindeutig positiver Schritt der letzten fünfzig Jahre besteht jedoch in der Erkenntnis, dass eine pluralistische Gesellschaft nicht nur notwendig, sondern auch möglich ist.

Berlin

Als ich 1992 meinen Vertrag als Künstlerischer Leiter der Deutschen Staatsoper Berlin aushandelte, hatte ich ähnliche Pläne in Bezug auf meine Arbeit wie an der Bastille-Oper in Paris, denn auch Berlin würde ein vollkommener Neuanfang sein. Ich war der Überzeugung, es handele sich um eine sehr wichtige Aufgabe, auch wenn es einige Schwierigkeiten zu bewältigen gab. Diese Stelle zu übernehmen bedeutete, einen frischen Neustart mit einer ehrwürdigen Tradition zusammenzubringen.

Die Staatskapelle, das Orchester, das ich an der Staatsoper vorfand, ließ sich mit einem herrlichen antiken Möbelstück vergleichen, dessen Schönheit unter einer dicken Staubschicht verborgen liegt. Ich wusste um seine hohe Qualität und fing an abzustauben. Musikalisch gesprochen, begann ich an der Intonation zu feilen, an der Fähigkeit, gemeinsam einzusetzen, und an einem einheitlicheren Zusammenspiel. Allmählich stellte ich fest, dass meine Überzeugung, das Orchester habe ein hohes Niveau, richtig gewesen war, und alle anfänglichen Schwierigkeiten lösten sich rasch von selbst. Die musikalische Substanz des Orchesters war sehr stark – nicht nur in der generellen Einstellung zu Musik, sondern auch in der sorgsamen Beachtung der Teilaspekte: Phrasierung, die Suche nach dem Klang und ein angeborenes Gefühl für das musikalisch Richtige.

Die »tägliche Hygiene« dagegen musste erst eingeführt werden. Es war eine seltsame Atmosphäre. Ich hatte mit Leuten zu tun, die viele Jahre lang in einem totalitären Staat gelebt hatten. Sie hatten so lange keine Freiheit gekannt und keinen Kontakt zur Außenwelt gehabt, dass ihr Verhalten auf vielen Ebenen von Furcht geprägt war. Der schwierigste Aspekt eines totalitären Staates ist nicht notwendigerweise, dass einige Dinge verboten sind, sondern dass Furcht zum alles bestimmenden Gefühl im Alltag wird. Furcht, mit Freunden und Familienangehörigen zu reden, Furcht, entdeckt zu werden – nicht, wie man oft naiverweise glaubt, nach Art Machiavellis, weil man jemanden bei einer höheren Autorität denunziert hat, sondern weil man Informationen ausgetauscht hat, beispielsweise gegen ein Krankenhausbett für die kranke Mutter. Kann man jemandem einen Vorwurf machen, dass er eine solche Entscheidung getroffen hat? Obwohl einige Musiker glaubten, sie könnten alles vergessen, wenn sie ins Opernhaus kämen, waren generell Furcht und Unsicherheit in Bezug auf die Zukunft vorherrschend, und es dauerte geraume Zeit, bis diese Empfindungen verschwanden.

Das Gefühl der Musiker für Tradition hatte überlebt, was nicht überrascht, wenn man die Umstände bedenkt, unter denen sie so viele Jahre lebten. Die Menschen hatten sehr wenig Kontakt mit der Außenwelt – oder vielmehr mit dem, was wir die westliche Welt nennen –, sodass es keine äußeren Einflüsse gab, die diese Tradition hätte zerstören können. Die Einstellung der Musiker zum Musizieren ist bis heute exemplarisch und ohne Parallele in anderen Orchestern, die ich kenne. Einer Beethoven-Symphonie etwa begegnen sie mit einer Art Ehrfurcht, und sie haben tiefen Respekt vor Werken, die einen so großartigen Beitrag zur Entwicklung der Musik und der Kultur geleistet haben.

Ich habe versucht, das zu erhalten, was ich als Essenz der Staatskapelle Berlin ansah, genau wie ich es beim Chicago Symphony Orchestra versucht hatte. Ebenso verfuhr ich mit den Sängern, die bereits Mitglied des Ensembles waren, als ich an das Haus kam, und mit dem Chor. Übrigens kam ich durch den Chor der Staatsoper erstmals in Kontakt mit diesem Theater. 1989 nahm ich *Parsifal* mit den Berliner Philharmonikern auf. Jemand empfahl den Chor der Staatsoper, weil dieser das Stück mit Harry Kupfer aufgeführt hatte und es auswendig kannte. Es war der erste Kontakt zwischen den Berliner Philharmonikern im Westen und der Staatsoper im Osten.

Ein wichtiger erster Schritt meiner Arbeit bestand darin, das Repertoire zu erweitern und auch Neue Musik einzubeziehen. Zusätzlich zu einem kompletten Wagner-Zyklus haben wir Boulez und Carter gespielt. Es ist äußerst wichtig, sich bewusst zu machen, dass die Staatskapelle kein reines Opernorchester ist, sondern auch ein Symphonieorchester mit einer sehr langen Tradition. Es ist nämlich das zweitälteste Orchester der Welt. Die musikalische »Hygiene« des Orchesters begann mit zwei wichtigen parallelen Zyklen: einem Wagner-Zyklus im Opernhaus und einem Zyklus aus Beethoven-Symphonien im Konzerthaus. Diese beiden Projekte erforderten, jedes auf seine Art, ein Maximum an Disziplin und Kunstfertigkeit. Das Orchester wuchs und entwickelte sich beträchtlich, und ich bin überzeugt, dass dies der richtige Weg war. Später fügten wir einen Mozart-Zyklus hinzu, spielten *Fidelio, Wozzeck, Elektra,* Busonis *Brautwahl,* Schönbergs *Von heute auf morgen, Aida* und *Otello,* außerdem Uraufführungen von Carter und Birtwistle. Und wir führten, wie wir es von Anfang an geplant hatten, 2002 die zehn Wagner-Opern auf, als eine Art Resümee der ersten zehn Jahre unserer Arbeit.

Ein Opernhaus, vor allem eines, das so viele Jahre unter einem totalitären Staat zu leiden hatte, ist eine sehr komplexe Institution. Die bürokratischen und administrativen Aufgaben allein waren eine immense Belastung. So musste etwa eine Lösung für das Problem der ehemaligen Informanten der Staatssicherheit aus DDR-Zeiten gefunden werden, obwohl es erstaunlich wenig Fälle gab, wenn man bedenkt, dass das Haus mehr als eintausendeinhundert Mitarbeiter hatte. Dass wir am Anfang immer nur von einem Tag zum anderen denken konnten, war äußerst schwierig, doch die Einstellung der Menschen dazu machte auch diese Zeit zu etwas Besonderem. Vielleicht lag es daran, dass es ein Privileg gewesen war, im Opernhaus zu arbeiten, sei es für die Orchestermusiker, Sänger, Tänzer oder Choristen. Diejenigen, die tief in ihrem Innern gegen das Regime eingestellt waren, verspürten hier ein Gefühl der Freiheit – sie konnten aufatmen und herauslassen, was sie bewegte. Diejenigen, die an das Einparteiensystem glaubten, waren stolz, für solch eine wunderbare Einrichtung arbeiten zu dürfen. Unabhängig davon, woran jeder Einzelne glaubte, war die Motivation in moralischer Hinsicht also sehr stark. Dies ist in freien Gesellschaften viel seltener der Fall.

Verglichen mit vielen anderen Opernhäusern in der ehemaligen DDR gelang es mir an der Staatsoper in relativ kurzer Zeit, die Neuankömmlinge, die ich mitbrachte, in das Gros der altgedienten Mitarbeiter zu integrieren. Man spürt einen Ensemblegeist an der Staatsoper, und um ihn zu erhalten, wollte ich die meisten der Orchestermusiker und Chorsänger weiter beschäftigen. Ich hatte nicht vor, jemanden wegen der politischen Veränderungen zu entlassen, und das machte ich sowohl dem Orchester als auch den Behörden gegenüber sehr deutlich. Ich hatte zu viel Respekt vor all dem, was sie durchgemacht hatten, und ich hatte das Gefühl, dass dies aus moralischer Perspektive die richtige Entscheidung war.

Trotzdem waren Veränderungen notwendig. Einige Stellen im Orchester mussten besser besetzt werden, und ich sprach sehr offen und ehrlich mit den Musikern darüber, sobald wir uns ein wenig besser kennen gelernt hatten. Die Qualität des Spiels der Musiker schwankte, und das Niveau, das mir vorschwebte, wurde nicht von allen erreicht. Ein Faktor wirkte sich jedoch zu meinen Gunsten aus: Die wirtschaftliche Situation war damals besser als heute. Daher konnte ich durchsetzen, dass mir das, was ich als »Joker« bezeichne, gewährt wurde. Einzelne Instrumentengruppen des Orchesters, deren erstes Pult nicht angemessen besetzt war, wurden durch einen weiteren Musiker verstärkt, bis jemand in Rente ging. Auf diese Weise schufen wir ein erstaunliches Gefühl von musikalischer Gerechtigkeit. Überaus offene Gespräche, außerordentliches Verständnis und Ehrlichkeit machten all dies im Orchester möglich; im Chor war es kein so großes Problem, da er von Anfang an homogener war.

Im Unterschied zu internationalen Opernhäusern ist die Deutsche Staatsoper Berlin wie auch andere deutsche Opernhäuser ein Ensembletheater. Sänger sind vertraglich an das Haus gebunden und müssen im Grunde das singen, was man ihnen vorschreibt. Zusätzlich werden Gäste für bestimmte Stücke eingeladen. Ich wusste, dass wir diese beiden Modelle mischen mussten. Die Staatsoper sollte ihr Ensemble behalten, doch das Ensemble selbst musste verjüngt werden. Während der folgenden Jahre gingen aus diesem Ensemble so großartige Sänger wie René Pape und Dorothea Röschmann hervor. Zu bestimmten Gelegenheiten hatten wir auch ganz wundervolle Gäste, wie etwa Plácido Domingo.

Der Schlüssel lag darin, eine gemeinsame Basis zu finden und ein flexibles Ensemble zu schaffen. Dieses »flexible Ensemble« sollte dauerhafte Gäste einschließen, die die Deutsche Staatsoper Berlin als ihre künstlerische Heimat empfanden, wo vieles für sie getan, aber auch von ihnen erwartet wurde. So haben beispielsweise Deborah Polaski, Siegfried Jerusalem, Waltraud Meier, John Tomlinson,

Günter von Kannen, Graham Clark und Falk Struckmann regelmäßig in Berlin gesungen und sind daher in jeder Hinsicht Ensemblemitglieder, nur nicht formell. Ich hatte kein Interesse daran, nur festliche Galaabende im Programm zu haben. Ich wollte eine bestimmte Art des Musizierens, Singens und Schauspielens auf der Basis regelmäßiger Zusammenarbeit erschaffen. Von diesem zyklischen Denken, das ich schon frühzeitig zu schätzen gelernt habe, bin ich fest überzeugt. Dies ist der künstlerische Grund, weshalb ich einen Wagner- oder Mozart-*Zyklus* der Aufführung einzelner Werke vorziehe. Wenn Künstler in einem Zyklus auftreten, fühlen sie sich dem Haus enger verbunden. Sie geben einer Gemeinschaft etwas, und sie bekommen zum Ausgleich viel von ihr zurück.

Ich bin zudem sehr glücklich, eine ganze Reihe hoch talentierter Assistenten gehabt zu haben, zu denen Dirigenten wie John Fiore, Asher Fisch, Philippe Jordan, Antonio Pappano, Christian Thielemann, Sebastian Weigle und Simone Young zählten. Ich suche mir niemals einen Assistenten nur danach aus, ob er mir die Arbeit erleichtern kann. Vielmehr entscheide ich mich für jemanden, der meinem Empfinden nach viel Talent hat, in der Lage ist, etwas zu lernen und dem es gelingen kann, seine eigene Kreativität einzubringen. Viele meiner Assistenten blieben nur kurze Zeit, weil sie so talentiert waren; sie waren reif, ihren eigenen Weg zu machen. Ich betrachte es als meine Pflicht, sie zu ermutigen, und es erfüllt mich mit Freude, wenn ich sehe, was aus ihnen geworden ist. Meine Karriere als Musiker begann sehr früh, und ich habe im Lauf der Jahre eine Menge Erfahrungen gesammelt. Ich möchte nicht nur meine praktischen Kenntnisse weitergeben, sondern auch meine Art zu denken. Ich erteile meinen Assistenten keine Ratschläge, es sei denn sie haben eine ganz spezielle Frage –

soll ich so oder so dirigieren, beispielsweise. Mein höheres Ziel ist es, sie zu eigenständigem musikalischem Denken zu erziehen – dazu, zu lernen, zuzuhören und das Phänomen des Klangs zu beobachten. Dies ist die einzige Möglichkeit, sich zu entwickeln.

Und damit komme ich zu einem wichtigen Thema. Ich unterscheide das »Hören« vom »Zuhören«, weil es zwei verschiedene Dinge sind, die erlernt werden müssen. Ein Orchester bringt eine Vielzahl von Klängen hervor. Das Ohr muss rasch identifizieren, was wichtig ist und was unwichtiger, in Bezug auf Balance und Intonation, auf Dichte, Farbe und vieles andere. Um dies zu erreichen, muss man in der Lage sein, den Klang zu beobachten von dem Moment an, in dem er erzeugt wird. Ich versuche ganz bewusst, dieses Wissen weiterzugeben, und dies ist der Grund, weshalb sich jeder meiner Assistenten auf seine eigene Weise entwickeln konnte und einen individuellen Dirigierstil hat. Keiner ist zur bloßen Kopie von mir oder einem seiner Vorgänger oder Nachfolger geworden.

Es war mir immer wichtig, diesen Musikern frühzeitig Anerkennung zu zollen und sie ausreichend dirigieren zu lassen. Ich ersetzte mittelmäßige ältere Dirigenten durch jüngere, was mir nicht riskant erschien, da ich nicht an Mittelmäßigkeit glaube. Celibidache sagte einmal, dass Mittelmäßigkeit sehr gefährlich ist, weil sie ansteckend sei. Um dies zu vermeiden, habe ich während der letzten zehn Jahre in Berlin einerseits die besten Dirigenten wie Abbado, Boulez, Mehta, Solti und Michael Gielen für Opernaufführungen und Konzerte der Staatskapelle eingeladen, und andererseits junge Dirigenten mit viel versprechendem Potential dirigieren lassen. Es gab in all den Jahren keinen Misserfolg. Leider sind einige meiner Kollegen ziemlich kurzsichtig, wenn sie einen Assistenten suchen, der ihnen bei der Vorbereitung einer Oper oder eines Konzerts helfen soll. Ich würde mich stets für jemanden entscheiden, der mehr Talent und weniger Erfahrung hat als umgekehrt. Das ist manchmal schwieriger und führt mitunter zu kniffligen Situationen, aber auf lange Sicht ist es ganz bestimmt zufriedenstellender. Ein Orchester toleriert Unerfahrenheit, nicht jedoch Mangel an Talent.

Bei Sängern habe ich genau dieselbe Einstellung. Die Sänger, die ich engagiere, sind entweder bereits sehr gut und berühmt, oder sie sind jung und haben das Potential, es bis zur Spitze zu schaffen. Das Mittelfeld kommt nicht in Betracht. Es ist sehr wichtig zu lernen, wie man einen Sänger bei einem Vorsingen beurteilt, genau wie bei Orchestermusikern. Man muss unbedingt herausfinden, wo er sich in seiner Entwicklung gerade befindet – steht er am Anfang, in der Mitte, oder hat er etwa schon ihr Ende erreicht? Mit anderen Worten, wie viel Entwicklungsmöglichkeiten hat er noch? Ein Musiker mit dem richtigen Potential und der Bereitschaft, sich zu entwickeln, wird etwas weitaus Interessanteres zustande bringen als einer, der seine Möglichkeiten bereits voll ausgeschöpft hat. Wenn ich jemanden engagiere, von dem ich weiß, dass er beim Vorsingen sein Bestes gegeben hat, dann muss sein Bestes sehr, sehr gut gewesen sein.

Im Chicago Symphony Orchestra etwa haben wir heute mit Alex Klein einen der besten Oboisten weltweit. Und doch hatte er zuvor nie in einem Orchester gespielt. In mehrfacher Hinsicht wäre es einfacher gewesen, jemanden mit großer Erfahrung aus einem anderen Orchester zu nehmen. Dass Alex Klein während seiner Jahre hier überaus schwierige Stücke zum ersten Mal spielte, hat ihm viel abverlangt und uns auch. Dennoch war sein Potential beim Vorspielen so offensichtlich, dass wir ihn auf der Stelle engagierten. Jetzt ist er einer unserer Besten, und dazu zählen nicht viele.

Das ist der Grund, weshalb es so wichtig ist, die Fähigkeit des Zuhörens zu entwickeln. Ob es sich um ein Buch oder eine Partitur handelt – man muss zwischen den Zeilen lesen, damit sich einem die volle Bedeutung erschließt. Bei einem Vorsingen oder Vorspielen darf man nicht nur darauf hören, welche Note gerade gespielt wird, sondern darauf, wohin das Talent weist. Auch das ist ein Lesen zwischen den Zeilen – es ist zugleich ein Schauen und ein Vorausschauen. Wenn man ein Vorsingen oder Vorspielen als Resultat des Erlernten betrachtet, ist das so, als würde man nur die Zeilen lesen, anstatt das Gedicht als Ganzes.

An der Staatsoper haben wir erfolgreich Barockopern eingeführt und hatten im Lauf der Jahre viele wichtige Gäste. All dies trägt zum Farbreichtum des Hauses bei. Viele Leute glauben, ein Künstler, der ein Theater leitet, laufe – vielleicht unbewusst – Gefahr, andere gute Künstler fernzuhalten. Ich finde, ein Künstlerischer Leiter erweist seinem Haus einen schlechten Dienst, wenn er Musiker, die ihm ebenbürtig oder sogar besser sind als er, nicht engagiert. Wenn man eine verantwortungsvolle Position innehat, ist es unabdingbar, dass man jede Entscheidung im Hinblick darauf fällt, wie sie sich auf lange Sicht auf das Haus auswirkt. Kurzfristige Entscheidungen sind etwas für Politiker, nicht für Künstler. Politiker wollen wieder gewählt werden, und sie müssen vor allem kompromissbereit sein. Ein Künstler, der in künstlerischen Fragen kompromissbereit ist, schränkt damit automatisch seine eigenen Entwicklungsmöglichkeiten ein. Darin liegt nämlich der Hauptunterschied: Je größer die Kompromissbereitschaft des Politikers ist, umso weiter wird er es bringen. Beim Künstler ist es jedoch die Kompromiss*losigkeit*, die ihn weiter voranbringen wird.

Regisseure und Bayreuth

Rafael Kubelík erzählte mir einmal, er plane, alle Beethoven-Symphonien aufzunehmen. Es gab bereits zahlreiche Aufnahmen mit einem Dirigenten und einem Orchester, doch er hatte vor, verschiedene Orchester einzusetzen, weil er für jede einzelne Symphonie den spezifischen Orchesterklang erzielen wollte, der ihm vorschwebte. Es wäre sicher etwas vollkommen anderes – und weitaus Einförmigeres – dabei herausgekommen, hätte er alle Symphonien mit ein und demselben Orchester aufgenommen.

Bei meinem Wagner-Zyklus in Berlin zog ich es vor, mit nur einem Team zu arbeiten, und tat dies sehr gern mit Harry Kupfer. Ich bin ein großer Bewunderer seiner Personenregie und seiner Fähigkeit, Text plastisch zu gestalten und umzusetzen. Ich sehe darin eine große Ähnlichkeit zu meiner Art, mit Musik umzugehen – dass man beispielsweise genau weiß, wann etwas Neues beginnt und welches Wort es ist, das den Richtungswechsel auslöst. Das ist für mich wichtiger als eine vorgefertigte Art zu singen und Regie zu führen, denn ich hasse Verallgemeinerungen.

Regisseure werden oft für die falschen Dinge kritisiert oder gelobt. Auf höchster Ebene ist die Arbeit eines Regisseurs ungeheuer komplex: Er muss den Text kennen und verstehen, muss in der Lage sein, ihm Ausdruck zu verleihen, und Anweisungen geben, wo und wie man sich zu bewegen hat. Letztendlich ist der Regisseur für den visuellen Effekt der Oper verantwortlich, auch wenn jemand anders für Beleuchtung, Bühnenbild und Kostüme zuständig ist. Die Kraft seiner Arbeit bemisst sich an seiner Führung der schauspielernden Sänger – oder singenden Schauspieler, je nach Perspektive –, und meiner Erfahrung nach sind bei nur sehr wenigen Menschen Auge, Ohr und psychologisches Gespür gleichermaßen entwickelt. Lieber habe ich eine faszinierende Darstellung der psychologischen Beziehungen zwischen den Figuren auf Kosten der visuellen Umsetzung als ein wunderschönes Tableau, vor dem sich Leute ziellos hin und her bewegen. Nach meiner Erfahrung mit der Bayreuther Produktion von *Der Ring des Nibelungen* mit Harry Kupfer wusste ich, dass dieser Aspekt, der gleichzusetzen ist mit der Phrasierung und Artikulation in der Musik, für den Wagner-Zyklus in Berlin sehr wichtig sein würde.

Ich habe mit einigen wenigen Regisseuren gearbeitet, die meine Art zu denken teilen: Harry Kupfer, Patrice Chéreau, Jean-Pierre Ponnelle, Götz Friedrich und, auf andere Weise, Heiner Müller. Trotzdem war die Balance zwischen Herz, Hirn, Auge und Ohr selten so befriedigend hergestellt wie in der Zusammenarbeit mit Patrice Chéreau. Während unserer kurzen gemeinsamen Zeit an der Bastille-Oper wurden wir enge Freunde. Nachdem sich die Pläne dort zerschlagen hatten, wussten wir, dass wir auch weiterhin zusammenarbeiten wollten. Wir hatten die Arbeit an unserer *Don Giovanni*-Inszenierung, die als Eröffnungspremiere gedacht war, bereits begonnen und stellten fest, dass wir, was unser Verständnis und unsere Sensibilität für das Musiktheater betraf, Seelenverwandte waren.

Als Nächstes sollten wir 1992 eine Neuproduktion am Théâtre du Châtelet machen. Ich bin nicht sicher, ob es dabei von Anfang an um *Wozzeck* ging oder ob die Idee erst später aufkam, aber *Wozzeck* war ein Werk, das uns beide sehr interessierte. Ich war dabei gewesen, als Mitropoulos das Stück in den 1950er Jahren in Salzburg dirigierte, und erinnerte mich noch gut daran. Mit großem Enthusiasmus machte ich mich an die Vorbereitung dieser Produktion.

Uns standen hervorragende Probeeinrichtungen außerhalb von Paris zur Verfügung, und wir begannen die Proben, wobei wir uns die verschiedenen Bereiche unabhängig voneinander vornahmen. Zuerst probten wir die betreffende Szene musikalisch, nur mit Klavier, in Anwesenheit von Patrice, der Fragen stellte und Kommentare abgab. Nach der musikalischen Vorbereitung der Szene gingen wir auf die andere Seite des Raums hinüber, wo kein Klavier stand, und dort probierte er dann die Szene »trocken«, als handele es sich um ein Schauspiel. Da wir beide stets anwesend waren, konnten wir uns ungewöhnlich intensiv austauschen. Irgendwann hatten wir also zwei Aufführungen auf demselben Niveau – eine rein musikalische und eine rein theatralische –, die wir dann sorgsam zusammenfügten. Diese gesamte Arbeitsperiode wird mir und allen anderen Beteiligten unvergesslich bleiben, denn wir lernten nicht nur Wichtiges in Bezug auf das Stück, auf die musikalische und szenische Umsetzung, sondern auch übereinander.

Die zweite Oper, die ich zusammen mit Chéreau machte, war *Don Giovanni* bei den Salzburger Festspielen 1994 und 1995, meinem einzigen »Seitensprung« während meiner vielen Jahre in Bayreuth. Rückblickend war *Don Giovanni* keine so eindrucksvolle Erfahrung wie *Wozzeck*, aus verschiedenen Gründen, so auch wegen der Größe des Festspielhauses. Es ist eine Schande, dass ein Festival in der »Mozart-Stadt«, in der der Komponist eine solch wichtige und zentrale Rolle spielte, über keinen adäquaten Spielort für Mozart-Opern verfügt. Das Festspielhaus ist so riesig und breit, dass die Art von Aufführung, die Patrice und mir vorschwebte, sehr schwierig umzusetzen war. Intime Details etwa sah man hinter den ersten paar Reihen nicht mehr, und die Koordinationsprobleme zwischen Bühne und Orchestergraben waren enorm. Ich träume immer noch davon, dass Patrice eines Tages einen zweiten Versuch startet, denn er hat ein besonderes, tief gehendes Verständnis für Mozarts und Da Pontes Welt.

Im Unterschied zu den meisten Regisseuren ist Patrice Chéreau ein hervorragender Schauspieler, was ihn in die Lage versetzt, seinen Sängern überaus genaue Anweisungen zu geben. Er zeichnet sich durch eine ungewöhnliche Kombination von Fähigkeiten aus, besitzt er doch einerseits einen ausgeprägten Sinn für Disziplin – die descartessche Seite französischen Denkens – und andererseits großes Einfühlungsvermögen, Fantasie und die Fähigkeit, eine Geschichte lebendig und anschaulich zu erzählen. Ich habe gesehen, wie er außerhalb der Probenzeit ganz einfach Menschen in verschiedenen Situationen beobachtete und diese Beobachtungen dann später in die Proben einbrachte. Obwohl selbst kein Musiker, ist er ungemein musikalisch. Er hat ein sehr feines Gehör und ein bemerkenswertes Gedächtnis, mit dessen Hilfe er sich an viele Details erinnert. So bemerkte er beispielsweise, dass das Intervall, das Marie in *Wozzeck* singt, wenn sie die Soldaten erblickt, genau dasselbe ist wie jenes in der schwierigen Unterredung mit Wozzeck im zweiten Akt. Darüber hinaus hat Patrice ein besonders reiches Vorstellungsvermögen. Seine Gabe, all diese Talente harmonisch zu integrieren und eine Geschichte mit all ihren psychologischen Verästelungen erzählen zu können ist, zusammen mit seinem ausgeprägten Gefühl für Stil und Disziplin, einzigartig. Ich finde es äußerst schade, dass er seit geraumer Zeit kein Interesse mehr an einer neuen Opernproduktion hat, und kann nur hoffen, dass er seine Meinung ändern wird, denn er hat uns in der Vergangenheit Großes geschenkt.

Die Zeit nach 1981, dem Jahr, in dem Bayreuth zum Zentrum meiner Aktivitäten wurde, hat einen sehr positiven

Einfluss auf meine spätere Arbeit in Berlin gehabt. In Bayreuth bekam ich Gelegenheit, etwas über das Verhältnis zwischen Musik, Orchestergraben, Bühne und Organisation ganz allgemein zu lernen. Bayreuths erfahrener Leiter Wolfgang Wagner hatte den absoluten Überblick über alle Bereiche der Festspiele, vom Reinigungspersonal in der Kantine bis hin zu den bedeutendsten Sängern und Bühnenbildnern. Hier lernte ich, wie wichtig es ist, sich mit all den unterschiedlichen Menschen auseinanderzusetzen, die mit einer Opernproduktion zu tun haben.

Als Chéreau die für 1981 geplante Regie der Bayreuther Neuproduktion von *Tristan und Isolde* absagte, war ich sehr froh, dass Jean-Pierre Ponnelle einsprang. Dies war meine zweite *Tristan und Isolde*-Produktion. Die erste war die Inszenierung Götz Friedrichs an der Deutschen Oper Berlin gewesen, Ponnelles Ästhetik und Akzentuierung waren jedoch völlig anders. Die beiden empfanden tiefsten Respekt füreinander, und ich weiß noch, wie Ponnelle einmal zur Generalprobe einer Produktion Friedrichs nach Berlin kam und nach dem ersten Akt wieder ging, weil er nicht beeinflusst werden wollte. Ein größeres Kompliment hätte er Friedrich nicht machen können.

Ich war sehr traurig, als Chéreau erneut *Tristan und Isolde* in Bayreuth absagte, diesmal 1993, und zwar aus Gründen, die ich bis heute nicht recht verstanden habe. Es war sehr schwierig, Ersatz für ihn zu finden, nun schon zum zweiten Mal, wieder für dieselbe Oper, am selben Ort! Und da trat Heiner Müller, mit dem ich bereits seit meinen Bastille-Tagen indirekt Kontakt hatte, auf den Plan. Ich kannte ihn bereits persönlich und war auch mit seinen Werken vertraut. Übrigens sollte er zusammen mit Boulez eine Oper schreiben, und den Gedanken, dass dieser große Dichter nun *Tristan und Isolde* inszenierte, fand ich faszinierend, und ich war überzeugt, dass er einen besonderen Aspekt einbringen würde. Komponisten, die dirigieren – sogar weniger begabte Komponisten –, und Dirigenten, die komponieren, fügen dem Dirigieren ein einzigartiges Element hinzu. Künstler wie Furtwängler und Klemperer, die beide auch komponierten, strahlten eine besondere Kraft beim Dirigieren aus. Ich hatte das Gefühl, Müller, der Verfasser so vieler interessanter Texte, könne etwas Ähnliches zum Text von *Tristan und Isolde* beisteuern.

Ich traf mich mit Heiner Müller im Ostteil Berlins im Frühjahr 1990 und bat ihn, *Tristan und Isolde* in Bayreuth zu übernehmen. Zuerst hielt er mich für verrückt, denn er hatte keinerlei Erfahrung im Inszenieren von Opern, wenig Kenntnisse über Musik im Allgemeinen und Wagner im Besonderen. Dennoch machte ihn der Vorschlag neugierig, und nach einem Gespräch mit Wolfgang Wagner willigte er ein, die Oper in Bayreuth zu inszenieren. Ich war sehr überrascht, als die erste Vorstellung heranrückte, denn Heiner Müller war viel mehr Augenmensch, als ich vermutet hätte, und zusammen mit Erich Wonder, dem Bühnenbildner, hatte er eine Sicht auf das Werk entwickelt, die dessen klaustrophobische Natur auf ein bemerkenswertes Niveau hob. Vor allem der erste Akt war eine unvergessliche Erfahrung, da man die bedrückende Situation beinahe körperlich spüren konnte. Auf eine mir völlig neue Art und Weise machte Müllers Regie die Ausweglosigkeit der Situation deutlich, so wie es auch keinen Ausweg aus der Chromatik der Partitur gab, die selbst ein musikalisches Labyrinth aus unzähligen Vorhalten ist.

Müller hatte bei den Proben einige Schwierigkeiten mit den Sängern gehabt, denn er war nicht fähig oder willens, ihnen das zu geben, was sie von einem Regisseur erwarteten. Waltraud Meier und Siegfried Jerusalem waren seine beiden wunderbaren Protagonisten, die ihre Rollen übrigens zum ersten Mal sangen. Man hatte den Eindruck, das hohe Niveau der Aufführungen sei den Umständen zum Trotz erreicht worden. Am Ende jedoch führte die Kreativität unserer Protagonisten in Verbindung mit Müllers Sicht auf das Werk zu einer mittlerweile legendären Produktion.

Müller hatte ständig das Bedürfnis, sich härter und zynischer zu geben, als er eigentlich war. Er verabscheute es, so etwas wie Wärme oder Gefühl zu zeigen, weshalb, ist mir nie ganz klar geworden. Jede Art von Künstlichkeit ging ihm vollkommen ab, und eine bestimmte Reinheit des Geistes war charakteristisch für ihn. Er machte sich nie Gedanken darüber, wie er aussah, und an schmückendem Beiwerk hatte er kein Interesse. Ihn interessierte nur das Wesentliche der Dinge, sei es in der Oper, im Theater oder in seinem Privatleben. Ich mochte das sehr an ihm, und in manchem erinnerte er mich sehr an Klemperer. Ich bewunderte ihn nicht nur immer mehr, sondern fühlte mich ihm auch sehr nah. Schließlich wurde er sogar zu einem meiner engsten Freunde in Berlin. Unsere Freundschaft wurde erleichtert durch unsere gemeinsame Leidenschaft für kubanische Zigarren und lange Unterredungen bis tief in die Nacht hinein.

Als 1996 zum ersten Mal eine neue *Meistersinger*-Inszenierung für die Bayreuther Festspiele ins Gespräch kam, hatte ich bereits zwei Produktionen von *Tristan und Isolde* sowie eine des *Ring* und *Parsifal* dort dirigiert. Es stand außer Frage, dass ich die *Meistersinger* ebenfalls dirigieren wollte, und ich plante bereits eine Produktion für Berlin zu einem späteren Zeitpunkt. Ich beschloss, die *Meistersinger* in Bayreuth zu dirigieren, da ich hier, genau wie bei *Tristan und Isolde* und beim *Ring* die Möglichkeit vorfand, entweder eine neue Generation von Sängern zu finden oder Sänger, die dieses Repertoire noch nicht gesungen hatten. Wolfgang Wagner wollte die Inszenierung selbst vornehmen, nachdem bereits die beiden vorhergehenden Inszenierungen von ihm stammten. Ich sagte zu ihm, es sei unabdingbar, eine neue Besetzung zu finden, da eine Neuproduktion sonst schwer zu rechtfertigen wäre. Er stimmte zu, und wir stellten eine Besetzung zusammen, die zumeist aus Rollendebütanten bestand, einige von ihnen sangen Wagner sogar zum ersten Mal.

Robert Holl, der bereits einen ausgezeichneten Ruf als Liedsänger besaß, war meine erste Wahl für den Sachs. Ich finde, dass seine Intelligenz, seine Stimme und seine Fähigkeit, mit Worten zu spielen – also alle Farben des Textes zum Ausdruck zu bringen – für diese Rolle von großem Vorteil waren. Mir gefiel auch der Gedanke, einen erfahrenen Liedsänger für diese Figur zu haben, denn Sachs ist ja in der Oper halb Poet, halb Schuster. Andreas Schmidt, ebenfalls ein versierter Liedsänger, wählten wir als Beckmesser, was für ihn ebenfalls eine völlig neue Herausforderung darstellte. Peter Seiffert war unser Stolzing, und Renée Fleming, die zum ersten Mal Wagner sang, war die Eva. Diese Kombination aus frischem Blut und Wagners profunder Kenntnis des Werks brachte einen äußerst positiven Aspekt in die gesamte Produktion ein. Ich bezweifle, ob es noch jemanden auf der Welt gibt, der die *Meistersinger* so gut kennt wie Wolfgang Wagner, denn das Stück ist wie die Geschichte seines eigenen Lebens und seiner Familie.

Im Lauf der Jahre kam ich immer mehr zu der Überzeugung, dass Wagners Kompositionen für jeden Dirigenten von grundlegender Bedeutung sind. Jedes Ausdruckselement wird bei Wagner auf die Spitze getrieben. Ein Dirigent, der sich ernsthaft mit Wagners Musik beschäftigt – der also nicht nur die Partitur studiert, sondern auch wirklich versucht, jedes Ausdruckselement zu berücksichtigen –, lernt Grundlagen, die ihm bei jedem anderen Musikstil zugute kommen. Man kann daraus die für einen anderen Komponisten erforderlichen Elemente ableiten – Stil, Phrasierung, Artikulation, den Aufbau gesamter Akte –, beispielsweise für Mozart. Wagner ist zusammen mit Mozart nach wie vor von entscheidender Bedeutung für die Entwicklung eines jeden Musikers, besonders aber eines Dirigenten.

Der *Ring des Nibelungen* stand im Zentrum meiner Aktivitäten und Gedanken Ende der 1980er Jahre. 1988 verbrachte ich viereinhalb Monate in Bayreuth und probte dort den ersten *Ring*-Zyklus. In den Folgejahren war ich jeweils etwa drei Monate dort, um zu proben und zu dirigieren, bis der *Ring* 1992 zum letzten Mal gezeigt wurde. Es war nicht nur der lange Zeitraum, sondern auch die Intensität der Arbeit, die den Zyklus zum Dreh- und Angelpunkt meines Lebens werden ließ. Viele Kritiker fanden, der *Ring* habe sich in den Jahren nach der Premiere enorm verbessert. Von Seiten der Produktion änderte sich fast nichts, doch was sich änderte, war, dass sich beinahe alle beteiligten Sänger – bis dahin relativ unbekannt beziehungsweise Anfänger in diesem Repertoire – seitdem einen bedeutenden Ruf als Wagner-Sänger verschaffen konnten.

Ich habe niemals bewusst den Entschluss gefasst, Bayreuth den Rücken zu kehren, es war vielmehr die Folge einer allmählichen Entwicklung. 1997 beschloss ich, im Sommer 2000 nach Argentinien zu fliegen, denn ich hatte mein erstes Klavierrecital in Buenos Aires am 19. August 1950 gegeben. Der Wunsch, fünfzig Jahre später am selben Tag wieder in Buenos Aires zu spielen, war ein wenig von Sentimentalität geprägt. Ich wäre am liebsten wieder in dem gleichen, winzigen Konzertsaal aufgetreten, doch den gibt es nicht mehr. Daher sollte das Konzert im Teatro Colón stattfinden. Ich weihte Wolfgang Wagner in meine Überlegungen ein, und er hatte vollstes Verständnis dafür, dass ich, wie ich im Scherz zu ihm sagte, an den Ort meines »Verbrechens« zurückkehren wollte. Er hätte gern während meiner Abwesenheit einen Ersatz für mich gehabt. Als wir hin und her überlegten, kamen wir jedoch rasch zu dem Schluss, dass es unpraktisch wäre, wenn jemand anders dirigierte und ich im Jahr darauf wiederkäme; es ergab mehr Sinn, 2000 und 2001 denselben Dirigenten zu haben. So war mein Entschluss, zu gehen, also schlichtweg eine Frage der Vernunft und des Timings.

Israel heute

Der Fall der Berliner Mauer im November 1989 hatte weitreichende Auswirkungen auf viele Ereignisse in verschiedenen Ländern, so auch in Israel. Für mich war die Mauer nicht nur eine physisch fassbare Grenze. Sie war das Symbol für die Existenz zweier Welten – der guten und der schlechten, der progressiven und der regressiven. Selbstverständlich sah die eine Seite in der anderen ihr genaues Gegenteil: Der Westen sah das böse Reich im sowjetischen Einflussbereich und umgekehrt. Als die Mauer fiel, brach sich großer Zukunftsoptimismus Bahn – keine Grenzen mehr, keine verbotenen Gebiete, keine verbotenen Gedanken.

Und doch glaube ich, dass viele Menschen dadurch in einen Zustand der Unsicherheit versetzt wurden, denn nun gab es keine Ideologie mehr, der man folgen konnte, und auch kein System, das willig oder widerwillig vorgab, Antworten auf der jeweiligen Seite zu liefern. Die Menschen fingen an, sich mit Dingen aus der Vergangenheit zu beschäftigen, ohne ein wirkliches Wissen darum, was davon in die Zukunft übernommen werden konnte und was man besser aufgab. Unter diesem Blickwinkel waren die Reaktionen auf den November 1989 weit weniger positiv, als man hätte erwarten können. Je mehr Freiheit man hat, desto mehr Verantwortung hat man auch. Die Menschen machten nun die Erfahrung einer Freiheit ohne jede Form des Widerstands, eine Situation, die ein viel klareres Denken und Handeln erfordert. Die Zeit und Energie, die auf das Kritisieren und Bekämpfen der anderen Seite verwendet worden war, konnte plötzlich positiv verwertet werden. Doch ich frage mich, ob dies auch tatsächlich geschehen ist.

Das bringt mich auf einen Gedanken, der mich schon seit 1967 beschäftigt, als ich fünfundzwanzig Jahre alt war. Der wichtigste Punkt bei den Verhandlungen zwischen Israel und Palästina bestand darin, eine Lösung für die Palästinenser zu finden. Dennoch zeigen das Trauma von 1967 und seine Nachwirkungen in gewisser Weise Parallelen zum Fall der Berliner Mauer. In beiden Situationen herrschte zunächst große Euphorie. Im Falle Israels war da der Glaube, dass es nach dem militärischen Sieg im Sechstagekrieg irgendeine friedliche Lösung geben würde, und doch wurden die Bedürfnisse der anderen dabei nicht wirklich berücksichtigt. Und im November 1989 wurden die Ostdeutschen mit offenen Armen und hundert Mark Begrüßungsgeld willkommen geheißen, wenn sie in den Westen kamen. Etwa ein Jahr später, als offensichtlich wurde, dass die Situation sich auf keiner Seite der früheren Mauer verbessert hatte, ließen sich die Probleme nicht mehr leugnen. Oft setzt nach einer Welle der Euphorie eine tiefe Depression ein, und genau das geschah in beiden Fällen.

Was nun die Verhandlungen zwischen Israel und Palästina betrifft, so ist es für mich eindeutig, dass die Geschwindigkeit nicht zum Inhalt passte, um einen musikalischen Vergleich zu gebrauchen. Es gibt einen gewissen Spielraum, wie schnell ein schnelles Stück gespielt werden darf und wie langsam ein langsames. Wenn man jedoch ein schnelles Stück wie ein langsames spielt, und zwar mit Unterbrechungen, kann man den Inhalt nicht vermitteln. Das Verhältnis zwischen Inhalt und Geschwindigkeit – eine Variation des Raums und der Zeit, ein sehr altes Konzept, mit dem sich auch Wagner beschäftigte – stimmt dann nicht mehr. Der Friedensprozess als solcher – ohne die Frage zu klären, ob die »Zutaten« stimmen – erforderte ein wesentlich rascheres Tempo. Was tatsächlich geschah war, dass ein Stück in wesentlich langsamerem Tempo als zulässig gespielt wurde. Daher ist es in seine Bestandteile zerfallen.

Der Friedensprozess im Nahen Osten begann 1991. Meiner Meinung nach hatte er zwei deutlich voneinander getrennte Perioden im Staat Israel – eine, die bis 1967 dauerte, und eine zweite, die 1967 anfing. Die Probleme nach 1967 haben sich im Lauf der Zeit verschlimmert und zu noch mehr Hass, Frustration und Aggressionen geführt. Ich glaube, Rabin hat seine ursprüngliche Ansicht geändert und war bereit, über einen fairen Vorschlag zu verhandeln. Ob dies nun ein echter Sinneswandel oder eine Strategie war, spielt dabei keine Rolle, Tatsache ist: Er wollte eine zukunftsweisende Einigung mit den Palästinensern erzielen. Tragischerweise wurde nach Rabins Ermordung deutlich, dass in Israel eine andere Art von Regierung vonnöten war. Dabei darf nicht vergessen werden, dass die Ermordung des israelischen Premierministers durch einen Juden das Gefühl der Einigkeit, das das jüdische Volk bis dahin empfunden hatte, radikal in Frage stellte.

Ich glaube, Israel braucht mehr denn je einen Staatschef mit großen Visionen und enormem Mut – jemanden, der eine Lösung durchsetzt, die für viele Israelis in vielerlei Hinsicht schmerzlich sein wird, die aber unerlässlich ist, wenn Israel weiterhin im Nahen Osten existieren will. Ich bin nicht sicher, welche territorialen Maßnahmen ergriffen werden müssten, damit Israel weiter besteht. Doch es gilt nach wie vor, dass Israel nur dann wirklich auf Dauer sicher ist, wenn seine arabischen Nachbarn es akzeptieren. Keine Militärmacht und kein strategischer Vorteil können dies auf lange Sicht gewährleisten.

Erschwerend kommen zwei tragische Aspekte hinzu: das simultane Streben nach Nationalismus sowohl des jüdischen als auch des arabischen Volkes in den späten 1940er

Jahren, in Verbindung mit mehr als fünfzig Jahre andauernden Fehlern und Kurzsichtigkeit auf beiden Seiten. Die Kombination dieser zwei Dinge führte zur Tragödie. Was nun, nach so langer Zeit, auf beiden Seiten erforderlich ist, ist die Akzeptanz dieser Tatsache. Es muss jeder Seite möglich sein zuzugeben, was sie zu der Situation beigetragen hat, die so vielen Menschen derartiges Leid beschert hat.

Die Schwierigkeit liegt darin, dass es eines vollständigen Wandels in der heutigen Selbstwahrnehmung eines Juden bedarf – die sich völlig von derjenigen von 1942, 1948 oder 1967 unterscheidet. In den 1950er Jahren sah ich die jüdische Gesellschaft mit den Augen eines Kindes oder allenfalls eines Heranwachsenden. Damals betrachtete ich sie als eine Ansammlung von Menschen, die alle möglichen Arten der Verfolgung – vom Holocaust bis zu den russischen Pogromen – überlebt hatten und nun nach Palästina kamen, die schreckliches Leid erfahren hatten und zugleich mit unglaublichem Idealismus in die Zukunft blickten. Nach 1967 immigrierten Menschen, die aus ihren Ländern flohen und deren Idealismus schon um einiges schwächer war. Während der ersten Jahre seit der Staatsgründung kamen viele Leute ins Land, die nicht verfolgt worden waren. Viele kamen aus Lateinamerika – aus Uruguay, Argentinien und Brasilien. Die Immigration nach 1967 betraf vor allem Russen, als die Menschen gegen Ende des Sowjetregimes das Land unbedingt verlassen wollten. Ihre einzige Chance war Israel.

Ich lebe nun schon seit vielen Jahren nicht mehr in Israel. Der Hauptgrund für meine Rückkehr war ein Besuch bei meinem Vater, der an Parkinson erkrankt war, was an sich schon eine schlimme Krankheit ist, in seinem Fall aber noch schlimmer war, denn die Medikamente, die er nehmen musste, wirkten sich stark auf seine Persönlichkeit aus. Er, der immer so neugierig gewesen war, so offen und herzlich, wurde nun immer verdrießlicher und menschenscheuer. Das mitzuerleben war besonders traurig für mich, denn er war ja nicht nur mein Vater, sondern die treibende Kraft gewesen bei allem, was ich in meinem Leben getan habe.

Es fällt mir schwer, mir eine Meinung über die Gesellschaft des heutigen Israel zu bilden oder sie exakt zu beschreiben, denn ich war so lange im Ausland. Als ich dort in den 1960er Jahren lebte, sah ich alles von innen. Jetzt sehe ich es von außen, es ist also kein fairer Vergleich. Allerdings glaube ich nicht, dass die völlige Integration der beiden Gruppen – der Immigranten von 1948 bis 1967 und derjenigen, die nach 1967 kamen – stattgefunden hat. Der Strom der Immigranten aus Russland während der 1970er Jahre traf den Staat sehr hart. Es war beinahe so, als hätte man Israel eine Spritze verpasst, die bestimmte Auswirkungen unter anderem auf dem Gebiet der Technologie und der Medizin hatte, sich auf die Beziehung zu den Palästinensern jedoch eher fragwürdig auswirkte.

Es ist sehr schwierig zu definieren, was ein Jude ist oder sein sollte, und es ist schwierig, dies von den Arabern zu verlangen. Wäre ich 1990 einer der palästinensischen Unterhändler gewesen, hätte ich meine israelischen Kollegen gefragt: Was ist der Unterschied zwischen einem weltlichen Juden und einer nicht-jüdischen weltlichen Person? Bis zur Gründung des Staates Israel war das Jüdischsein entweder von einer philosemitischen Warte aus definiert worden, die jüdische Künstler und Wissenschaftler sehr hoch schätzte – in Verbindung mit der allgemein anerkannten Vorstellung von jüdischer Intelligenz –, oder natürlich von einer antisemitischen Warte aus. Eben deshalb bestand nicht die Notwendigkeit, sich selbst zu definieren. Heute aber liegt der größte Unterschied darin, dass es einen Staat Israel gibt. Ein Jude, der im Jahr 2001 eine Straße in Berlin entlanggeht,

253

unterscheidet sich von einem Juden, der dieselbe Straße 1940 entlangging, als eine antisemitische Bemerkung Anlass zu großer Furcht war. Jetzt habe ich mein eigenes Land. Jetzt gibt es Israel. Jetzt kann ich sagen: Entweder diskutierst du das mit mir, du Antisemit, oder wir haben uns nichts zu sagen. Damit hat es sich, und das macht einen sehr großen Unterschied.

Ich glaube, der natürlichste Ansatz, um einen weltlichen Juden zu definieren, bedient sich der Geschichte und Philosophie. Tatsache ist und bleibt, dass die jüdische Tradition für eine geschlossene Gesellschaft geschaffen wurde, ganz gleich, ob es sich dabei um eine Minderheit handelte oder nicht. Ich glaube, dass diese Tradition sich weiter öffnen muss, um eine Antwort, so es eine gibt, auf die Frage zu finden, wie man nicht nur unter Juden, sondern auch unter Nicht-Juden leben soll. Es ist sehr schwierig, von anderen zu erwarten, uns zu verstehen, wenn wir uns selbst nicht einmal verstehen.

Diese Veränderung bei uns selbst ist unabdingbar. Es gibt einige jüdische Werte, die stets Gültigkeit haben – gewisse Aspekte der jüdischen Geschichte und Tradition, die fortbestehen werden, wo auch immer wir sind und unter welchen Bedingungen wir leben –, aber auch andere, die an eine bestimmte Zeit und einen bestimmten Ort gebunden sind. Außerdem glaube ich, dass wir auf diesen Unterschied nicht genügend geachtet haben. Deshalb gibt es auch eine Verbindung zwischen dem Problem, Wagner in Israel zu spielen, und der Palästinenserfrage. Wir halten an Dingen aus Europa fest, die uns an unser Jüdischsein erinnern, die aber nichts mit unserer derzeitigen Situation zu tun haben. Die Gefahr des Antisemitismus besteht immer, doch es gibt gewisse Assoziationen, von denen wir uns freimachen müssen, ohne dabei die Bedeutung des Holocaust oder das Leid der Überlebenden zu leugnen. Solange wir das nicht tun, werden wir nicht in der Lage sein, realistisch mit den Arabern zu verhandeln, denn sie sehen nur die Gegenwart – sie sehen die Macht der israelischen Luftwaffe und die Macht des Heeres. Sie können einfach nicht glauben, dass die Israelis solch große Angst haben. Daher ist eine symbolische Geste absolut notwendig. Ich halte es für unabdingbar, dass der Premierminister Israels, der ja ein starkes, organisiertes Land repräsentiert, als Geste des Einlenkens zugibt, dass Fehler gemacht wurden. Die Palästinenser wiederum sahen nicht ein, weshalb sie die Juden in der Region als separate Einheit betrachten sollten, und verursachten dadurch großes Leid. Sie brachten sich selbst in eine Position, in der es ihnen unmöglich war, die Teilung Palästinas von 1948 zu akzeptieren, etwas, das sie, mit gewissen Veränderungen jetzt zu akzeptieren bereit scheinen. Daher bin ich mehr denn je davon überzeugt, dass ein ideologischer Friede mit den Palästinensern wohl kaum zu erzielen ist. Sie werden immer das Gefühl haben, ihre nationalen Bestrebungen seien nicht berücksichtigt worden, weil sie im Widerspruch zu unseren nationalen jüdischen Bestrebungen standen. Die einzige Hoffnung ist ein pragmatischer Friede, der sich aus einer Mischung zweier Faktoren entwickelt. Zum einen ist da das moralische Argument: Unsere nationalen Bestrebungen wurden 1948 erfüllt und die ihren nicht. Zum andern das realistische Argument: Wir sind hier, und sie sind hier, daher müssen wir lernen, innerhalb der engen Grenzen miteinander auszukommen. Die jahrhundertealte Tradition jüdischen Geisteslebens muss uns zu einer Lösung inspirieren, die ehrenhaft, würdig und sicher ist – für das jüdische Volk ebenso wie für das palästinensische.

Ich habe bereits die Tatsache angesprochen, dass das Tempo des Friedensprozesses nicht mit seinem Inhalt übereinstimmt. Man könnte eine weitere musikalische Parallele

ziehen: Wenn man einen Höhepunkt in einem Stück erreichen will, stehen einem viele Ausdrucksmittel zur Verfügung. Eines davon ist das Accelerando, ein anderes das
Crescendo. Wenn man die beiden im richtigen Maß miteinander kombiniert, wird man eine explosionsähnliche
Wirkung auf dem Höhepunkt erzielen. Genau das, so glaube
ich, ist für den Friedensprozess vonnöten. Die zu erreichen-
den Ziele sind eindeutig: Hier haben wir ein Accelerando,
dort ein Crescendo – doch stehen sie nicht im richtigen Verhältnis zueinander.

Israel hat eine demokratische Gesellschaft, und daher
gibt es in ihr Menschen mit verschiedenen Ideen. Einige
wollen Frieden um jeden Preis, andere wollen überhaupt
keinen Frieden – zu keinem Preis, sozusagen –, und wieder
andere wollen Frieden unter bestimmten Bedingungen. Ich
habe nicht das Gefühl, dasselbe auch von arabischer Seite
zu hören, was vielleicht darauf zurückzuführen ist, dass die
Gesellschaften in den arabischen Ländern nicht so demokratisch ausgerichtet sind.

Das Problem hat bereits während des Kalten Kriegs angefangen. Damals gab es zwei Systeme: ein demokrati-
sches, in dem man die verschiedenen Argumente der westlichen Welt hören konnte, und ein totalitäres, in dem nur
eine einzige Linie vertreten wurde. Ich weiß, dass es viele
Menschen in Israel gibt, die sich im Grunde ihres Herzens
ein friedliches Zusammenleben wünschen. Ich hoffe, es
gibt, proportional gesehen, ebenso viele Menschen in der
arabischen Welt, die dasselbe wollen – Menschen, die die
Dinge nicht aus einer kurzsichtigen, strategischen Perspektive heraus betrachten, sondern aus einer langfristi-
gen. Ich glaube, dass ein friedlicher Naher Osten, von dem
wir alle träumen, nicht nur der Region, sondern der ganzen Welt ein reiches 21. Jahrhundert schenken könnte, beispielsweise auf den Gebieten der Zusammenarbeit in der

Wissenschaft, der Technologie, den Künsten und der Philosophie. Ich bin davon heute genauso überzeugt wie vor vielen Jahren – vielleicht sogar noch mehr. Dies zu erreichen, erfordert viel Verständnis und Toleranz auf beiden Seiten – nicht nur Verständnis und Toleranz für den anderen, sondern die Bereitschaft, die Gedanken und Gefühle jeder der beiden Seiten zu überdenken. Der ganze Prozess verlangt, nicht nur über den anderen, sondern auch über sich selbst nachzudenken.

Was ist ein weltlicher Jude? Das war schon immer eine wichtige Frage, aber heute ist sie wichtiger denn je, weil wir mit unseren nicht-jüdischen Nachbarn in Frieden leben wollen. Die demografischen Gesetze zeigen, dass der Prozentsatz der Palästinenser im Staat Israel selbst steigen wird. Die Palästinenser werden eine bedeutende Minderheit darstellen, und sie sollten das Recht haben, als Bürger erster Klasse unter genau denselben Bedingungen leben zu können wie die jüdischen Bürger. Daher ist die Definition, was ein Jude »ist«, so entscheidend.

Was die Bestimmung so schwierig macht, ist die Tatsache, dass Jüdischsein eine Kombination aus der Zugehörigkeit zu einem Volk, einer Nation und einer Religion bedeutet, alles gleichzeitig. Wenn nur eines dieser Elemente fehlt, ist die Definition unvollständig. Man macht es sich zu einfach, wenn man einen Juden nur aufgrund der Einhaltung bestimmter religiöser Vorschriften definiert. Wenn das Jüdischsein auf ein religiöses Leben beschränkt ist, was meiner Meinung nach nicht zutrifft, dann ist der Staat Israel überflüssig.

Weimar

1998, nachdem Weimar zur europäischen Kulturhauptstadt für 1999 gewählt worden war, entwickelten Bernd Kauffmann, der Generalbeauftragte von »Weimar 1999«, und ich die Idee eines Sommer-Workshops für junge Musiker aus dem Nahen Osten und aus Deutschland. Kauffmann, ein äußerst charmanter Mensch, hatte sich ursprünglich mit der Bitte an mich gewandt, ihm das musikalische Programm für die Festkonzerte zusammenzustellen, und als ich zögerte, weil ich den Sommer ja nach wie vor in Bayreuth verbrachte, vorgeschlagen, ich könnte ja lediglich an zwei Konzerten teilnehmen. Mich interessierte das Angebot nicht besonders, doch Kauffmann gab nicht auf und erklärte mir dann, wie er auf die Idee gekommen war.

Er stellte sich vor, dass das musikalische Rahmenprogramm mit Brahms' *Das deutsche Requiem* begann, also mit Texten aus dem Alten und dem Neuen Testament. Abschließen wollte er mit etwas Triumphalem, etwa Beethovens Neunter Symphonie. Für ihn repräsentierte Weimar das Beste und das Schlimmste der deutschen Geschichte zugleich – das Beste zweifelsohne der unermessliche Reichtum an Geschichte und Musik, schließlich hatten Goethe und Schiller in Weimar gewirkt, außerdem Bach und Liszt. Die Nähe zum Konzentrationslager Buchenwald – nur ein paar Kilometer entfernt – birgt dagegen das Schrecklichste an deutscher Geschichte, sodass diese beiden Extreme an einem Ort vereint sind. Je länger Kauffmann darüber sprach, desto mehr überzeugte er mich von seiner Aufrichtigkeit und seiner Hingabe an diese Idee und umso größer wurde mein Interesse für das Projekt.

Die Gespräche mit Kauffmann riefen mir meine Kindheit in Israel in den 1950er Jahren wieder vor Augen, als Ben Gurion und Konrad Adenauer die Reparationszahlungen der Deutschen zur Wiedergutmachung besprachen. Es liegt mir fern, von kollektiver Schuld reden zu wollen, aber eine Rückzahlung oder Reparationsleistung kann Geschehenes nicht ungeschehen machen. Am nächsten kommen die Deutschen einer Wiedergutmachung, wenn sie dem jüdischen Volk von heute helfen. Und dies können sie am besten tun, indem sie die Juden bei der Bewältigung ihres Hauptproblems unterstützen: der Koexistenz mit den Palästinensern im Besonderen und den Arabern im Allgemeinen.

Sowohl den Israelis als auch den Arabern gegenüber erwies sich Deutschland als überaus großzügig und hilfreich, als es den Workshop für junge Musiker aus dem Nahen Osten beherbergte und die beiden Gruppen auf diese Weise einander näher brachte. Die Wahl Weimars mit seiner symbolischen Bedeutung im kulturellen Bereich und der Nähe zu Buchenwald machte die Durchführung des Workshops möglich, ja wünschenswert. Dieser »West-Östliche Diwan« hätte in keiner Region Israels oder irgendeinem arabischen Land stattfinden können. Wir brauchten ein neutrales Territorium, und dafür gab es keinen geeigneteren Ort als Deutschland, wo während der letzten dreihundert Jahre so viel großartige Musik geschrieben worden war. Die musikgeschichtliche Bedeutung dieses Landes, die es in dieser Form so gut wie nirgendwo anders gibt, war sowohl für Israelis als auch für Araber von großer Anziehungskraft.

In Weimar verfolgte ich insofern ein ganz und gar unpolitisches Ziel, als ich niemanden wegen seiner oder ihrer politischen Einstellung ausschließen wollte. Ich habe mit den Teilnehmern niemals über Nahostpolitik diskutiert. Mein Ausgangspunkt war eindeutig: Die Situation im Nahen Osten kann nicht ewig so weitergehen wie bisher – sie muss sich verbessern oder verschlimmern. Verbessert sie sich, so bedeutet das eine Art von Koexistenz auf einer mehr oder weniger freundlichen Basis. Verschlechtert sie sich, bedeutet das einen schrecklichen Krieg.

Musik, so dachte ich, würde ein wunderbares Mittel sein, um Menschen einander näher zu bringen, denn man kann kein gleichgültiger Musiker sein – Musik erfordert leidenschaftliches Engagement und Bemühen. Ich ging davon aus, dass jedem, der nach Weimar kam, sehr viel an Musik gelegen war. Es spielt keine Rolle, ob man aus Israel oder Palästina kommt oder ob man Araber oder Jude ist. In Weimar sollten ein Israeli und ein Araber, die nichts voneinander wussten oder sich sogar hassten, ein Pult teilen und dieselben Noten gemeinsam spielen – mit derselben Dynamik, derselben Bogenführung, demselben Vibrato. Dies gelingt nur, wenn jeder sich mit seinem Nachbarn im Orchester abstimmt.

Für viele Teilnehmer des Workshops war es die erste Gelegenheit, etwas Positives mit jemandem von der »anderen Seite« zu unternehmen. Mich trieb der Gedanke an, dass es ein hoffnungsvolles Zeichen für die Zukunft wäre, wenn diese jungen Musiker hier in Kontakt zueinander träten. Wenn sich die Situation verbessert, was wir alle hoffen, und es Frieden in der Region gibt, wird es ihnen hilfreich sein, dass sie die Möglichkeit zum Kontakt bereits hatten. Und sollte es – was der Himmel verhüten möge – einen schrecklichen Krieg geben, haben sie zumindest eine Erfahrung gemacht, die eine enorme Bereicherung ihres Lebens darstellt. Und sie haben gesehen, dass in bestimmten Bereichen eine Kooperation mit offenen Herzen gelingen kann.

Der komplizierte Prozess, Musiker für den Workshop aus-
zuwählen, war eine große Herausforderung. Normalerweise würde man den offiziellen Weg, etwa über die Bot-
schaften der einzelnen Länder, gehen, doch ich zog es vor,
dass sich die Verantwortlichen in Weimar direkt an verschiedene Musikschulen wandten. Ich wusste, dass es ein
Konservatorium in Damaskus gibt, da ich 1966 dessen Direktor eher zufällig kennen gelernt hatte. Zu meiner großen
Überraschung und Freude stellte ich fest, dass er – dreiund-
dreißig Jahre später – noch immer dort arbeitete. Ich wusste
auch von zwei Orchestern in Kairo und nahm an, dass es
auch dort Schulen geben müsste. Wir baten die Goethe-
Institute, andere Schulen ausfindig zu machen – in Amman
und Beirut beispielsweise – und junge Musiker aufzufor-
dern, uns Videos und Kassetten zu schicken. Außerdem
nahm ich Kontakt zu Konservatorien in London, New
York und anderen Städten auf, um herauszufinden, ob es
dort Studenten aus Israel und den arabischen Ländern gab,
die an einer Teilnahme interessiert waren.

Als ich die Demotapes bekam, war ich sehr überrascht
von dem musikalischen Niveau der Bewerber. Wir hatten
erwartet, dass es eine Menge guter junger Musiker in Israel
geben würde. Doch über das Musikleben in den arabischen
Ländern wussten wir wenig bis überhaupt nichts, und ich
war äußerst überrascht zu sehen, wie viele talentierte Musiker aus Ägypten, dem Libanon, Syrien und Palästina, sowohl aus den israelisch kontrollierten Gebieten als auch
den Autonomieregionen, kamen.

Die Organisation erforderte einen ungeheuren Aufwand.
Mein ehemaliger Assistent Sebastian Weigle, mittlerweile
Erster Staatskapellmeister an der Deutschen Staatsoper,
prüfte die Bänder und traf eine Vorauswahl. Gemeinsam
stellten wir dann eine Endauswahl zusammen und organi-
sierten die Vorspieltermine. Da ich die Araber nicht be-

nachteiligen wollte, ließ ich sie zuerst vorspielen, damit wir wussten, wie hoch ihr musikalisches Niveau war. Wie sich herausstellte, lagen die besten Araber mit den besten Israelis gleichauf. Der schlechteste Israeli hingegen war besser als der schlechteste Araber, die Basis war also in Israel insgesamt besser, die Spitze jedoch bei beiden Gruppen gleich gut. Schließlich wählten wir einen Israeli und einen Libanesen für das erste Pult der ersten Geigen, und am ersten Cellopult saßen ein Ägypter und ein Israeli. Wir hatten eine Menge junger Leute, die ihren Mangel an Erfahrung durch Enthusiasmus wettmachten, doch das störte mich nicht.

Es war für mich sehr wichtig, Lehrer und Tutoren mit dem höchstmöglichen Niveau für Weimar zu gewinnen, und so lud ich Mitglieder des Chicago Symphony Orchestra, der Staatskapelle Berlin und der Berliner Philharmoniker ein. Ich sprach ganz zu Beginn auch mit Yo-Yo Ma über das Projekt, und er sagte sofort seine Mitwirkung zu. Nachdem wir uns im Juli 1999 alle in Weimar eingefunden hatten, fingen wir mit Gruppenproben an, und nach etwa einer Woche fügten wir die einzelnen Gruppen zum Orchester zusammen. Außerdem bildeten wir Kammermusikensembles mit Musikern verschiedener Nationalitäten. Ich hatte es auch jungen Dirigenten und Pianisten ermöglicht, nach Weimar zu kommen. Wir hatten ein oder zwei Orchesterproben pro Tag, und dazwischen gab es Kammermusikunterricht und Zeit für individuelles Üben. Wir gaben nicht vor, wie lange die Musiker üben konnten, und manchmal probten sie bis in die Nacht hinein – was uns mit Freude erfüllte.

Die Lehrer, Yo-Yo Ma und ich unterwiesen die Musiker separat. Yo-Yo gab Cello-Unterricht und Kammermusik-Lektionen. Unser Ziel war es nicht, das beste Jugendorchester der Welt zu gründen, denn da gibt es ja bereits ein paar wundervolle, sondern zusammen Musik zu machen. Es war einfach wichtig für mich, dass diese Musiker aus dem Nahen Osten hier beieinander saßen, und in vielerlei Hinsicht war es überraschend, dass so viele kamen. Die Altersgrenze lag bei fünfundzwanzig Jahren. Das Orchester bestand aus achtundsiebzig Musikern – einunddreißig Arabern und zweiunddreißig Israelis, die Übrigen waren Deutsche, von denen sich die meisten über ein Stipendium finanzierten. Die Organisatoren in Weimar hatten ein Internat vor den Toren der Stadt ausfindig gemacht, das den Musikern als Unterkunft diente – ein herrlicher Ort mit Schlafsälen, Speisesaal, Innenhof, Tischtennisplatte, vielen Übungsräumen und einer Aula zum Musizieren. Natürlich waren die Teilnehmer am Anfang noch zurückhaltend, aber bald war die Atmosphäre offenherzig, freundlich und von Neugier erfüllt.

Bestimmt hatten einige Leute Zweifel daran, dass es den Workshop auch in Zukunft geben würde. Sie hatten vermutlich Zweifel, weil sie dachten, dass sie nach dieser wunderbaren Erfahrung und diesem isolierten Leben wieder in die Realität zurückkehren mussten. Andere stellten sich vor, dass dies der Beginn einer neuen Realität sein könnte. Ich sah eine Kombination aus verschiedensten Gefühlen. Wie sich herausstellte, wurde der Workshop auch in den darauf folgenden Sommern abgehalten – im Jahr 2000 erneut in Weimar, 2001 dann in Chicago –, und ich freue mich zu sehen, dass einige der Musiker jedes Jahr wiederkommen.

Es war für mich immer sehr wichtig, dass die Medien nichts mit unserer Initiative zu tun hatten. Ich wollte so verantwortungsvoll wie möglich mit den persönlichen und kollektiven Bedürfnissen der Musiker umgehen und sie nie zu Medienzwecken missbrauchen. Von dem Moment an, in dem wir das Projekt publik gemacht hatten, zeigte sich die Presse überaus interessiert, aber ich hielt mich an mein Prinzip. Da ich nicht wusste, wie die jungen Menschen reagieren würden, erwies sich die Entscheidung als richtig und gestattete uns in den Folgejahren größere Offenheit.

Yo-Yo Ma war ein sehr bedeutender und besonderer Mitarbeiter. Ich lud ihn aus dem Grund ein, weil ich die Qualität der Streichersektion im Orchester durch einen großen Instrumentalisten gewährleistet sehen wollte. Yo-Yo ist nicht nur ein wunderbarer Cellist und Musiker, sondern er besitzt auch einen reichen Geist und den Drang, mit anderen Musikern und dem Publikum zu kommunizieren. Auf eine gewisse Weise hatte er einiges mit den Israelis und Arabern gemeinsam, denn durch seine chinesische Herkunft ist er ebenfalls ein nicht-europäischer Musiker. Zu Beginn seiner Karriere musste er den entscheidenden Wechsel von einem völlig anderen kulturellen Hintergrund zur europäischen Musik vollziehen – ein Prozess, den auch viele Teilnehmer des Workshops durchmachten. Seine Anwesenheit unterstrich auch die Tatsache, dass es zwar so etwas wie einen typisch deutschen Klang gibt – ebenso wie einen französischen Klang, oder ebenso wie Wagner deutsche Musik und Debussy französische Musik repräsentiert –, dass dies aber nicht bedeutet, dass ein Nicht-Deutscher oder ein Nicht-Franzose diese Musik nicht auf dieselbe Weise empfinden können. Man bedenke, dass unsere Gruppe ein Konglomerat aus zumeist nicht-deutschen Musikern war, die zusammengekommen waren, um hauptsächlich deutsche Musik zu spielen.

Wirft man einen Blick auf Deutschland in den 1930er Jahren, so sieht man, dass die Kultur und die Schrecknisse der Zeit keine Suche nach dem, was typisch »deutsch« an deutscher Musik ist, einschlossen. Das faschistische Element kam ins Spiel, als jemand sagte, dass nur ein Deutscher diese Qualität einbringen könne. Dies ist ungeheuer wichtig, denn es wirft die Frage auf, ob es notwendig ist, bei Orchestern einen typischen Nationalklang zu bewahren.

Doch das ist eine sehr beschränkte Ansicht, denn die Frage sollte nicht lauten: »Darf nur ein französisches Orchester französisch klingen, und darf kein anderes Orchester versuchen, so zu klingen?« Die Alternative ist, dass jedes Orchester die Möglichkeit hat, völlig französisch, deutsch oder russisch zu klingen, und nicht, dass alle Orchester entweder einen spezifischen Nationalklang haben oder sich alle gleich anhören. Mir ist bewusst, dass Orchester heutzutage oft gleich klingen. Das liegt jedoch nicht an ihrer Nationalität, sondern an der mangelnden Neugier der Musiker und Dirigenten. Hier hatten Yo-Yo Ma und die jungen Musiker eine große Gemeinsamkeit – sie waren Nicht-Europäer, die europäische Musik spielten –, und er leistete einen außerordentlichen Beitrag zu unserem Workshop.

Edward Said spielte 1999 eine bedeutende Rolle in Weimar. Wir lernten uns per Zufall in einem Londoner Hotel kennen, und er gratulierte mir zu meinem Buch, das er bei sich hatte und das ihm sehr gefiel. Wir fingen an, uns zu unterhalten, und merkten gleich, wie gut wir uns verstanden. Während dieser Tage in London waren wir unzertrennlich, und er ist seitdem einer meiner engsten Freunde. Edward ist ein bemerkenswert intelligenter Mann. Ich sehe einen echten Renaissance-Menschen in ihm, dessen Kenntnisse in der Literatur, der Musik und der Philosophie heutzutage ihresgleichen suchen. Sein Intellekt und sein Verständnis interdisziplinärer Zusammenhänge nahmen mich für ihn ein, er ist nämlich in der Lage Parallelen zwischen Musik, Literatur und Naturwissenschaften zu ziehen und lässt sich nicht auf eine Disziplin festlegen. Ich wünschte, ich könnte mehr Zeit mit ihm verbringen und ihm bei seinen Vorträgen und seinem Unterricht in Israel zuhören. Er ist ein Palästinenser, wie ihn alle Menschen, vor allem intelligente, kennen lernen sollten.

Totale Ignoranz einem anderen Menschen gegenüber

führt immer zu Schwierigkeiten. Viele Israelis glauben immer noch, dass alle Palästinenser niederträchtig, dumm und unkultiviert sind. Wenn sie einem Palästinenser begegneten, der ihnen etwas über Descartes, Wagner, Boulez oder über die Situation im Nahen Osten, über Transsylvanien, die Seidenstraße und chinesische Geschichte erzählen könnte, wären sie sehr überrascht. In gewisser Hinsicht wird den Juden weltweit ein, wie ich es bezeichnen möchte, überproportionales Maß an Intelligenz und Cleverness zugeschrieben. Lernt man jedoch jemanden wie Edward Said kennen, erkennt man, dass Palästinenser und Juden einander viel näher stehen, als beide Seiten wahrhaben wollen.

In Weimar gelang es Edward, den jungen arabischen Musikern zu vermitteln, dass er einer von ihnen ist, und sie zugleich auf vielen Gebieten anzuleiten. Er hielt meisterhafte Vorträge über Goethe und den Ost-West-Konflikt und schaffte es innerhalb einer Stunde, ohne es eigentlich zu versuchen, achtundsiebzig jungen Menschen aus Israel, der arabischen Welt und Deutschland klar zu machen, weshalb es wichtig für sie ist, das Konzentrationslager in Buchenwald zu besichtigen. Dies gelang ihm, ohne dass die Deutschen sich schuldig, die Israelis sich unbehaglich und die Araber sich unbeteiligt fühlten. Mittels eines Referats über Goethes *Faust* machte er uns klar, wie sich der Teufel in jedem von uns in eine kollektive Bewegung auswachsen kann. Er zeigte uns, dass Antisemitismus, Verfolgung und der Wunsch, das jüdische Volk auszulöschen, ebenjener Teufel war, und dass dieser Teufel derselben Nation innewohnte, die uns Beethoven und Goethe geschenkt hat. Das bleibt unvergessen. Am Tag nach seinem Vortrag wurde der Ausflug nach Buchenwald organisiert, und alle bis auf zwei Musiker nahmen daran teil.

Vor allem aber übten die jungen Musiker unablässig. Von Anfang an hatten wir ein Abschlusskonzert geplant, das Schumanns Cellokonzert mit Yo-Yo Ma und Beethovens Siebte Symphonie beinhalten sollte. Als ich in Weimar zu unterrichten begann, fand ich zwei unwahrscheinlich talentierte Pianisten vor – der eine Palästinenser, der andere Israeli. Sie hießen Shai Wosner und Saleem Abboud-Ashkar und wurden bald enge Freunde. Sie wollten lieber zusammen spielen, als einzeln von mir unterrichtet zu werden, und bereiteten Mozarts Konzert für zwei Klaviere vor. Ihr Zusammenspiel war unglaublich differenziert. Sie musizierten mit einem derart großen Einfühlungsvermögen und Verständnis für die Spielweise und den Stil des anderen, und Klang und Phrasierung passten so hervorragend zusammen, dass ich beschloss, sie öffentlich auftreten zu lassen. Daher nahmen wir den ersten Satz des Klavierkonzerts ins Programm auf. Das war auch eine symbolische Geste, und es war ein wunderbares Erlebnis für uns alle. Die beiden kamen später nach Chicago, um das ganze Mozart-Konzert mit dem Chicago Symphony Orchestra am »Day of Music« zu spielen. Außerdem nahmen sie am Weimarer Workshop im Folgejahr und an dem Chicagoer Workshop 2001 teil.

Abends fanden freie Gesprächsrunden statt, die Edward und ich moderierten. Da nicht alle Musiker fließend Englisch sprachen, halfen wir als Dolmetscher aus. Und obwohl etliche sich nur in ihrer Muttersprache verständigen konnten, gelang es uns dennoch, über ganz verschiedene Themen zu diskutieren. Manche Themen waren rein musikalischer Natur, andere ergaben sich aus Edwards Vorträgen, wieder andere aus dem Interesse an unseren Lebensläufen, und schließlich ging es auch um die Frage, wie viel die Musiker auf Grund ihrer Herkunft gemeinsam haben.

Es gab drei unterschiedliche Identitäten in Weimar, Yo-Yo Mas chinesische Herkunft eingeschlossen; daneben hatte jeder aber auch eine weitere Identität, nämlich die eines europäischen Musikers. Am Schluss war allen klar, dass Identität in der heutigen Welt nicht im Singular zu stehen braucht und dass dies ungemein wichtig ist. Mehrere Identitäten zu haben führt nur dazu, einen Menschen interessanter und interessierter zu machen.

Leben in Musik

Was ist Musik? Und wie stellt sie sich dar? Sie tut es sehr einfach, durch Klang. Musik ist – wie Busoni sagte – eigentlich »nur Luft«. Doch Musik drückt nicht nur zwischenmenschliche Gefühle aus, sondern sie ist selbst eine menschliche Schöpfung, die darauf ausgerichtet ist, die Natur in ihrem profundesten Sinn nachzuahmen. Viele glauben, dass Musik sich nur mit den zwischenmenschlichen Emotionen beschäftigt – wie Liebe oder Hass –, insbesondere im Musiktheater. Aber bei absoluter Musik, genauer: Musik ohne Text oder Programm, muss man sich klar machen, dass sie auch ein Ausdruck des Individuums und seines Inneren, ein Ausdruck seiner Beziehung zur Welt, zum Universum ist. Also besitzt Musik auch die Fähigkeit, emotionale Beziehungen zu überschreiten oder sogar gar nichts mit ihnen zu tun zu haben. Sie schafft oft eine Art Parallele zu menschlichen Beziehungen und bekommt als solche eine transzendentale Qualität, die über die beschreibende Form eines Liebesduetts hinausgeht, sei es bei Verdi, Mozart oder Wagner.

Musik entsteht aus dem Nichts und endet im Nichts, in dieser Hinsicht ähnelt sie dem Leben eines Menschen, eines Tieres oder einer Pflanze. Leben entsteht auch aus dem Nichts und endet im Nichts, und dieses Nichts ist – Stille. Ich glaube, dass alle Künste eine Art organische Beschaffenheit haben, aber was mich bei der Musik anspricht – und das ist einer der Gründe, warum ich mein Leben damit verbringe, Musik zu machen –, ist ein Element der Zeit, das in den anderen Künsten nicht in derselben Form existiert. Es ist eine gewisse Unvermeidlichkeit in der Musik. Sobald sie in Bewegung gesetzt wird, geht sie ihren eigenen selbstverständlichen Weg: der dauert so lange wie die Zeit, die erforderlich ist, um die Noten zu spielen. Wenn bei einem Konzert ein bestimmtes Stück fünfunddreißig Minuten dauert, so ist das dessen Lebenszeit. Eine musikalische Darbietung ist etwas, das nur existiert, während es gespielt wird. Man kann an ein Musikstück denken und es sich vorstellen, aber seine tatsächliche Lebenszeit ist die Dauer des Stückes. Das macht jede Darbietung einzigartig. Klang kann nicht unendlich lang erhalten bleiben. Irgendwann wird er zur Stille.

Musik ist für mich ein wesentlicher Teil des Lebens. In gewisser Weise gibt sie mir ständigen Trost, sie ermöglicht mir insbesondere einen Bezug zum Tod zu empfinden, eine Fähigkeit, die wir Menschen nicht automatisch besitzen. Es ist nahe liegend, dass jeder ab und zu oder sogar öfters über den Tod nachdenkt. Die Beziehung zwischen Leben und Tod ist die gleiche wie die Beziehung zwischen Klang und Stille – die Stille, bevor die Musik beginnt und nachdem sie endet, und das stärkste Element des Klangs ist meiner Meinung nach jene Stille davor und danach.

Wenn man ein Musikstück ausschließlich als eine Kombination von Tönen betrachten würde, bekäme man eine Ahnung von der kosmischen Beschaffenheit des Klangs. Es gibt Momente – nach einem Tag oder auch nur ein paar Stunden, die nicht besonders kreativ oder angenehm waren –, in denen man das Gefühl hat, Zeit vergeudet zu haben, die man nie wieder einholen kann. Ich kann die Gegenwart spüren und über die Gegenwart nachdenken. Ich kann über die Vergangenheit nachdenken und sie spüren und kann eine Vorahnung der Zukunft haben, aber ich kann nicht Erinnerungen aus der Zeit vor der Geburt hervorholen oder meine Gefühle nach dem Tod im Voraus empfinden. Doch in der Musik kann ich das und tue es. Musik besitzt eine Dimension, ohne die ich mich sehr viel ärmer fühlen würde. So sehe ich auf der einen Seite in der Musik eine Parallele zur Natur, und auf der anderen Seite spüre ich in ihr jedoch eine gewisse Eigenständigkeit. Ich nehme an, dass die Wahl, in einer Situation zu leben, die fast autonom ist, als Indiz einer Flucht vor dem Leben gedeutet werden könnte, aber diese Dimension der Musik ist nicht nur die anziehendste für mich, sondern sie verschafft mir die besten Mittel, um mich selbst auszudrücken. Ich kann mich nicht erinnern, wer es gesagt hat, aber es gibt keine bessere Flucht vor dem Leben als durch die Musik, und doch gibt es keinen besseren Weg, das Leben zu verstehen, als durch die Musik.

Ich denke ständig darüber nach, wie Klang beginnt und wie man ihn hält, weil der Fortbestand des Klanges wohl die Hauptschwierigkeit in einer musikalischen Darbietung ist. Es erfordert eine bestimmte Energie, einen Ton zu erzeugen – und indem man das tut, kommt man mit der Stille davor in Berührung –, aber es erfordert viel mehr Energie, einen Ton auf derselben Höhe zu halten. Es entspricht eigentlich dem Gesetz der Schwerkraft: Man braucht viel mehr Energie, um ein Objekt in der Luft zu halten, als es aufzuheben. Der Fortbestand des Tons ist auch vergleichbar mit dem Fortbestand des Lebens. Man kann zwar das Leben nicht aufhalten, aber man beherrscht den Ton, den man erzeugt. Deshalb ist nichts im Leben mit dem vergleichbar, was ich – als Musiker – durch Klang erfahre.

Es gibt natürlich einen großen Unterschied zwischen Leben und Musik: Wenn das Leben zu Ende ist, kommt der Tod, und da wir Leben nicht wieder erschaffen können, ist der Tod ein endgültiges Stadium, wenigstens im physischen Sinne. Aber Musik ist die Schöpfung des Menschen, deshalb ist es möglich, dem Tod in der Musik auszuweichen. Wenn ein Musikstück zu Ende geht, ist das für mich wie ein vorübergehender Tod. Man kann manchmal eine beängstigende, vollkommene Stille mitten in einer Komposition empfinden – zum Beispiel im gewaltigen Höhepunkt der Siebten Symphonie von Bruckner. Wenn ich die Stille, die der Pause folgt, halte, sodass sie Spannung bekommt, gibt mir das das Gefühl eines vorübergehenden Todes, gefolgt von der Fähigkeit, wieder ins Leben zurückzukommen, Leben wieder zu beginnen. Das ist fast bei jeder Stille so. Das erste As in *Parsifal* hängt nicht nur von der Schönheit und der Intensität des Tons ab, sondern von der Art, wie man den Ton aus der Stille heraus anfängt. Wenn man ihn zu intensiv, mit einer Betonung beginnt, wird er ein unnatürliches Gefühl erzeugen, das physisch fast störend ist. Eine Art, eine solche Stille zu erzeugen, wie sie in Bruckners Siebter Symphonie vorkommt, besteht darin, vorher eine sehr hohe Spannung zu erzeugen, sodass die Stille eintritt, nachdem man den absoluten Höhepunkt an Intensität und Klangfülle erreicht hat. Eine andere Art, sich der Stille zu nähern, erfordert ein allmähliches Verlieren des Klanges, man lässt die Musik so sanft werden, dass der nächstmögliche Schritt nur Stille sein kann. Stille kann lauter als das Maximum und leiser als das Minimum sein, wie im Vorspiel zu *Tristan und Isolde*. All das sind Dinge, die Musik zur Essenz meines Lebens machen, und ich versuche, alle unterschiedlichen Ton-Manifestationen in diesem Licht zu sehen.

Zum Beispiel bedeutet Staccato, dass man einen Ton spielt und ihn nicht bis zu seiner vollen natürlichen Länge leben lässt, weil die Resonanz zu lang sein würde. Also schneidet man ihn ab. Ich habe schon ausgeführt, dass der Ton eine Tendenz hat, sich allmählich in die Stille zu verflüchtigen, außer er bekommt zusätzliche Energie oder zusätzliche Klangfülle oder zusätzliche Intensität, um gehalten zu werden. Beim Staccato geht es noch weiter, weil es dem Ton nicht einmal erlaubt ist, sein sozusagen natürliches Leben zu leben, sondern verkürzt wird. Es ist eine Beschleunigung der natürlichen und unvermeidlichen Bewegung von Ton zu Stille. Das hat einen unmittelbaren Einfluss auf andere Elemente wie zum Beispiel die Klangfülle. In einer Legato-Phrase gibt es oft gebundene Töne, und dann gibt es plötzlich mittendrin einen oder zwei kürzere Töne. Man kann diese nicht mit der gleichen Klangfülle und der gleichen Intensität spielen, die man für das Legato verwendet hat, weil Staccato ein beschleunigtes Streben eines Tons vorgibt. Wenn man plötzlich einen kürzeren Ton in einer Legato-Phrase findet, muss man sie lauter oder leiser als das Legato spielen, aber nie mit der gleichen Stärke. Wenn man möchte, dass das Staccato den Fluss der Melodie unterbricht, muss man es ein wenig lauter spielen, sodass der Prozess des »Tötens« des Tons dramatisch wird und abrupt den natürlichen Fluss des Legato zum Stillstand bringt. Andererseits: Wenn man den Staccato-Ton so integrieren möchte, dass dieser nur ein sekundenlanges Gefühl von reduzierter Spannung erzeugt, ohne dass der Fluss des Legato etwas einbüßt, muss man ihn leiser spielen. Das ist der Grund, warum es so wichtig ist, sich um den letzten Ton einer Phrase zu kümmern. Ich erlebe etwas, das an körperlichen Schmerz grenzt, wenn man eine Phrase enden lässt, ohne Bezug zu dem, was davor geschah oder danach kommt. Die Schlusstöne einer Phrase sind genauso wichtig wie die Anfangstöne. Wenn man eine Phrase unachtsam beendet, ist es so, als würde man die Luft herauslassen und müsste tief einatmen, bevor man fortfahren kann – so körperlich ist das. Leben existiert durch den sich ewig wiederholenden Vorgang des Ein- und Ausatmens, und Musik ist im Grunde klangvolle Luft. Ein Sänger weiß das genau, weil sein Instrument sein eigener Körper ist.

Solche Betrachtungen sind nicht nur von philosophischem Interesse. Sie haben einen fühlbaren Einfluss darauf, wie man Musik macht und wie man Klang behandelt. Das menschliche Ohr hat ein »Gedächtnis« für Töne, weshalb zum Beispiel verschiedene Arten von Staccato möglich sind: ein schweres Staccato, ein leichtes Staccato und eine Art Buffo-Staccato. Wenn ein kurzer Ton gespielt wird und sofort ein anderer kurzer Ton folgt – also sobald es eine Reihe von kurzen Noten gibt –, macht das Ohr ein bestimmtes Muster daraus. Ich glaube, dass das Erinnerungsvermögen des Ohrs oft unterbewertet wird. Wenn ein Thema wiederkehrt, möglicherweise in einer leicht veränderten Form, erinnert sich das Ohr und erkennt die Veränderungen. Nichts in der Musik ist jemals losgelöst von dem, was vorangegangen ist oder nachfolgt. Es ist wesentlich, dass ein Musiker alle expressiven Mittel, die er zur Verfügung hat, beobachtet und analysiert; viele tun das nicht, entweder weil ihnen die notwendige Neugier fehlt oder weil sie Angst haben, dass rationales Vorgehen ihr musikalisches Gefühl oder ihre Intuition vermindern könnte. Alle unsere Gedanken sollten als Teil der Musik verstanden werden, weil Musik Gedanke ist. Eine Ansammlung von Noten ist nicht Musik, aber eine Sammlung von Tönen, die so arrangiert sind, dass sie eine Beziehung zueinander haben, kann zu Musik werden. Man kann Gefühl nur durch einen Gedankenprozess veredeln. Der positive Nutzen von rationalem Denken in der Musik liegt darin, dass er der Intuition einen neuen Impuls, eine neue Freiheit und ein größeres Wissen gibt. Und größeres Wissen bedeutet nicht notwendigerweise weniger Gefühl.

Die erste Reaktion eines Musikers auf ein Musikstück ist intuitiv, selbst wenn er versucht, wissenschaftlich und objektiv zu sein. Wenn er das Studium des Werks angeht, beginnt er oft, Angst vor dem Hinzugewinnen weiterer Erkenntnisse zu bekommen, weil er fürchtet, dass das seinen frischen Zugang und seine Spontaneität und diesen anfänglichen intuitiven Impuls, der oft für den Musiker und auch für das Publikum so reizvoll ist, dämpfen wird. Ich sehe es umgekehrt: Ich glaube, dass die Einstellung, die rationales Denken als das Gegenteil von Gefühl sieht, meistens das Resultat von Aberglauben ist. Es ist abergläubisch zu meinen, dass man weniger Gefühl für die Musik aufbringt, wenn man mehr über sie weiß. Es ist unmöglich, genau zu definieren, was ein schöner Klang ist. Dieser kann von einem einzelnen Instrument wie der Violine oder von einem ganzen Orchester herrühren. Klangschönheit ist eine Frage individuellen Geschmacks, aber das physische Vergnügen am Klang hat einen fast berauschenden Charakter. Es ist sehr einfach für einen Sänger oder Musiker, der dieses Gefühl des Berauschens erzeugen kann, sich darauf als sein einziges Ausdrucksmittel zu verlassen. Man kann Klang als Ausdrucksmittel auf viele Arten einsetzen: entweder durch eine Veränderung in der Intensität oder indem man mittels Intensität und Klangfülle etwas vollkommen Gleichmäßiges schafft. Ausdruck in der Musik ist die Gestaltung von etwas, das Klang an sich nicht besitzt, da der Ton an sich ja die Tendenz hat, sich der Stille entgegenzubewegen. Sobald man einen Ton hält und den nächsten mit der gleichen Klangfülle wie den vorangegangenen erzeugt, versieht man ihn mit einem expressiven Element, das ihm an sich fehlt. Die Gefahr eines so genannten schönen Tons und dessen, was ich gerne die berauschende Eigenschaft des Tons nenne, liegt darin, dass eine solche berauschende Eigenschaft oft mit echtem Ausdruck verwechselt wird. Der echte Ausdruck der Musik kann nur durch die Veränderung des Klangs zustande kommen, und die Veränderung oder Gleichmäßigkeit des Klangs als Ausdrucksmittel kann nur im Zusammenhang des gesamten Stücks entstehen.

Ich benutze oft den Ausdruck paradox: Ich glaube, dass

dieser Ausdruck uns helfen kann, viel von der Musik und unserer Beziehung zu ihr zu verstehen, denn nur durch Gegensätze können wir das Wesen der Dinge begreifen. Wenn etwas in seinem Wesen theoretisch ist, ist es wichtig, es zu verändern, um seine Möglichkeiten für praktische Zwecke zu entdecken. Und wenn etwas offensichtlich praktischer Natur ist, müssen wir darüber nachdenken und theoretisieren. Die Summe all dieser Widersprüche gibt uns das Gefühl einer großen Einheit, die jede Möglichkeit beinhaltet. Es gibt keinen wesentlichen Unterschied zwischen dem Tatsächlichen und dem Möglichen; es erfordert nur eine geistige Anstrengung, um das Mögliche in das Tatsächliche zu verwandeln. Das gilt zweifellos in der Musik, und manchmal wünschte ich, dass es auch auf das Leben zutreffen würde.

Musik im Leben

Nach dem Zweiten Weltkrieg vollzog sich im Musikgeschäft eine radikale Veränderung. Die Schallplattenfirmen und Fernsehanstalten begannen großen Einfluss auf das Musikleben in der ganzen Welt zu nehmen. Das »Musikgeschäft« – und ich möchte das Wort Geschäft unterstreichen – entstand durch die Popularisierung und Kommerzialisierung der Musik. Zum einen wurde mehr Geld für Konzerte ausgegeben – was ich Kommerzialisierung nennen würde –, zum anderen wurde Musik durch den Fortschritt der Reproduktionstechnik für viel mehr Menschen verfügbar – das würde ich Popularisierung nennen. Am Anfang dieser Entwicklung standen die alten 78er Schallplatten, und dann bescherte uns der technische Fortschritt die kleinen 45er und später die Langspielplatten. Die weitere Entwicklung führte von der Stereophonie unvermeidlich zur Compact Disc, und heute stehen wir an der Schwelle zu audiovisuellen und multimedialen Reproduktionstechniken.

Gleichzeitig haben sich die sozialen und finanziellen Bedingungen für die Orchestermusiker verbessert: Die Saison ist länger geworden, die Musiker bekommen höhere Gagen, eine sichere Anstellung wird garantiert, und sie werden für alle zwölf Monate des Jahres bezahlt. In den 1920er und 30er Jahren mussten Musiker viele verschiedene Jobs machen, um sich einen gerade noch anständigen Lebensunterhalt finanzieren zu können. Sie spielten in Symphonieorchestern, in Kammermusikgruppen, in der Oper, in Kaffeehäusern und sogar in Häusern von schlechtem Ruf.

Heute ist das zum Glück nicht mehr notwendig. Eine weitere Veränderung bestand darin, dass der Impresario, der früher den Künstler entdeckte, ermutigte und vermarktete, indem er seinen eigenen Ruf und sein eigenes Geld riskierte, langsam, aber stetig seinen Platz für den Agenten räumen musste, der sich damit begnügte, im Auftrag des Künstlers zu agieren und mit von dessen Einkommen zu leben.

Wir können diese Veränderungen nicht ungeschehen machen, und viele davon waren auch sehr sinnvoll. Aber Manager und Agenten sollten wesentlich intensiver daran arbeiten, die Qualität des Musiklebens zu verbessern. Wir sind inzwischen an einem Punkt angelangt, an dem die Manipulation und die Massenproduktion, die kommerziellen Interessen geschuldet ist, die Ausmaße einer Epidemie erreicht haben. Ich glaube, die einzig konstruktive und bestehende Möglichkeit für Promoter, Impresarios, Manager und Schallplattenfirmen, dem abzuhelfen, wäre, nicht nur einfach Verträge zu unterzeichnen und Künstler zu vermarkten wie irgendein Produkt, sondern wirkliche Partnerschaften mit ihnen zu bilden. Kein Musiker betrachtet gern Manager oder Schallplattenfirmen als seine Arbeitgeber. Wenn Qualität, Geschmack und Wissen dieser Manager besser werden und sie sich Eigenschaften aneignen, die für eine echte Partnerschaft erforderlich sind, dann werden die Künstler und indirekt auch das Publikum davon profitieren.

Ein Künstler muss nicht nur mit seinen Kollegen konkurrieren, sondern auch mit sich selbst. Bevor es Schallplatten gab, musste ein Künstler, wann immer er in einer Stadt spielte, mit dem letzten Konzert, das er dort gegeben hatte, wetteifern. Heutzutage muss er sich auch gegen seine Schallplatten behaupten. Es gibt nichts Festgeschriebenes oder Eingefrorenes in der Musik. Man kann nicht eine Beethoven-Sonate spielen und in einem Tresor oder im Kühlschrank deponieren, in der Hoffnung, sie später dort im gleichen Zustand vorzufinden. Eine Darbietung ist nur für die Dauer und den Ort der Aufführung gültig.

Plattenaufnahmen werden oft an Orten mit einer besonders widerhallenden Akustik gemacht, in Kirchen oder leeren Konzertsälen, die sich unwillkürlich auf die Aufnahme auswirkt. Wir können nicht von jedem Musikliebhaber mit einem Plattenspieler erwarten, dass er die gleiche Akustik in seinem Wohnzimmer hat, und jeder Musiker wird bestätigen können, dass man in einer halligen Akustik anders als in einer trockenen spielt. Sogar Tempo und Dynamik nehmen Rücksicht auf die Akustik. Deshalb kann eine Plattenaufnahme nur eine bestimmte Aufführung dokumentieren und hat keine ewige Gültigkeit. Bis zum Erscheinen der Compact Disc wurde der Klang, der im Studio erzeugt wurde, nicht so glaubwürdig wiedergegeben, wie man gehofft hatte, aber mit der Compact Disc sind in dieser Richtung große Fortschritte gemacht worden. Trotzdem machen die akustischen Bedingungen und die Tatsache, dass eine Darbietung nicht dafür bestimmt ist, für die Ewigkeit aufgehoben zu werden, eine Plattenaufnahme künstlerisch gesehen zu etwas Zweitrangigem. Es ist vergleichbar mit dem Unterschied zwischen einem Originalgemälde und einer Reproduktion. Allerdings gibt es Aufnahmen von Künstlern der Vergangenheit, die wir nie mehr erleben können. Diese Aufnahmen sind ohne Zweifel sowohl von historischer als auch künstlerischer Bedeutung.

Die Tatsache, dass man während der Aufnahme abbrechen und anfangen kann, wann man will, oder nur Bruchstücke aufnehmen kann ohne die Notwendigkeit einer völlig durchdachten Konzeption oder auch nur des physischen Durchhaltevermögens, verfälscht automatisch die Darbietung. Ich habe stets versucht, gegen dieses Unwesen anzukämpfen. Ich bemühe mich, einen möglichst langen Part ohne Schnitt zu spielen – aber es ist fast unmöglich zu vergessen, dass man aufhören und wieder anfangen kann. Was schließlich das Volumen betrifft, speziell in Konzerten mit Solisten oder mit Sängern, so erzielt das Mikrophon eine Klangfülle des Tons, die in einer Livesituation einfach nicht möglich wäre. Ich glaube, dass dies der Grund ist, warum einige Musiker erfolgreiche Schallplattenkarrieren machen, obwohl sie im Konzertsaal nicht so erfolgreich sind.

Heutzutage hören Millionen von Menschen gern Musik. Vor der Erfindung der Schallplatte mussten Musikliebhaber sich damit begnügen, die Beethoven-Symphonien in Arrangements für vier Hände auf dem Klavier in ihren Wohnungen zu spielen. Das bedeutete jedoch, dass sie eine aktive Beziehung zur Musik hatten. Sie waren nicht einfach passive Zuhörer, und deshalb war auch ihre Kenntnis der Musik größer. Die Anzahl der Zuhörer ist heute viel höher, ihre Kenntnisse sind jedoch geringer. Und so verwundert es nicht, dass die Fähigkeit, Noten zu lesen, heute fast vollkommen verloren gegangen ist. Wer ein Kind erzieht sollte wirklich einsehen, wie leicht und wichtig es ist, dass es Noten lesen lernt, und wie sehr es sein späteres Leben bereichern würde, sei es als Musiker oder auch nur als Zuhörer.

Betrachtet man die Entwicklung des Dirigierens vom Beginn des 19. bis zum Ende des 20. Jahrhunderts, so wird deutlich, dass der Berufsdirigent eine Erfindung neueren Datums ist. Zu Mozarts Zeit dirigierte der Konzertmeister das Orchester. Im 19. Jahrhundert waren Dirigenten wie Liszt, Wagner, Mendelssohn, Schumann meistens Komponisten und in einigen Fällen Komponisten und Instrumentalisten. Spätere Beispiele sind Furtwängler und Klemperer, die beide eher als dirigierende Komponisten denn als komponierende Dirigenten angesehen werden wollten. Der Großteil des Repertoires, das heute gespielt wird, war bereits komponiert, bevor Dirigieren die ausschließliche Tätigkeit eines Musikers wurde. Das neue Bild des Dirigenten ist also das Resultat einer gesellschaftlichen, nicht einer künstlerischen Entwicklung.

Wir alle sind durch Statistiken verblendet. Es gibt heute mehr Konzerte denn je. Die Orchester müssen das ganze Jahr hindurch spielen. Das Publikum möchte ebenso im Sommer in Konzerte gehen wie im Winter. Das war früher nicht der Fall, und deshalb sind jetzt mehr Menschen vonnöten, um diese gesellschaftlichen Ereignisse auszustatten, die man Konzerte nennt. Doch das Repertoire ist nicht entsprechend gewachsen. Mit wenigen Ausnahmen ist die Musik, die während der letzten fünfzig Jahre geschrieben wurde, leider nicht ein Teil des regulären Repertoires geworden. Also werden heute die gleichen Werke gespielt, die bereits vor fünfzig Jahren gespielt wurden. Ich bin mir nicht sicher, ob wir sie sehr viel besser spielen – obwohl die Orchester technisch besser geworden sind, die Flexibilität größer ist, und vielleicht studieren wir die Werke auch schneller ein. Aber die Notwendigkeit einer längeren Saison ist kein musikalisches Bedürfnis. Sie ist entstanden, weil mehr Menschen Konzerte besuchen können. Das Publikum wird ständig mit Musik gefüttert, und das nicht immer auf höchstem Niveau. Das bedeutet auch, dass die Nachfrage nach Solisten, Instrumentalisten und Sängern gestiegen ist.

Wir haben versucht, dieses Problem durch die Schaffung von Wettbewerben zu lösen. Es gab immer mindestens vier oder fünf größere Klavierwettbewerbe in Europa. Mit sehr wenigen Ausnahmen verliehen alle erste, zweite und dritte Preise. Das heißt, dass in einer Dekade, zum Beispiel zwischen 1950 und 1960, mindestens fünfzig Pianisten ausgezeichnet worden sein müssen. Wo sind diese Menschen heute? Einige davon hatten eine kurze, aber erfolgreiche Karriere, andere machten keine Karriere, einfach weil das Wettbewerbsprinzip gegen das Wesen der Musik und gegen die musikalische und menschliche Entwicklung gerichtet ist, die ein Künstler braucht. Wenn junge und zweifellos talentierte Musiker Wettbewerbe gewinnen, warten sehr oft eine, wenn nicht mehrere Schallplattenfirmen hinter den Kulissen mit Vertragsangeboten. Das ist der Kern des Problems. Der junge Musiker, der gerade einen Wettbewerb gewonnen hat, hat nicht das Repertoire, eine Platte nach der anderen zu produzieren, aber er muss es tun, um sich einen Namen zu machen, selbst wenn er die Erfahrung oder das Durchhaltevermögen nicht hat, das erforderlich ist, um weiter zu produzieren. Und dann kommt der Punkt, wenn die finanziellen Interessen so groß sind – und sie sind mit jedem Tag größer geworden –, wenn so viel Mühe und Geld in den Künstler investiert wurden, dass der Wert und die wirkliche Bedeutung des Künstlers von Werbung und Marketing bestimmt werden.

Sehr oft ist mir bei irgendeiner Lebensmittelwerbung das Wasser im Mund zusammengelaufen, weil ich das Produkt, das angepriesen wurde, probieren wollte. Ähnliches geschieht, wenn man immer wieder auf Plattenhüllen und im Fernsehen Gesichter und Namen gewisser Künstler sieht. Man nimmt dann an, dass sie sehr gut sein müssen. Doch manche Künstler haben die Fähigkeit, sich entsprechend in Szene zu setzen, insbesondere im Fernsehen, wo sie die Augen und Ohren des Publikums gleichermaßen für sich gewinnen können. Mit ihrem Zugriff auf jedes private Haus und jeden öffentlichen Ort können die Medien Menschen aufbauen und zerstören, nicht aufgrund ihres künstlerischen Wertes, sondern ihrer attraktiven Persönlichkeit.

Leider identifizieren sich diese Menschen dann oft mit dem, was die Medien in sie hineinprojiziert haben.

Viele junge Künstler nehmen an, dass dies der Weg ist, schnell berühmt und populär zu werden, ohne sich bewusst zu sein, dass zu große Abhängigkeit oder Hilfe – förderliche oder andere – immer einen nachteiligen Einfluss auf die Qualität ihrer Arbeit haben. Für junge Musiker, die am Anfang ihrer Karriere stehen, ist dies besonders gefährlich. Es ist für sie sehr verwirrend, wenn ihnen, gerade ers⁻ bekannt geworden, große Verträge angeboten werden, die nicht nur viel Geld versprechen, sondern auch die Möglichkeit, viel Repertoire aufzunehmen – das im besten Fall im Einverständnis mit den Schallplattenfirmen festgelegt und im schlimmsten Fall dem Künstler einfach mitgeteilt wird. Dieser junge Mensch wird sehr schnell vergessen, dass sein größtes Privileg als Künstler nicht der Bekanntheitsgrad und nicht das viele Geld ist, das er machen kann, sondern das Erreichen vollkommener Unabhängigkeit. Je mehr man sich als Künstler entwickelt, desto unabhängiger kann man werden und desto weniger ist man gezwungen zu versuchen, sich dem Geschmack des Publikums anzupassen. Man kann dann sogar mit dieser Unabhängigkeit, der eigenen Kenntnis von Musik und dem Talent den Geschmack des Publikums beeinflussen.

Natürlich möchte der Künstler gefallen, geliebt und bewundert werden, aber um das zu erreichen, muss er seine Eitelkeit beherrschen und sich in der Musik vollkommen frei davon machen. Ein junger Dirigent möchte dem Orchester gefallen. Er spürt, dass vielleicht die Holzbläser oder das Blech sich wohler fühlen, wenn sie Teile eines Stückes in einem etwas langsameren oder schnelleren Tempo oder in einer stärkeren oder geringeren Lautstärke spielen können, aber er muss den Mut und die Unabhängigkeit und vor allem den Durchblick besitzen, um festzustellen, ob das mit dem übereinstimmt, was die Musik will, oder ob es eine Frage der Bequemlichkeit der Musiker ist, und es ist sehr oft einfach eine Frage der körperlichen Bequemlichkeit. Wenn das, was ein Musiker vorschlägt, einem musikalischen Bedürfnis entspricht, muss der Dirigent es als einen konstruktiven Vorschlag akzeptieren können. Wenn er aber überzeugt ist, dass es nicht nur kein Zugewinn ist, sondern dass es nur um mehr persönliche Bequemlichkeit geht, muss er den Mut haben, sich zu verweigern und zu riskieren, in diesem Moment weniger beliebt zu sein.

Auch die Beziehung zwischen dem Musiker und seinem Publikum oder den Kritikern lohnt einige Überlegungen. Man kann sich bei einem Konzert die Seele aus dem Leib spielen, und doch schreibt ein Kritiker vielleicht eine sehr negative Kritik – und es ist dann nur natürlich und menschlich, sich darüber aufzuregen. Am nächsten Tag kann man dann vielleicht ein Konzert spielen, mit dem man selbst unzufrieden ist, weil man nicht fähig war, das zu tun, was man vorhatte, und man bekommt wunderbare Kritiken. Das ist mir sehr oft passiert. Wenn ich mir erlaube, mich über eine negative Kritik aufzuregen, sollte ich mich von einer positiven auch bestätigt fühlen. Und doch hat keine positive Kritik mir je geholfen, meinen Unmut nach Konzerten, mit denen ich selbst unzufrieden war, zu beschwichtigen.

Die Auffassung von der Beziehung zwischen Komposition und Aufführung hat sich mit der Zeit verändert. Am Anfang galt das Hauptinteresse der Komposition. Dann wurde der Interpret herausgehoben, und jetzt verehren wir die Reproduktion der Aufführung. Welch ein Abstieg! Liszt war der erste Komponist, der regelmäßig Musik von anderen Komponisten in der Öffentlichkeit spielte. Eigentlich erfand er den Klavierabend. Im Englischen kommt »recital« von dem Wort »recite«: rezitieren, vortragen, was in die-

Mit Rafael Kubelík und Georg Solti in Chicago, 1991

Mit Harry Kupfer an der Staatsoper Berlin, 1992

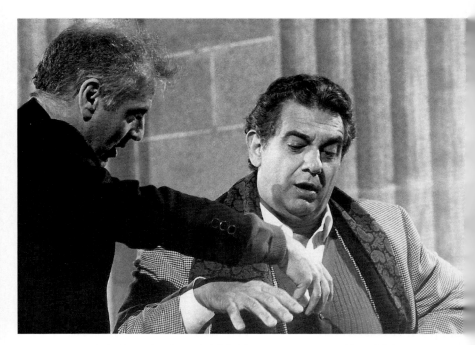

Bei einer Probe mit Plácido Domingo, Berlin 1994

Im Gespräch mit Sergiu Celibidache, München 1995

Mit Claudio Abbado

Mit Patrice Chéreau vor der Staatsoper Berlin, 1994

Beim »West-Östlichen Diwan«, 1999

Mit Edward Said *(rechts)* und Saleem Abboud-Ashkar in Birzeit, Januar 1999

Mit Yo-Yo Ma in Chicago, September 2000

Am Pult der Staatskapelle Berlin, 1999

In Madrid mit Teresa Berganza, Juni 2000

Unten: Bei einer *Parsifal*-Aufführung in Berlin im November 2001: mit *(von links)* Christian Franz, Andreas Schmidt, Elena Bashkirova (Elena Barenboim), Violeta Urmana und John Tomlinson

sem Fall bedeutet, Musik von anderen Komponisten vorzutragen, »zu rezitieren«. Mit Liszts Auftritten bekam die bloße Interpretation und öffentliche Darbietung der Musik eine enorme Bedeutung, die heutzutage wiederum der Faszination der Reproduktion dieser Darbietungen Platz gemacht hat. Es war unvermeidlich, dass sich die Musik im Zuge dieser Entwicklung verwandelte. Was einst ein kulturelles Ereignis war, wird jetzt zu einem Bestandteil der Unterhaltungsindustrie. Ich sage nicht, dass Mozarts Konzerte nicht unterhaltend waren, und ich möchte nicht, dass Konzerte auf mühsame, intellektuelle Übungen beschränkt werden. Doch was uns heute noch an der Musik von Bach, Mozart und Schubert interessiert und bewegt, obwohl sie zwei- oder dreihundert Jahre alt ist, ist ihre transzendentale Qualität, eine Eigenschaft, die Intimität oder Abgeschiedenheit erfordert und die im Widerspruch steht zur Popularisierung und Kommerzialisierung der Musik.

Wir leben im Zeitalter des Fernsehens, und wir kennen dessen Einfluss auf die Musik, aber auch auf die Politik. Wir haben gesehen, wie die öffentliche Meinung durch das Auftreten und das Charisma eines Präsidentschaftskandidaten beeinflusst werden kann. Unser Zeitalter ist eher eines der Bilderanbetung als der Ideologie. Milan Kundera hat in seinem Buch *Die Unsterblichkeit* darauf hingewiesen, dass die ideologischen Unterschiede zwischen den politischen Systemen weniger wichtig geworden sind als das Persönlichkeitsbild ihrer Leitfiguren – »Imageologie« kontra Ideologie! Die Präsentation des Themas ist wichtiger geworden als das Thema selbst.

Eine übermäßige Beschäftigung mit Tradition kann nur das Zeichen einer leblosen Kultur sein. Eine konstruktive und geistig facettenreiche Gesellschaft ist sich dessen sehr bewusst, was Tradition geworden ist, und transponiert diese in die Zukunft und beschreitet neue Wege. Doch davon sehe ich heute sehr wenig. Oscar Wilde bemerkte einmal, dass Kunst zu existieren aufhöre, wenn sie zur Archäologie wird. Pierre Boulez gibt diesem Gedanken eine radikalere Wendung, wenn er sagt, dass es ein Zeichen der Schwäche einer Kultur sei, wenn sie Dinge nicht zerstören kann. Diese Manie, alles aufzubewahren, zeugt von fehlendem Mut. Mut, der erforderlich ist, um die Erfahrungen der Vergangenheit als Sprungbrett für Visionen über die Zukunft zu nutzen.

Leben und Musik

Gewiss ist Spinoza nicht der einzige Philosoph, der uns helfen kann, unser inneres Gleichgewicht zu bewahren, aber immer, wenn ich in einer schwierigen Situation gewesen bin, ob im Beruf oder im Privatleben, hat mir die Besinnung auf unsere Fähigkeit, unseren Alltag durch Logik zu bewältigen, auf die Spinoza immer wieder hingewiesen hat, geholfen, auch die größten Probleme zu meistern. Wir müssen die Möglichkeit, sogar die Notwendigkeit unserer Schattenseiten verstehen, auch Depression, Mutlosigkeit oder Traurigkeit. Die Vernunft kann zeigen, was zeitbedingt ist und was dauerhaft. In einer verzweifelten Situation kann der logische Schluss nur Selbstmord oder Seelenqual bedeuten, es sei denn, man ist fähig, Vernunft anzunehmen. Ähnlich liegt die Bedeutung einer musikalischen Aussage nicht nur in dem, was sie ausdrückt, sondern auch in ihrer zeitbedingten Funktion innerhalb der Struktur. Eine Phrase ist das Resultat dessen, was vorangegangen ist, und der Vorbote dessen, was nachfolgen wird. Deshalb kann sie nicht als etwas Isoliertes dargestellt werden. Sie muss in Beziehung zum Ganzen gesetzt werden. Würde eine Phrase die Gesamtheit einer Komposition repräsentieren, so würde sie den Kompromiss nicht brauchen, der die Basis jeder Beziehung ist.

Wie oft wünschte man, wenn man einen Augenblick außerordentlichen Glücks erlebt oder eine außergewöhnliche Einsicht erlangt hatte, dass man diesen Augenblick bewahren könnte – und doch wissen wir, dass dies nicht möglich ist. Der Augenblick kann sich nur im Fluss des Lebens ereignen. Das Gleiche gilt für eine Komposition.

Da wir an diese Gesamtheit gebunden sind, muss unsere Aussage einer bestimmten Phrase sowohl den Charakter dieser Phrase als auch ihre Unterwerfung unter das Gesamte ausdrücken. Sie hat ihren Platz in einer Komposition in der gleichen Weise, wie auch der Mensch seinen Platz im Universum hat. (Spinoza meinte, dass die Kenntnis des eigenen Platzes im Universum wesentlich für das Glück des Menschen ist.) Wir existieren in Beziehung zur Zeit, und wir existieren in Beziehung zum Rest des Universums. Wenn wir einsehen, dass jede Komposition nur einen Höhepunkt hat und die anderen Höhepunkte als Stufen verwendet werden, die darauf hin- oder davon wegführen, wird das Konzept der expressiven Verweigerung klar. Expressive Verweigerung bedeutet, dass die Hervorhebung einer bestimmten Phrase dem Gesamtkonzept abträglich ist, obwohl sie in dem Moment eine sehr offensichtliche und attraktive Ausdrucksweise darstellen kann. Man muss ein gewisses Maß an expressiver Verweigerung anwenden, um eine Phrase in Zusammenhang mit dem Gesamten zu bringen.

Routine ist der Erzfeind musikalischen Ausdrucks. Wir müssen uns ständig der Gefahren künstlerischer Bequemlichkeit, des Zurückfallens auf gewohntes Gebiet bewusst sein. Es ist die Pflicht des Interpreten, nicht nur neue Ideen zu finden, sondern auch ein neues Vokabular für alte Ideen. Und es ist wichtig, sich daran zu erinnern, dass ein musikalisches Meisterwerk nicht eine Mitteilung an die Welt ist – es ist das Resultat der Kommunikation des Komponisten mit sich selbst. Eine objektive Wiedergabe dieser Kommunikation ist unmöglich, weil die bloße Niederschrift der Gedanken des Komponisten eine Umsetzung ist, ein Kompromiss zwischen seinen unabhängigen Gedanken und der Begrenzung, dargestellt durch die Übertragung der Noten auf das Papier.

Eine Gefahr für den vorführenden Musiker ist die Suche nach einfachen technischen Lösungen, die wiederum unvermeidlich auf Kosten des musikalischen Ausdrucks gehen. Ich bin sicher, dass der Weg des geringeren Widerstandes zwangsläufig zum geringsten Ausdruck führt. Wenn man etwas auf eine bestimmte Weise gemacht hat, verschafft es einem die Gelassenheit, es zu wiederholen, den Trost des Gewohnten. Doch wirkliche Gelassenheit kann man nur erlangen durch das Verstehen dessen, was getan wurde und wie es erreicht wurde, und durch den Versuch, es zu verbessern. Die einzige wirkliche Sicherheit – wenn man auf frühere Erfahrungen zurückgreifen kann – ist, wieder von vorn zu beginnen. Nach der einfachen physischen, mechanischen oder technischen Lösung zu suchen ist bloße Gefälligkeit.

Ein anderes wesentliches Gegengewicht zu all diesen bewussten Aspekten von Musik und zu unserer rationalen Fähigkeit ist der Gebrauch der Illusion. Es ist wichtig, die so genannte unerklärliche Seite der Musik auszudrücken – und das bezeichne ich als Illusion. Die Kenntnis vom Gebrauch der Illusion ist ebenso wichtig wie die Fähigkeit eines Musikers, logisch zu denken. Wir wissen, dass Musik eine Imitation der Natur ist und deshalb, per definitionem, die Erschaffung der Illusion. Ein Klavier kann nicht wie ein Streich- oder Blasinstrument den Klang halten, doch durch den intelligenten Gebrauch seiner Hände und des Pedals kann ein Pianist die Illusion eines ununterbrochenen Klanges erzeugen. Er muss die Töne zuerst im Kopf hören und dann die Hände verwenden, um seine Erinnerung daran zu realisieren.

Vernunft und Illusion sind nicht notwendigerweise Gegensätze. Geführt von der Vernunft, kann die Illusion als Ausdrucksmittel oder Kommunikationsmittel genommen werden. Es gibt viele technische Möglichkeiten, Illusion auf dem Klavier zu erzeugen: Es gibt die Möglichkeit, die Illusion eines Portamento hervorzurufen, indem man ohne Pause von einem Ton zum anderen geht. Man kann dies durch den vorsichtigen Gebrauch von Klangfülle erreichen, indem man von einem Ton, der tiefer liegt, zu einem viel höheren Ton geht und den hohen Ton ein wenig verspätet, indem man ihn ein wenig leiser spielt, mit Hilfe der Harmonien.

Ich habe viel über Musik gelernt, indem ich Bücher gelesen habe, die nichts mit Musik zu tun haben – Bücher von Spinoza und Aristoteles zum Beispiel. Bücher über Musik scheinen immer eher subjektive Dinge über die Menschen zu erzählen, die sie geschrieben haben. Philosophische Konzepte können manchmal auf das angewendet werden, was man bei Musik empfindet. In *De Anima* beschreibt Aristoteles die Anlage der Seele – zuerst das Gefühl, dann den inneren Sinn für Phantasie und Erinnerung und schließlich die Vernunft. Für mich repräsentiert das den richtigen Weg, um eine musikalische Komposition in sich aufzunehmen. Es ist ein nie endender Prozess der Anpassung an das Werk, des In-sich-Aufnehmens der Musik, bis sie ein Teil von uns wird. Erst wenn wir dieses Stadium erreichen, können wir das Werk wieder erschaffen. In der Aufführung ist die aristotelische Ordnung dann umgekehrt: Wir urteilen durch die Vernunft, bevor wir anfangen, und dann, durch unsere Sinne, erinnern wir uns an unsere erste Empfindung. Der Eindruck einer Komposition auf unsere Sinne kann entweder durch das Lesen der Partitur oder durch das Spielen der Musik erfahren werden. Jeder Musiker besitzt eine gewisse Fähigkeit, ein Werk zu hören, indem er einfach die Noten liest. Sein erster Sinneskontakt ist sehr subjektiv – er nimmt das Werk über den Effekt wahr, den es auf ihn ausübt, und diese Wahrnehmung ist nicht immer verlässlich oder unbedingt vereinbar mit der Kenntnis des Werks an sich.

Es gibt eine interessante und lustige Geschichte, die illustriert, was ich meine. Als Brahms gefragt wurde, welche Aufführung seiner Zweiten Symphonie er für die beste hielt – es hatte innerhalb kurzer Zeit viele gegeben –, antwortete er, dass er die beste Aufführung der Symphonie hörte, als er die Partitur las.

Und auch die Sprache ist von großer Wichtigkeit für die Interpretation. Die Tatsache, dass im Französischen oft eine deutliche Betonung auf dem Ende des Wortes liegt, erzeugt Schwierigkeiten, wenn man eine musikalische Phrasierung ausarbeiten möchte. Es gibt nichts Unnatürlicheres in der Musik als eine Betonung am Ende einer Passage oder eines Satzes. Die deutsche Sprache aber besitzt infolge ihrer schweren Konsonanten ein Gewicht, das sich in der deutschen Musik widerspiegelt. In vielerlei Hinsicht ist deutsche Musik der Gegensatz von französischer. Die Hauptschwierigkeit bei deutscher Musik ist, von der Dynamik her gesehen, die Langsamkeit des Aufbaus, der Steigerung und die Idee des allmählichen Steigerns, die man oft in deutschen Partituren findet. Man könnte diese besondere Schwierigkeit im Deutschen fast als eine strukturelle Schwierigkeit beschreiben. In französischer Musik, bei Debussy und Ravel, haben wir das genaue Gegenteil – dort ist es die Schnelligkeit der Dynamik, die so schwierig ist. Es ist wie ein plötzlicher Funke, der aufleuchtet; es gibt ein Crescendo oder ein Diminuendo in einem einzelnen Ton, und man muss die Dynamik so schnell wie möglich ausführen. Die Franzosen verwenden ein sehr bezeichnendes Wort hierfür: *étincelle,* »Funke«. Das sind besondere Eigenarten der Sprachen, die man in der Spielweise der Musiker unterschiedlicher Nationalität wieder findet. Französische Musiker haben eine elementare Schwierigkeit mit festem Rhythmus und massivem Klang, aber eine großartige Fähigkeit zu sehr phantasiereichen Klangfarben und Schnelligkeit.

Der deutsche Musiker neigt dazu, ein besseres Rhythmusgefühl zu haben, besitzt aber wahrscheinlich weniger
Klangphantasie.

Es gibt verschiedene Dinge in der Musik, die man unterstreichen beziehungsweise hervorheben muss – Dinge,
die nicht mit einer plötzlichen Zurücknahme des Tempos
oder der Unterbrechung oder mit dem Fluss der Musik
zusammenhängen, sondern mit der Platzierung eines bestimmten Tones in einem bestimmten Akkord. Es ist sehr
schwierig für einen Musiker, der kein Deutsch versteht, das
auf natürliche Weise zu erreichen. Wenn Wagner seine
Reime und Monologe aufbaut, für Wotan oder Isolde, verwendet er oft eine Folge von Worten, die mit dem gleichen
Konsonanten anfangen, und das erzeugt einen verstärken-
den Effekt, eine Alliteration – eben den berühmten Stab-
reim. Es ist das gleiche, wenn man vier oder acht Takte hat
und in jedem Takt eine betonte Stelle mit einem Fortepiano
vorkommt. Am Rande der Introduktion zu Beethovens
Zweiter Symphonie findet man ein solches Beispiel, bevor
man ins Allegro übergeht – da ist ein Fortepiano in jedem
Takt. Es gibt eine gewisse Art, den ersten Schlag im Takt zu
platzieren, um das natürliche Gewicht hervorzubringen.
Meiner Meinung nach entspricht das dem Klang der Sprache, und wenn man versucht, das einem Musiker zu erklären,
der kein Deutsch spricht, wird er natürlich die Anweisungen ausführen können, aber es kann etwas Unnatürliches
und Konstruiertes in der Art sein, wie er es macht. Ich finde,
dass Unterschiede in der Sprache wirklich einen Einfluss
auf musikalische Darbietungen haben. Das hat mit der
Tempofrage zu tun und mit der Klangfarbe. In romanischen Orchestern zeigen die Streicher oft eine Fähigkeit,
dünn und leicht zu spielen. Diese Art des Spiels ist vielen
Musikstücken durchaus angemessen. Einige deutsche Musiker mit einer natürlichen Tendenz zu einem gewichtige-

ren Klang haben größere Schwierigkeiten mit dieser Musik.

Das Gespür für Klangfarbe und die Fähigkeit, dem kleinsten Detail ebenso viel Bedeutung wie dem wichtigsten beizumessen, sind sehr französische Eigenschaften. Man kann nicht anfangen, eine Debussy-Partitur zu lesen, ohne dass man das weiß und ein Gefühl dafür hat. Man findet diese Eigenschaft bei Franzosen auch in anderen Bereichen des Lebens – man denke nur an die Bedeutung, die sie nicht nur dem Essen, sondern auch dessen Präsentation beimessen. Sie sind fähig, unglaublich viel Zeit und Energie Dingen zu widmen, die anderen Menschen als unwichtige Details erscheinen, und das spiegelt sich sehr deutlich in ihrer Musik wider. Sie können etwas ganz Ungewöhnliches aus reiner Begeisterung tun, das, wenn es gelingt, äußerst reizvoll ist. Ich mag diese französische Lebensart und habe viele glückliche Erinnerungen an meine Jahre in Frankreich. Auf der anderen Seite spürt man bei guten deutschen Musikern das Fundament der Musik in der Art, wie sie spielen. Eine ihrer beeindruckendsten Eigenschaften ist ihre Fähigkeit, laut und intensiv, aber nie grob zu spielen. Die französischen Blechbläser haben ernsthafte Probleme mit ihrer Sprache, wenn sie nichtfranzösische Musik spielen – die auf der Tatsache beruhen, dass sie an französische »ü«-Laute gewöhnt sind und kein wirkliches »a«, »o« und »u« haben. Deshalb tendiert der Klang dazu, nicht gut abgestützt zu sein.

Als ich vor vielen Jahren Bruckners Vierte Symphonie im Teatro alla Scala in Mailand spielte, hatte ich einen begabten Hornisten im Orchester, der diese Symphonie nie zuvor gespielt hatte. Es gelang ihm ganz und gar nicht, den kurzen Ton im zweiten Takt seines Solos mit dem notwendigen Gewicht zu spielen – er war einfach nicht breit genug. Das hat wirklich etwas mit der Sprache zu tun. Musikalisch gesehen gehören die kleinen Noten entweder zur vorangegangenen Note, oder sie führen zur nächsten. Sobald man einen Rhythmus mit einer punktierten Note und dann einer kurzen Note hat, wird die kurze Note in allen romanischen Ländern später und schneller gespielt werden, weil die romanischen Sprachen eine Tendenz haben, nach vorn zu gehen, und die kleinen Noten immer dazu neigen, spät zu kommen und in der folgenden Note aufzugehen. Ein deutscher Musiker würde die gleiche kleine Note spielen, als ob sie zur vorangegangenen Note gehörte.

Bereits sehr früh in meinem Leben hatte ich eine enge Beziehung zum Israel Philharmonic Orchestra. Ich liebe die Wärme in ihrem Spiel, die für jüdische Musiker sehr charakteristisch ist. Ich habe immer ein Gefühl des Fanatismus aufseiten des Orchesters gespürt – ich meine das im positiven Sinn des Wortes –, wenn ich vor dem Israel Philharmonic Orchestra stand. In solchen Augenblicken vergessen diese Musiker die Welt, die sie umgibt, und nichts existiert mehr – nur die Musik.

Die besten jüdischen und die besten deutschen Musiker besitzen die ungewöhnliche Fähigkeit, sich vom alltäglichen Leben und von ihren nichtmusikalischen Tätigkeiten loszulösen, sobald sie zu spielen beginnen. Ich würde das eine fast metaphysische oder transzendentale Fähigkeit nennen – bei den Juden könnte man es damit erklären, dass es direkt von ihrem Respekt vor dem Lernen herrührt. In religiösen jüdischen Schulen tritt die Außenwelt völlig in den Hintergrund, sobald man sich in das Studium der Thora und des Talmud vertieft. Das ist der Grund, warum früher so viele Juden bei Pogromen getötet wurden, während sie in die Welt ihrer Studien vertieft waren. In solchen Momenten würden sie nicht einmal aufstehen, um sich zu verteidigen. Wenn wir überzeichnend sagen würden, dass romanische Musiker elegant und deutsche Musiker intensiv sind, könnten wir von den jüdischen Musikern sagen, dass sie eine besondere Wärme ausstrahlen – manche Leute sprechen von einem »jüdischen Klang« eines Violinspiels.

Über Interpretation

Jedes Meisterwerk ist offen für jedwede Interpretation – solange diese es nicht verfälscht. Doch es ist nicht möglich, alle Interpretationen in einer einzigen Darbietung zu vereinigen, so wie es auch nicht möglich ist, mehr als ein Leben zu leben. Der Interpret oder Ausführende kann nie die vielen Details der unzähligen möglichen Interpretationen wahrnehmen. In jeder einzelnen Aufführung kann er sie nur flüchtig einfangen.

Wir sind oft von einer bestimmten Ansicht oder einer bestimmten Idee besessen und werden dadurch blind für die gegensätzliche Sichtweise. Aber für mich ist Antagonismus, das ganze paradoxe Wesen der Dinge, der eigentliche Gehalt der Musik. Es ist kein Zufall, dass die Form einer Sonate, der dieser Antagonismus zugrunde liegt, eine der vollendetsten Formen des Ausdrucks ist. Der Struktur einer klassischen Sonate oder Symphonie von Beethoven liegt das Prinzip des Antagonismus zugrunde. Sie bringt das dramatische Wesen der Musik zum Ausdruck, die nicht nur aus laut oder leise, schnell oder langsam besteht. Musik an sich ist dramatisch, selbst in ihren eher epischen Formen wie den Kompositionen von Bach. Das erste Thema kann heroisch sein und das zweite Thema einen leicht lyrischen Charakter haben; es ist die Nebeneinanderstellung dieser gegensätzlichen Elemente, die der Musik ein Gefühl der Spannung und Aufregung gibt.

Ich habe mich, zu Recht oder zu Unrecht, nicht aktiv mit den Instrumenten der verschiedenen Epochen beschäftigt. Zwar habe ich immer mit der Idee gespielt, Bach und Scarlatti auf dem Cembalo zu spielen, aber es ist nie dazu gekommen. Ich habe nie die Neigung gehabt und gewiss keinen starken Drang verspürt, Mozart mit einem Orchester zu dirigieren, das so genannte Originalinstrumente verwendet. Aber ich glaube, dass die Arbeit der besten Musiker auf diesem Gebiet uns allen viel Stoff zum Nachdenken gegeben hat, insbesondere was das Bedürfnis betrifft, die Musik des 18. Jahrhunderts so klar wie möglich zu artikulieren. Mitte des 20. Jahrhunderts setzte eine Reaktion auf die Tradition des 19. Jahrhunderts ein. Man spielte Haydn und Mozart in der Art der so genannten objektiven Interpretationsschule, die auf die Ausschweifungen der Romantischen Schule und alle Elemente, die für die Darbietung der Musik des 18. Jahrhunderts stilistisch nicht passend waren, radikal verzichten wollte. Aber die Artikulation oder Phrasierung bei Haydn und Mozart wurde entweder der Schönheit oder der Klangfülle und einer im Allgemeinen freieren Haltung gegenüber dem Tempo geopfert. Gute Musiker, die sich mit Originalinstrumenten beschäftigt haben, haben sich nicht ausschließlich auf den Gebrauch solcher Instrumente konzentriert, sondern haben mit ihnen experimentiert und versucht, die Verwendbarkeit des Ausdrucks zu erforschen, den diese Instrumente im 18. Jahrhundert erzeugten. Keine Frage, offenkundig ist es möglich, Haydn und Mozart auf nicht authentischen Instrumenten zu spielen. Aber man sollte Mozart und Beethoven so spielen, als hätte Wagner nie existiert, und ich meine das nicht nur in Bezug auf die Orchestrierung. Wagner erfand oder entwickelte Ausdrucksformen, die früher nicht bekannt waren. Manchmal ist es verlockend und reizvoll, solche Mittel für andere Musik zu verwenden, und einen Mozart- oder einen Beethoven-Satz mit dieser Art von Legato, mit der unbegrenzten dynamischen Spanne Wagners zu spielen. Natürlich geht das gegen das Wesen der Musik. Gleichzei-

tig wäre es kindisch, gewisse Verwendungen der Ausdrucksmittel, auf die wir durch Wagner aufmerksam geworden
sind, nicht zu übernehmen. Es ist sehr wichtig zu wissen,
was man für jede Musik verwenden kann oder was man
nur für seine Musik oder die Musik, die nach ihm gekommen ist, verwenden kann. Mozart und Beethoven mit der
Freiheit im Tempo, mit der enormen dynamischen Bandbreite zu spielen, die man für Wagner braucht, wäre ein »re-
trospektiver Anachronismus«.

Goethe sagte, dass er nicht wisse, wie viel er Spinozas
Ethik zu verdanken oder wie viel er in sie hineininterpretiert
habe. In dem Moment, da man etwas in sich aufnimmt, wird
es ein Teil von einem selbst, dann aber muss man es den eigenen Bedürfnissen anpassen. In der Musik im Allgemeinen
und in der Aufführung im Besonderen ist es sehr wichtig, das
Wesen dessen zu verstehen, was Spinoza die »Attribute«
(also Merkmale) nennt. Unterschiedliche Attribute sind
nicht unbedingt unterschiedliche Aspekte der gleichen Sache. Unterschiedliche Aufführungen sind nicht nur unterschiedliche Interpretationen, aber oft unterschiedliche Aspekte derselben Interpretation. Das ist der Grund, warum
sich Aufführungen selten so stark voneinander unterscheiden, wie wir glauben. Das Wesen jeder Interpretation ist dasselbe. Auch sind sich Aufführungen nicht immer so ähnlich,
wie wir glauben. Solange die Beziehung der Teile zum Gesamten stimmig ist, können die Teile unterschiedlich sein,
ohne den organischen Gesamteindruck zu verändern. Solange man das Wissen um und das Gefühl für die Struktur
und die Beschaffenheit einer Phrase hat, gibt es viele Wege,
sie auszudrücken. Ein weiteres Beispiel dafür, wie philoso-
phisches Denken einem dabei helfen kann, bestimmte Aspekte musikalischer Interpretation zu klären.

So etwas wie eine vollkommene Interpretation gibt es
nicht. Man kann sich nur durch ständige Beobachtung der

unterschiedlichen Bedeutungen des Ausdrucks in jeder einzelnen Aufführung oder Probe weiterentwickeln. Solange es eine klare Konzeption gibt, was in einer Aufführung hervorgehoben werden soll, kann sich die jeweilige Kontrastierung von Aufführung zu Aufführung unterscheiden. Man kann Spannung in jedem Akt einer Wagner-Oper erzeugen, indem man gegensätzliche Ausdrucksmittel verwendet. Es hat Vorstellungen gegeben, sogar in Bayreuth, wo die ständige Veränderung zwischen dem Nachgeben in einer Phrase und anschließender Aufrechterhaltung einer gewissen Strenge des Tempos eine gewaltige Spannung erzeugt hat. Und paradoxerweise wurde die gleiche Art der Spannung oft durch das unbarmherzige, unnachgiebige Beharren auf einem strengen Tempo erzeugt. Ich habe manchmal Aufführungen gehört, in denen die grausamsten Verbrechen gegen den geschriebenen Text begangen wurden, was Artikulation, Dynamik und Balance betrifft, aber nichts davon wurde mit auch nur einer Bemerkung von den Kritikern erwähnt. Sie beschränkten ihre Anmerkungen auf die Beobachtung des Tempos der Aufführung.

Musiker, Zuhörer und Kritiker sollten gleichermaßen bedenken, dass Tempo nur ein Teil des Ganzen ist. Es bezieht sich auf das Ganze und ist nicht eine unabhängige, objektive Kraft. Es gibt Musik, die nicht nur größere Freiheit und mehr Flexibilität des Tempos duldet, sondern sie geradezu verlangt. Rubato in der »Danse sacrale« in *Le Sacre du printemps* zu verwenden wäre ebenso falsch, wie wenn man in den Chopin-Nocturnes oder in einer Wagner-Oper darauf verzichten würde. Die Interpretation wird ja erst kompliziert, wenn man das Werk eines anderen spielt. Niemand würde auf die Idee kommen, die Freiheiten zu diskutieren, die Boulez sich nimmt, wenn er eines seiner eigenen Stücke dirigiert, aber die Leute würden in Aufruhr geraten, wenn er sich auch nur die geringste Freiheit bei Strawinsky oder Ravel nähme.

Ich glaube, unser Gefühl für Tempo hat etwas Körperliches. Man sollte sich unbehaglich fühlen, wenn das Tempo nicht passt. Das kann für einen bestimmten Moment an einem bestimmten Ort mit einer bestimmten Akustik, Spannung und einer bestimmten Klangfülle gelten. In einer Kirche mit einem zu starken Widerhall ist man gezwungen, ein etwas langsameres Tempo anzuschlagen als in einem Gebäude mit einer trockenen Akustik, weil der Klang dort mehr Zeit braucht, um zu entstehen. Wenn man die ganze *Figaro*-Ouvertüre oder den letzten Satz von Beethovens »Appassionata«-Sonate pianissimo spielte, könnte man sie noch schneller spielen als ein guter Instrumentalist oder ein Orchester, und das Ohr wäre noch immer fähig, sie aufzunehmen. Sobald es große dynamische Kontraste gibt, die auch wirklich in der Musik vorgeschrieben sind, werden diese das Tempo beeinflussen. Wenn ein gewisses Tempo überschritten wird, kann das Ohr nicht mehr das gesamte Tonmaterial aufnehmen, das erzeugt wird.

Das andere Extrem ist die Langsamkeit. Wenn im Vibrato der Streicher oder in den harmonischen Spannungen der Musik nicht genug Intensität vorhanden ist, wird selbst ein sich relativ schnell bewegendes Tempo langsam wirken. Wenn das Tempo richtig gewählt ist, können alle unterschiedlichen Elemente zu einer Übereinstimmung in vollkommener Harmonie gebracht werden. Die meisten Komponisten, die mit einem Metronom arbeiten, neigen dazu, Metronomangaben festzulegen, die zu schnell sind – wir kennen das nicht nur von einigen der übertrieben schnellen Metronomangaben Beethovens, sondern auch von Bartók. Wenn man in einem Opernhaus arbeitet und mit einem Sänger auf dem Klavier probt und das Gewicht des Klanges bedeutend geringer ist als das eines ganzen Orchesters, schlägt man wie von selbst ein etwas schnelleres Tempo an. Wenn die Töne Gewicht haben, brauchen sie Zeit, um in Bewegung zu kommen. Das Gewicht der Töne ist ein bestimmender Faktor für das richtige Tempo. Wenn man ein Orchester hat, das fähig ist, das notwendige Gewicht zu erzeugen, kann man ein Tempo langsamer nehmen. Mit einem Orchester, dem dieses Gewicht fehlt, muss man das gleiche Stück unmerklich schneller spielen.

Das Metronom hat die gleiche Funktion wie eine Uhr. Die Uhr tickt unnachgiebig, solange die Batterie arbeitet. Das Metronom zeigt die objektive Zeit an. Die subjektive Zeit hat mit der Art und Weise zu tun, wie die Zeit ausgefüllt wird. Während einer Zeitspanne, in der wir uns amüsieren, aber auch wenn wir in etwas ganz aufgehen, bemerken wir nicht, dass die Zeit vergeht, obwohl die Uhr mit konstanter Geschwindigkeit weitertickt. Im Gegensatz dazu können während einer Zeit gähnender Langeweile fünf Minuten unendlich erscheinen. Das Metronom repräsentiert die objektive Zeit und das Rubato die subjektive Zeit – das Gefühl der Spannung wird dadurch erzeugt, wie die sechzig Sekunden jeder Minute ausgefüllt werden.

Sobald ein Komponist ein Werk beendet, wird dieses in unseren Kosmos, in unser Universum aufgenommen. Es wird unabhängig vom Komponisten und abhängig von den Gesetzen des Kosmos, den Gesetzen der Akustik, vom Gewicht der Töne und von der Fähigkeit des Ohrs, ein gewisses Minimum oder Maximum von Tönen in einem bestimmten Moment aufzunehmen. Die Beziehung des Interpreten zu einer Komposition ähnelt der des Komponisten zum Kosmos. Bevor der Komponist sein Werk zu Papier gebracht hat, bevor es realisiert wurde, ist die Komposition nur vom Gehirn des Komponisten abhängig. Sie ist in seiner Phantasie eingeschlossen. In dem Moment, wo sie aufgeschrieben ist, ist sie von der Phantasie des Lesers abhängig, und in dem Moment, wo das Stück gespielt wird, wird es von den Gesetzen des Universums abhängig.

Der Komponist ist nicht unbedingt der beste Interpret der eigenen Werke. Solange das Musikstück sich in seiner Phantasie befindet, ist er der einzige und perfekte Richter über die verschiedenen Elemente der Komposition. Doch sobald es physische Realität wird, gibt es keine Garantie, dass er alle Elemente wahrnimmt, die seine Schöpfung ausmachen.

Es gibt eine offensichtliche, aber wichtige Unterscheidung zwischen schöpferischen Musikern und reproduzierenden. Dem Interpreten fehlt die Originalität, das Schöpferische des Komponisten. Er ist schöpferisch in seinem Wiedererschaffen eines Stückes, aber er verwendet Material, das es schon gibt. Er realisiert die Musik physisch, aber es ist der Komponist, der die Vision gehabt hat.

Eine der wichtigsten Eigenschaften des Menschen ist sein Freiheitsstreben. Es ist nicht nur auf das Erlangen politischer Freiheit ausgerichtet, sondern auch auf die Freiheit des Denkens und Handelns. Aber der Mensch ist sehr oft ein Sklave der Natur – er ist der Sklave seiner Gefühle, dessen, was er liebt, was er hasst, der Familie, der Gesellschaft und der Kirche. Frei von etwas zu sein heißt oft, Sklave von etwas anderem zu sein. Herr dessen zu werden, dessen Sklave man gewesen ist, heißt oft, dass man in einer anderen Form Sklave wird – im Sinne der Abhängigkeit, der physischen, materiellen oder emotionalen Bedürfnisse. Denn Freiheit und Angst wohnen eng beieinander. Als besonders auffallend in einem politischen Sinn empfand ich dies bei der Gesellschaft, die in der Sowjetunion und in Osteuropa vor der Welle liberalen Denkens existierte, bis allmählich erste Schritte in Richtung Demokratie getan wurden. Immer wieder wird behauptet, einer der grausamsten Aspekte des Sowjetsystems sei gewesen, dass die Leute nicht frei reisen und viele Dinge nicht tun konnten, die den Menschen im

Westen ohne weiteres möglich waren. Das fand ich weniger schlimm als die Tatsache, dass das Sowjetsystem einen Menschen hervorbrachte, dessen gesamte Existenz von Furcht beherrscht wurde. Ich glaube nicht, dass es unabdingbar für einen Einwohner Rigas oder Leningrads ist, in den Ferien nach Neapel zu fahren. Es kann natürlich sehr angenehm sein, ist aber auf keinen Fall absolut notwendig. Ich finde es viel niederträchtiger, Menschen in einer Gesellschaft leben zu lassen, in der jeder Einzelne seiner Ansichten wegen um seine Freunde, seine Familie und um sein Leben fürchten muss. Die Verknüpfung von Freiheit und Furcht finde ich bezeichnend.

Wer versklavt wird, empfindet Furcht, sie beherrscht seine Gefühle und Gedanken. Spinoza hat über dieses Thema sehr viel Erhellendes geschrieben, und ihm verdanke ich einen Großteil meiner Ansichten über Musik und mein eigenes Leben. Diese mentale Ängstlichkeit, diese emotionale Qual, die wir von Zeit zu Zeit empfinden, hindert uns daran, so schöpferisch zu sein, wie wir könnten oder sollten. Da wir wissen, dass die Dinge, die uns im Leben erfreuen, vergänglich sind, versuchen wir ständig, sie für uns selbst zu sichern. Wir können vielleicht Versicherungspolicen im buchstäblichen und übertragenen Sinn sammeln, aber wir können unsere Angst, das Objekt unserer Liebe zu verlieren, nicht überwinden. Deshalb müssen wir Wege finden, unsere Ängste zu vermindern.

Es ist in der Musik ebenso wichtig, die Details in Bezug zum Ganzen zu sehen, wie für den Menschen, sich in Bezug zur Natur oder zum Universum zu betrachten. Eine musikalische Darbietung, die nicht von diesem Bewusstsein getragen wird, ist nicht mehr als eine Ansammlung schöner Momente. Sie entspricht einem Leben, in dem nur sinnlicher Genuss zählt und die wahren Werte und unser Platz im Universum nicht von Belang sind.

Wenn man sich dafür entscheidet, sein Leben mit Musik zu verbringen, beschäftigt man sich mit einer anderen Sphäre. Es gibt keine Versicherung für korrektes musikalisches Denken und sicherlich keine Versicherung für musikalische Darbietung. Das Risiko ist allgegenwärtig. Es ist leicht, sich daran zu gewöhnen, auf »Nummer Sicher« zu gehen. Insbesondere Holzbläser und Blechbläser neigen dazu, zu sagen: »Wenn ein Ton schwer zu beherrschen ist, dann spiel ihn nicht zu leise, spiel ein bisschen lauter, und du kannst sicher sein, dass der Ton da sein wird.« Um diese Art Sicherheit geht es aber bei der Musik überhaupt nicht. Musik verlangt absolute Verpflichtung vom ausübenden Musiker, äußerste Hingabe und Disziplin – nicht Aberglaube. Wir wissen, wie leicht man einem Aberglauben anheim fällt und an irgendeine übermenschliche Macht glaubt, an die man sich in höchster Not wenden kann. Manchmal denke ich mir, der Unterschied zwischen einem Optimisten und einem Pessimisten besteht darin, dass der Optimist glaubt, Gott werde ihm helfen, wenn die Vernunft am Ende ist, während der Pessimist von vornherein davon überzeugt ist, dass Gott ihm nicht helfen wird! Doch manchmal scheint Gott tatsächlich zu helfen. Etwa bei Gedächtnisschwierigkeiten: Man hat über etwas nachgedacht, hat es analysiert und begriffen, bis plötzlich ein Moment kommt, in dem die Konzentration aussetzt – was sich manchmal nicht vermeiden lässt. Trotzdem funktioniert das motorische Gedächtnis noch: die Finger spielen weiter Klavier, zum Beispiel. Niemand außer einem selbst hat bemerkt, dass man für kurze Zeit das Gedächtnis verloren hat.

Noch ein Wort zu den Arbeitsmethoden: Man muss jede denkbare Ausdrucksform und die Realisierungsmöglichkeit dieses Ausdrucks ausprobieren, bevor man sich für eine spezielle entscheidet. Es gibt viele verschiedene Arten, etwas zu phrasieren und auszubalancieren, es ist immer mehr als nur eine Möglichkeit, und die richtige Möglichkeit – die, die einem vorschwebt – kann man nicht immer sofort finden. Es ist fast wie ein Kaleidoskop – wir haben unterschiedliche Möglichkeiten, jede Phrase unserer Darbietung aufzubauen, eigentlich mehr, als wir verwenden können. Wir müssen deshalb einige eliminieren und uns für eine entscheiden. Celibidache sagt ganz richtig: Probieren heißt tausendmal nein zu sagen. Aber wenn wir die anderen Möglichkeiten nicht versucht und verworfen haben, können wir nicht überzeugt sein, dass wir die beste gewählt haben. Das gilt sogar für Dinge, die rein technisch scheinen, der Fingersatz etwa oder die Bogenführungen eines Streichinstruments. Aber es muss immer der Fingersatz sein, der den größten Ausdruck erzeugt – manchmal verlangt ein wiederholter Ton einen anderen Fingersatz, damit er nicht zu einer mechanischen Wiederholung wird. Wir müssen uns ständig bemühen, das Wesentliche des Musikstücks herauszudestillieren.

Wir müssen auch vom Komplizierten zum Einfachen arbeiten. Das Komplizierte – bis zur methodischen Analyse – ist Chaos. Nach der Analyse offenbart es sich als eine Ansammlung geordneter Details. Beethovens Skizzenbücher zeigen, dass seine Kompositionsmethode vom Komplizierten zum Einfachen fortschreitet. Die letzte Version, wie wir sie kennen, ist oft viel einfacher als seine erste Version. Die anfängliche Inspiration eines Komponisten, wie die anfängliche Reaktion eines Interpreten, ist oft nicht geordnet und deshalb unnötig kompliziert. Vereinfacht gesprochen: Der Unterschied zwischen einer großen Komposition und einer weniger großen besteht darin, dass die große vom Komplizierten zum Einfachen ganz ausgearbeitet wurde – nicht in einem primitiven Sinn, aber in Hinblick auf größere Klarheit. *Notations* von Boulez wirkt auf den ersten

305

Blick unentzifferbar kompliziert. Doch wenn man anfängt, es zu analysieren, sieht man, wie transparent und klar es ist – nicht nur vom Orchester aus gesehen, sondern auch in Hinblick auf den musikalischen Vortrag.

Für Spinoza war Wissen nicht nur eine Verschmelzung von Informationen, und in der Tat gibt es einen Unterschied zwischen Erfahrung und Wissen. Viele Probleme – Nervosität vor einem Auftritt zum Beispiel – haben mit unserem zu großen Vertrauen auf rein intuitive Gefühle oder empirisches Wissen zu tun. Sobald man weiß, wie etwas aufgebaut ist, wie es aufgrund der Gesetze reagiert, die Klang und Phrasierung beherrschen, gibt es weniger Grund, nervös zu sein. Das bedeutet nicht, dass man immer die Nerven unter Kontrolle haben kann, aber es gibt eine Nervosität, die der Angst entspringt, nicht fähig zu sein, all das zu realisieren, was man möchte – und natürlich gibt es eine Nervosität, die aus unzureichendem Wissen entsteht. Mechanische Wiederholung ist eine musikalische Entsprechung zum abergläubischen Ritus. Man wiederholt etwas mechanisch und fühlt sich sicherer, weil man es drei- oder viermal getan hat. Das ist ein Trugschluss und unlogisches Denken.

Der Kontakt mit dem Publikum bringt unvermeidlich ein neues Element mit sich, das inspirierend oder verunsichernd sein kann, weil es die Einsamkeit beseitigt, in der der Interpret gearbeitet und wachsendes Vertrauen gewonnen hat. Wichtig für einen Musiker im Prozess des Wiedererschaffens ist, dass er die Fähigkeit besitzt, eine Komposition »wieder zu komponieren«, sie auseinander zu nehmen und wieder zusammenzusetzen. Das ist immer ein schöpferischer Prozess, ein Prozess, der ihm helfen kann, die Welt des Komponisten zu ergründen. Der Komponist hat eine Idee, ein melodisches Fragment, ein harmonisches Muster, und er arbeitet das aus, vereinfacht es, kompliziert es, entwickelt es. Er stellt es vielleicht neben eine andere musikalische Idee, die er hat. Und dann, nach großer Inspiration oder harter Arbeit oder beidem, erreicht es die endgültige Form. Er bewegt sich vom Detail zum Ganzen. Der Interpret kann nur die fertige Einheit wahrnehmen. Er muss deshalb vom Ganzen zurück zu den Details finden. Selbst wenn ein Komponist ein Stück im Aufblitzen einer momentanen Inspiration geschrieben und sich auf seinen unterbewussten schöpferischen Sinn verlassen hat, muss der Interpret Vernunft, Verständnis und Beobachtung anwenden, um bewusst das unterbewusste Element wiederherzustellen. Wenn der Interpret nur oder in erster Linie mit seiner Intuition arbeiten würde, könnte er zu einem vollkommen anderen Resultat kommen. Wenn er sein unterbewusstes Sensorium für ein Musikstück durch bewusste Beobachtung verifizieren kann, wird er sich mit Assoziationen und Mustern befassen, die allein von der Schöpfung des Komponisten herrühren. Das garantiert natürlich nicht, dass er die Intention des Komponisten genau erfassen wird, aber es beseitigt die Gefahr einer subjektiven Fehlinterpretation.

Der Komponist hat eine doppelte Autorenschaft an seinem Werk – eine, die sich in dem konventionellen System der geschriebenen Musik manifestiert, und eine andere in unausgesprochenen musikalischen Gedanken. Das entspricht der Beziehung zwischen den Buchstaben und dem Geist eines Textes. Die geschriebenen Noten können uns die Vorstellungskraft des Komponisten vermitteln – seine unausgedrückten musikalischen Gedanken. Doch nur durch die eigene Phantasie können wir die volle Bedeutung der geschriebenen Noten verstehen. In der Musik kann es keine Trennung zwischen Gedanken und Emotionen geben, zwischen Vernunft und Intuition – alle diese Elemente fügen sich zu einer Einheit zusammen. Sorgfältige Beobachtung hilft uns, die Konstruktion eines Musikstücks zu verstehen und es uns zu merken. Einstein sagte einmal, das Unerklärlichste am Universum sei, dass es erklärbar ist. Man könnte ihn fast paraphrasieren und sagen, dass die erklärlichste Sache an der Musik ihre Unerklärbarkeit ist. Nach jeder Beobachtung und Analyse gibt es immer ein Element, das unbegreiflich bleibt. Für mich ist das die transzendentale Qualität der Musik.

Was ich aus Spinozas Philosophie über die Fähigkeit der Vernunft, emotionale Ängste zu bekämpfen, gelernt habe, hat mir in meiner Haltung gegenüber der Musik und allem, was die Welt der Musik umgibt – die Medien, die Schmeichelei, die Kritik und der Neid –, geholfen. Wir Musiker werden ständig mit Menschen konfrontiert, die an der Peripherie der Musik leben – Agenten, Manager, Verwalter, das normale Publikum und Kritiker. Musik ist eines der Themen, bei dem jeder meint, das Recht zu haben, eine Meinung dazu zu äußern. Ich bin oft Menschen begegnet, die von einem bestimmten Tempo entweder besonders begeistert oder besonders irritiert waren und die darüber redeten ohne jedwedes Verständnis für die Überlegungen, die hinter diesem Tempo standen. Ich kenne keinen anderen Beruf, wo so viele Menschen sich berufen fühlen, Meinungen über alles und jedes zu äußern.

Keine musikalische Aufführung stellt das Ende eines Weges dar: Sie ist immer der Anfang eines neuen Weges. Sie ist der Gipfel dessen, was bis zu dieser Aufführung gewesen ist, und ein Vorspiel zur nächsten. Keine Aufführung sollte vorübergehen dürfen, ohne dass der Musiker ein gewisses Maß an weiterem Verständnis gewonnen hat. Es ist sehr wichtig für ausübende Musiker, eine Komposition nicht nur intuitiv oder unterbewusst zu lernen, sondern sie auch zu beobachten und die unterschiedlichen Bestandteile zu verarbeiten, die vom Komponisten bei der Schöpfung verwendet wurden. Keine Komposition ist dem Gehirn des Komponisten fertig entsprungen. Sie wurde im Gegenteil Phase für Phase entwickelt, indem der Komponist das weggelassen hat, was für seinen Zweck überflüssig war, und nur das Unentbehrliche behalten hat – wie auch Beethovens Skizzenbücher zeigen –, was auch ein Beispiel für expressive Verweigerung ist. Wir können unser Selbst nur ausdrücken, indem wir eine intime Kenntnis des Textes des Komponisten erwerben und indem wir unseren eigenen Weg finden, ihn wieder zu »entkomponieren«.

Ich glaube, dass es wichtig ist zu verstehen, wie ein Komponist dazu kam zu schreiben, was er schrieb – mit anderen Worten: Welche Mittel verwendete er? Was waren die harmonischen Beziehungen, wie der Weg der Melodie, die rhythmischen Muster und der Zusammenhang zwischen den drei Dingen? Welche Instruktionen gab er uns für die Aufführung? Der Komponist hat konventionelle Symbole aufgeschrieben, Noten – die sind deutlich wahrnehmbar. Wonach wir suchen müssen, sind die Mittel, um ihre volle Bedeutung zu begreifen. Ich bin oft auf eine bestimmte Phrasierung oder einen Fingersatz gekommen, während ich an einem anderen Teil gearbeitet habe. Das offensichtlich Einfache wird oft unnötig kompliziert, aber auf der anderen Seite kann eine komplizierte Passage nicht nur einfacher, sondern auch ausdrucksvoller werden.

Wenn in der Partitur allegro steht und man adagio spielt, ist man zu weit gegangen; ebenso wenn in der Partitur crescendo steht und man diminuendo spielt. Freiheit im Rhythmus sollte weder vorsätzlich noch kapriziös erscheinen. Alle diese Elemente müssen in irgendeiner Weise zur organischen Gesamtheit in Beziehung stehen. Es gibt natürlich stilistische Unterschiede zwischen den Komponisten: Manche Dinge, insbesondere was das Volumen und die Tempoflexibilität betrifft, sind möglich für Puccini, aber sicherlich falsch für Bach oder umgekehrt. Aber das Konzept der Freiheit gilt gleichermaßen für Bach, Strawinsky, Puccini oder Wagner. Ich versuche nicht, die Anweisungen des Komponisten zu ändern, aber ich versuche eine Beziehung zwischen den verschiedenen Anweisungen zu finden. Diese Beziehung gilt auch für die Quantität: Wenn es accelerando heißt – wie viel ist gemeint?, und wenn es diminuendo heißt – wie viel ist dann gemeint? Und wenn da nichts steht …? Ab einem gewissen Punkt im Finale von Bruckners Siebter Symphonie gibt es einen Impuls, der sich bis zum letzten Höhepunkt aufbaut und meiner Meinung nach nicht unterbrochen oder zurückgehalten werden kann. Von diesem Moment an besitzt die Musik einen Vorwärtsdrang, der bis zum Ende anhält.

Als Musiker studiere ich ständig neue Werke ein, doch ich komme immer wieder zu einigen der Werke zurück, die ich seit meiner Kindheit gekannt und gespielt habe, und studiere sie von neuem. Während mein Leben in der Musik fortschreitet, wird für mich der Unterschied immer deutlicher zwischen den Werken, die gelegentlich ein Interesse bei mir erzeugt haben, und denen, die lebenslange Weggefährten geworden sind.

Musikalische Gedanken zum Schluss

Am Anfang meiner Karriere, in den 1960er Jahren, als ich in London lebte und arbeitete, stand ich in sehr engem Kontakt mit zwei großen Mahler-Dirigenten, Sir John Barbirolli und Otto Klemperer. Dennoch muss ich gestehen, dass ich Mahlers Musik damals ziemlich schrecklich fand. Und so bin ich heute, was diesen Komponisten angeht, eine Art Spätbekehrter, und das auch nur, was bestimmte seiner Werke angeht.

Klemperer zog mich immer wegen meiner Schwierigkeiten mit Mahler auf. Ich erinnere mich an einen Abend Ende der 1960er Jahre, als ich an Jom Kippur in die Royal Festival Hall ging, wo Klemperer Mahlers Siebte Symphonie dirigierte. Der Saal war nur zur Hälfte besetzt, aber es war ein fantastisches und ganz besonderes Konzert. Danach war Klemperer überrascht, mich zu sehen. Er sagte: »Sie sind mir vielleicht ein Spitzbube. Sie hassen Mahler, aber in die Synagoge zu gehen, hassen Sie noch viel mehr. Das ist der einzige Grund, weshalb Sie heute Abend hier sind.«

Wenn ich sage, ich fand Mahlers Musik ziemlich schrecklich, so ist dies ein wenig übertrieben. Um genau zu sein, müsste ich sagen, dass mir einige seiner Symphonien nicht gefielen. Mahlers Lieder habe ich immer geliebt, und dazu zählt auch *Das Lied von der Erde*. Ich hatte das Gefühl, dass Mahler Text brauchte, damit er seine Wirkung entfalten konnte. Doch das Bombastische einiger seiner letzten Sätze in den Symphonien missfiel mir, und ich habe noch heute große Probleme mit der Achten Symphonie.

Was mir damals mit am stärksten missfiel, war, dass Mahler in einigen seiner Symphonien künstliche Folklore-Elemente verwendete. Ich empfand diesen volkstümlichen Einschlag immer als falsch, ganz anders als etwa die volkstümliche Qualität bei Brahms, Schubert oder Bruckner. Bei Mahler schien sie immer wie in Anführungszeichen zu stehen. Die andere Schwierigkeit, die ich mit Mahler hatte – und bis heute habe –, ist die Tatsache, dass über seine Musik so oft in nicht-musikalischen Termini gesprochen wurde. Man verpasste ihm das Etikett des ersten post-freudianischen Komponisten oder er galt als jüdischer Komponist im Kulturkonflikt. Seine Musik wurde immer wieder mit Begriffen wie »persönliche Hysterie« oder »soziale Disintegration in Europa vor dem Ersten Weltkrieg« in Verbindung gebracht.

Schon immer hatte ich etwas gegen den Gedanken, man könne die »tatsächliche« Botschaft von Musik nur dann verstehen, wenn man sie in nicht-musikalischen Termini ausdrückt – ein Problem, das Mahler anhaftet und in jüngerer Zeit auch Schostakowitsch. Die Musik jedes Komponisten ist natürlich bis zu einem gewissen Grad autobiografisch geprägt. Doch Musik, die in erster Linie oder ausschließlich autobiografisch ausgerichtet ist, wäre uninteressant. Interesse weckt Musik deshalb, weil sie autobiografische Elemente auf eine andere Ebene hebt. Ich glaube einfach nicht, dass die Qualität einer Mahler-Aufführung vom Grad ihres Jüdischseins abhängt.

Was mich an Mahler faszinierte, als ich seine Musik zu studieren begann, war die Art, wie er schreibt. Mahler war der erste Komponist, der für verschiedene Instrumentengruppen eine eigene Dynamik vorschrieb. Komponisten wie Beethoven, Brahms und Wagner verordneten meist dem ganzen Orchester eine einheitliche Dynamik und wiesen nur in Ausnahmefällen unterschiedlichen Instrumentengruppen eine gegensätzliche Dynamik zu. Mahler ist da anders. Bei ihm finden wir Unisono-Passagen für Klarinetten und Bratschen, in denen die Klarinetten ein Crescendo vom Mezzoforte zum Fortissimo spielen, die Bratschen dagegen ein Diminuendo vom Fortissimo zum Mezzoforte – alles auf ein und derselben Note. Mit anderen Worten: Die Klangstruktur bleibt gleich, aber die Klangfarbe verändert sich entscheidend.

Daraus lassen sich zwei Dinge ableiten. Zum einen zeigt es, was für ein hoch professioneller Dirigent Mahler war. Vor ein paar Jahren in Wien hatte ich das Glück, Mahlers Partitur von *Tristan und Isolde* einsehen zu dürfen. Mahler hatte viele Eintragungen vorgenommen, die sich jedoch wiederholten. Wenn ein Crescendo angezeigt war, wurde es von den Hörnern oder den Trompeten und Posaunen zurückgenommen, um erst zwei oder drei Takte später einzusetzen. Dadurch sollte die Transparenz der Passagen erhöht werden, damit kein Detail verloren ging. Ich folgerte daraus, dass Mahler sich der Probleme der Dynamik voll bewusst war und deshalb auch seine eigene Musik so schrieb. Zweitens beweist dies, dass sein Gespür für Klangfarben besonders empfindlich und feinsinnig war. Nur wenige Komponisten stellen derart große Anforderungen an jedes Detail, und ich finde, in vielen Aufführungen von Mahlers Musik wird zu wenig darauf geachtet. Dies war ein Aspekt, auf den Klemperer großen Wert legte. Auch er war sehr pingelig in Bezug auf Dynamik und Balance. Das war eine Schlüsselerfahrung für mein Verhältnis zu Mahler.

Die Vulgarität und das Bombastische, die mich an Mahler störten, kommen meiner Meinung nach daher, dass Dirigenten nicht immer den Sinn der Musik begreifen. Es klingt anmaßend zu sagen, ich möchte Mahler »reinigen«, aber ich bin tatsächlich davon überzeugt, dass Mahler heute von sämtlichen nicht-musikalischen Konzepten, die ihm anhaften, gereinigt werden muss. Ich glaube, das Publikum sollte wieder ganz unbefangen auf ihn zugehen. Manche Komponisten brauchen das mehr als andere. Ich denke dabei an Mozart oder Chopin und auch an Mahler.

Gerade weil ich zu Mahler erst auf Umwegen gefunden habe und einige Schwierigkeiten dabei zu überwinden hatte, halte ich es für sehr wichtig, die harmonische Konstruktion der Symphonien Mahlers zu unterstreichen. Dieser Aspekt fehlt mir manchmal in den Aufführungen seiner Musik, dabei ist er von großer Bedeutung, denn Mahlers Werke sind manchmal tonal verankert und manchmal ganz orientierungslos in tonaler Hinsicht. Auch aus diesem Grund wird Mahler zu einem post-wagnerianischen Revolutionär.

Vergleichen wir den Beginn der beiden Symphonien, die ich in jüngerer Zeit dirigiert habe. In der Ersten Symphonie gibt es eine deutliche harmonische Orientierung in den beiden ersten Sätzen. Alles ist aufeinander bezogen. Man weiß, wo die Grundtonart liegt. Auf einmal aber beginnt der letzte Satz mit einem Donnerschlag, und wir sind in f-Moll, einer völlig fremden Tonart, und ein Gefühl tonaler Orientierungslosigkeit stellt sich ein. Wir sind in eine neue musikalische Welt eingetreten. Es ist kein Zufall, dass Wilhelm Furtwängler, der kein großer Mahler-Fan war, den letzten Satz für zu problematisch hielt.

Betrachten wir nun den Beginn der Siebten Symphonie. Gleich zu Beginn spüren wir eine seltsame Orientierungslosigkeit. Mahler führt uns augenblicklich ins Unbekannte. Zwar gibt es einen eisernen Rhythmus, aber harmonisch geht es drunter und drüber. Es ist genau umgekehrt wie bei der Ersten Symphonie, wo wir von der Gewissheit zur Auflösung gelangen. In der Siebten führt uns der Weg von der Ungewissheit zur harmonischen Stabilität. Das Problem der Siebten Symphonie wird oft als ein harmonisches gesehen, als Problem des Aufbaus. Doch das halte ich in vielerlei Hinsicht für den falschen Ansatz. Die Siebte zu dirigieren ist wie eine archäologische Grabung vorzunehmen. Wenn der erste Satz beginnt, hat man das Gefühl, sich durch Schichten hindurchzugraben, in dunkle Winkel zu schauen, um die Musik ans Licht zu bringen und zu begutachten. Diese Kontraste zeigen, weshalb es so schwierig ist, eine endgültige Aussage über Mahler zu treffen. Man hat das Gefühl, dass er in jeder einzelnen Symphonie nach einer neuen Sprache sucht. Nehmen wir den Unterschied zwischen der Zweiten und der Dritten oder zwischen der Siebten und Achten Symphonie. In dieser Hinsicht hat er viel mit Beethoven gemeinsam. Bei Mahler stellt sich jedes Mal die Frage: Was für ein Mahler wird heute gespielt?

Verschiedene Dirigenten werden stets unterschiedliche Eigenschaften in der Musik jedes Komponisten finden. Bei Barbirolli zum Beispiel klang Mahler fast wie Elgar, und er sprach auch über die beiden Komponisten mit ähnlichen Worten. Rafael Kubelík dagegen spürte die Verbindung zu Mahlers böhmischer Herkunft auf. Er konnte die Erste Symphonie beinahe so dirigieren, als wäre sie von Dvořák. Oft dachte ich, mir fehlte etwas bei Mahler, bis ich Kubelík hörte. In diesen Stücken steckt noch viel mehr als einfach nur eine verallgemeinerte Form äußerlicher Erregung. Genau das zeigte Kubelík – und genau das versuche auch ich zu zeigen.

In den vergangenen Jahren habe ich mich immer mehr mit nicht-europäischer Musik auseinander gesetzt. Es begann in Argentinien, eigentlich durch Zufall, als ich auf Rodolfo Mederos und Hector Console, zwei wunderbare Tangomusiker, traf. Wie so oft in meinem Leben brachte eine Person, in diesem Fall José Carli, Ereignisse oder Personen, die scheinbar nichts miteinander zu tun hatten, zusammen. Carli war früher Geiger am Teatro Colón und wurde zu einem meisterhaften Arrangeur argentinischer Musik. Viele der Arrangements meiner Tango-Einspielung *Mi Buenos Aires querido* stammen von ihm, und er war auch verantwortlich für etliche Orchesterarrangements von Tangos für das Chicago Symphony Orchestra und die Berliner Philharmoniker.

Aus Anlass meines fünfzigjährigen Konzertjubiläums wurde eine Konzertserie in der Carnegie Hall veranstaltet, bei der ich Gelegenheit hatte, als Pianist, Dirigent, Liedbegleiter, Kammermusikpartner und Lehrer aufzutreten. Das Unterrichten wird immer wichtiger für mich, denn ich fühle mich verantwortlich, das, was ich in meinem Leben erfahren durfte, an die nächste Generation weiterzugeben. Ich hatte großes Glück, so früh mit dem Musizieren anfangen zu können, was mir ermöglichte, viele verschiedene Vortragsarten mitzuerleben. Ich habe so viele Moden kommen und gehen sehen, dass ich es als Pflicht und als Privileg empfinde, diese Erfahrung weiterzugeben. Das Erstaunlichste am Unterrichten ist für mich das, was man von den Schülern lernt. Bereits aus der Art, wie eine Frage gestellt wird, lerne ich etwas. Das Unterrichten zwingt mich zu einem eingehenden Blick auf das, was ich denke oder vielleicht instinktiv fühle, und dazu, es dann zu artikulieren. Daher ist das Unterrichten keine selbstlose Tätigkeit. Für mich ist es eine Notwendigkeit, denn durch das Lehren lerne ich.

Während der vergangenen zehn Jahre wurde die Harmonielehre bei der musikalischen Ausbildung und im Kompositionsunterricht vernachlässigt. Obwohl ich noch vergleichsweise jung war, fiel mir bereits in den 1950er Jahren auf, dass sich ein Wandel ankündigte. Ich begann meine Harmoniestudien bei Ben-Haim in Israel und setzte sie dann später bei Nadia Boulanger in Paris fort. Es ist nicht entscheidend, die bloßen akademischen Gesetzmäßigkeiten der Harmonielehre zu beherrschen, sondern vielmehr das Bewusstsein dafür zu gewinnen, dass man, wenn eine Grundtonart festgelegt wird, automatisch die Möglichkeit hat, in fremde harmonische Welten hineinzuwandern, ein Prozess, den wir Modulieren nennen. Solange man keine Grundtonart festlegt, scheint nichts fremd zueinander zu stehen. Wie man richtig moduliert, ist eine andere Frage, aber was der heutigen Art zu musizieren oft fehlt, ist das Verständnis für die Funktion von Harmonie.

Die bloße Tatsache, dass sich die Harmonie langsamer ändern kann als der Rhythmus und die Melodie, macht sie nur umso bedeutender. Wenn die Entscheidung über das Tempo zu früh fällt, wird es nie gelingen, die Details und Spannungen zu entwickeln, die sich durch die gegenseitige Abhängigkeit dieser verschiedenen Elemente der Musik ergeben. Es ist so, als würde man ein Gespräch mit jemandem, den man amüsant oder nett findet, von vornherein auf eine bestimmte Dauer begrenzen. Ist es nicht viel interessanter, eine Unterhaltung zu beginnen und zu schauen, wie sie sich entwickelt und wohin sie führt, bevor man entscheidet, ob sie fünf Minuten, eine Stunde oder fünf Stunden dauern soll?

Eine weitere irrige Vorstellung in Bezug auf das Tempo hat mit der sklavischen Befolgung von Metronomangaben zu tun. Das Metronom soll nur einen Hinweis geben und nicht etwa die Geschwindigkeit diktieren. Einmal fragte ich Pierre Boulez, weshalb er ein anderes Tempo als das in der Partitur vorgeschriebene nehme, wenn er seine eigenen Werke dirigiert. Boulez antwortete mit für ihn typischer Geistesschärfe und Charme: »Wenn ich komponiere, koche ich mit Wasser, aber wenn ich dirigiere, koche ich mit Feuer!« Das Gewicht des Klangs und die akustischen Bedingungen bestimmen die Geschwindigkeit.

Heute scheint es ein ungeschriebenes Gesetz zu sein, das Tempo einzuhalten und ja niemals zu verändern, als sei dies ein Zeichen für Charakterstärke, Loyalität und Kreativität. Mahler hat einmal gesagt, ein Tempo sei nur dann richtig, wenn es bereits im zweiten Takt verändert werden kann. Das trifft sicher nicht auf alle Stile zu – es mag bei Mahlers oder Wagners Musik stimmen, wäre aber bei Strawinsky sicherlich verkehrt. Für mich gehört allerdings die Notwendigkeit unmerklicher Tempoveränderungen zu den Grundprinzipien des Musizierens.

Wir leben in einer Zeit der Political Correctness, was in diesem Zusammenhang bedeutet, dass wir auf Anweisungen warten, obwohl wir zugleich nach Gedanken- und Handlungsfreiheit streben. Diese beiden Aspekte – das Bedürfnis nach mehr Freiheit und das Bedürfnis nach Führung – sind stark voneinander abhängig. Ich sehe das in vielen Bereichen unserer heutigen Gesellschaft. Um es auf einen musikalischen Nenner zu bringen: In jedem Augenblick der Musikgeschichte hat es Menschen mit einer höheren Qualifikation als andere gegeben. So hat uns zum Beispiel die Auseinandersetzung mit Originalinstrumenten und authentischer Aufführungspraxis zweifelsohne einige sehr talentierte Musiker beschert. Der Konflikt zwischen den verschiedenen Bedürfnissen stellt sich nicht bei den Talentierten, sondern bei den weniger Talentierten, denn sie brauchen eine Ideologie, der sie folgen können. Ich habe oft das Gefühl, dass sie nichts über Musik zu sagen haben, sondern nur irgendwelchen Vorgaben nachgehen. Sie wissen ungefähr, wie man in der Vergangenheit musiziert hat, aber sie sehen nicht die Notwendigkeit, das Konzept den heutigen Gegebenheiten anzupassen.

Dies führt zu sinnlosen Schlussfolgerungen, wie etwa der weit verbreiteten Überzeugung, Bach, Haydn und Mozart sollten nur mit einer kleinen Anzahl von Streichern gespielt werden. Sie vergessen oder ignorieren, dass Mozart – nach der Uraufführung seiner Symphonie Nr. 34 – selbst an seinen Vater geschrieben hat, wie maßlos glücklich er gewesen sei, vierundzwanzig Violinen gehabt zu haben. Heute kommt es mitunter zu Aufführungen – zum Beispiel, wenn in der Berliner Philharmonie oder anderen vergleichbar großen Konzertsälen Bach gespielt wird –, bei denen vier oder fünf erste Violinen eingesetzt werden, ohne zu bedenken, dass die Akustik und die Größe des Saals etwas anderes erfordern. Wenn man glaubt, dass eine bestimmte Musik nur mit vier oder fünf Violinen gespielt werden kann, sollte man sie wieder an den Orten aufführen, für die sie geschrieben wurde.

Oft tauchen Fragen bezüglich verschiedener Fassungen auf – neue »authentische« Ausgaben und dergleichen. Häufig habe ich den Eindruck, die Musiker sitzen vor einer Partitur – etwa so wie ein Student, der eine Prüfung absolvieren muss, auf die er sich nicht vorbereitet hat – und starren verdutzt darauf. Die Partitur ist nur die Notation dessen, was in der Vorstellung des Komponisten existierte. Es ist das Ergebnis seines ganzes Seins – seiner Gedanken, seiner Gefühle, seines Temperaments –, und es reicht einfach nicht, nur das zu spielen, was auf dem Papier steht. Das ist nicht besonders schwierig, und es ist auch nichts, worauf man besonders stolz sein könnte. Auch reicht es nicht, nur mit Temperament oder Gefühl zu spielen, was jemandem, der einigermaßen talentiert und gut ausgebildet ist, nicht besonders schwer fällt. Schwierig wird es, wenn man alle diese Elemente zusammenfügt – doch erst dann wird Musik daraus.

Klang ist nicht gleich Musik. Eine Ansammlung wunderschöner Töne wird erst dann zu Musik, wenn alle Bestandteile in einem Kontext gegenseitiger Abhängigkeit verbunden sind. Dies führt uns zu der Frage, weshalb Musik etwas mit Religion zu tun hat. Was macht das Wesen von Religion aus – ganz gleich, welcher? Bei einer monotheistischen Religion geht es um ein Konzept, aus dem nichts herausgelöst werden kann, wo alles eins ist. Dies ist auch das Prinzip der Musik: Gefühl wird nicht vom Denken, das Denken nicht von der Wahrnehmung und das Temperament nicht von der Wissenschaftlichkeit getrennt. Je weiter wir uns von der Zeit entfernen, in der die Musik geschrieben wurde, desto vorsichtiger werden wir. Wenn wir die Uraufführung eines Werkes oder ein relativ neues Werk hören, werden wir womöglich auf Verständnisschwierigkeiten stoßen, auf mangelnde Vertrautheit, eine Intensität und ein Gefühl, das den gesamten Körper und die Seele einschließt. Wenn es aber Musik ist, die schon seit vielen Jahren existiert und die für uns nur aus den berühmten »schwarzen Punkten auf weißem Papier« besteht, fühlen wir uns viel weniger angesprochen und einbezogen.

Ich hatte das große Glück, Komponisten kennen zu lernen, die uns sehr interessante und schöne Musik geschenkt haben. Meine Freundschaft mit Pierre Boulez dauert nun schon jahrelang an, ohne an Intensität und Vergnügen einzubüßen. Daneben lernte ich aber auch Elliott Carter und Harrison Birtwistle kennen und schätzen. Beide schrieben Opern, deren Uraufführung ich in Berlin dirigierte (Carters Werk führte ich auch in Chicago und New York auf). Carter und Birtwistle sind zwei sehr unterschiedliche Komponisten, die das Argument Lügen strafen, Musik sei heutzutage entweder seicht und populär oder komplex und schwierig.

Die Entwicklung von Elliott Carters Musik während der letzten fünfzig Jahre war wirklich außergewöhnlich. Ich halte Carters erste Oper *What Next?* für ein großartiges, virtuoses Stück für das Orchester; die Brillanz seiner Musik hat etwas sehr Aufregendes und Angenehmes. *What Next?* beginnt mit den Nachwirkungen einer Katastrophe – in der Berliner Inszenierung ist es ein Autounfall –, die durch vier Schlagzeuger dargestellt wird, die einfach den Krach der Katastrophe produzieren. Dieselben Instrumente werden dann anders ausgerichtet, so dass sie nicht nur den Rhythmus angeben und Lärm erzeugen, sondern die Stimmung einer Situation und der Musik darstellen – eine Umwandlung also vom rein Deskriptiven zum äußerst Ausdrucksstarken. Carters Art, für das Orchester zu schreiben, fasziniert mich, vor allem sein poetisches Gefühl für die Schlaginstrumente, die so viel zur Atmosphäre des Werkes beisteuern. Wenn man so will, ist es die perfekte Ergänzung zu Liszts originellem Einsatz des Triangels in seinem Ersten Klavierkonzert, der damals ebenfalls etwas völlig Neues darstellte.

Harrison Birtwistle, ein völlig anders gearteter Komponist, hat während der letzten Jahre viele wichtige Werke geschrieben – ein wunderbares »Klavierkonzert«, *Antiphonies,* meisterhafte Orchesterwerke wie etwa *Exody,* das er für das Chicago Symphony Orchestra komponierte, und Opern, beispielsweise *The Last Supper,* das wir an der Berliner Staatsoper aufgeführt haben. Ich weiß nicht, ob sich die beiden Komponisten kennen und was sie voneinander halten. Doch es würde mich nicht überraschen, wenn sich herausstellte, dass sie sich entweder gegenseitig sehr schätzen oder sehr wenig füreinander interessieren. Sie ähneln sich nur insofern, als dass beide die Vorstellung widerlegen, die gesamte heutige Musik könne in eine Schublade gesteckt werden, weil sich alle ihre Ausformungen derart gleichen.

Sehr häufig höre ich Sätze wie: »Oh, ich *liebe* zeitgenössische Musik« oder »Nein, mir gefällt zeitgenössische Musik ganz und gar nicht«. Beide Aussagen sind ungerechtfertigt, eben weil es eine derartige Bandbreite an Stilen und

Qualität gibt. Wenn Musiker solche verallgemeinernden Ansichten äußern, weiß ich, dass es nur Lippenbekenntnisse sind. Man kann zeitgenössische Musik nicht ausschließlich lieben oder hassen – man wird sich für manches mehr interessieren als für anderes, wie auch bei Musik der Vergangenheit.

In Chicago stehe ich in dem Ruf, zu viel zeitgenössische Musik aufzuführen, in Berlin dagegen beklagt man sich, ich dirigierte sie zu selten – daher nehme ich an, dass mein Engagement in etwa angemessen war. Während der letzten zehn Jahre fand ich einige zeitgenössische Kompositionen besonders aufregend, interessant und befriedigend. 1999 lieferte Pierre Boulez *Notation VII* für Orchester, das ich für ein Meisterwerk halte. Es ist länger und breiter gefasst als seine bisherigen *Notations,* und sein Konzept, Musik zu transformieren, wird darin weiterentwickelt. Er stößt auf neues Terrain vor, und ich bin bereits auf die nächsten Teile der Serie gespannt. Ich habe die Hoffnung noch nicht aufgegeben, dass er einmal eine Oper schreiben wird, denn ich glaube, sie könnte ein wichtiger Beitrag zu dieser Gattung werden. Schon zweimal plante er eine Oper, zuerst mit Jean Genet, dann mit Heiner Müller, doch beide starben leider, bevor die Pläne weit genug gediehen waren.

Verständlicherweise wird in Israel die Wagner-Debatte in regelmäßigen Abständen immer wieder geführt, und ein Konsens in dieser Frage ist derzeit nicht zu erwarten. Daher scheint es notwendig, ihre historischen Hintergründe etwas genauer zu betrachten. Bronislaw Huberman rief 1936 das Israel Philharmonic Orchestra ins Leben, zu einer Zeit, da Wagners Werke nicht tabuisiert waren. Zur gleichen Zeit beschloss der Dirigent Arturo Toscanini, dessen antifaschistische Einstellung allgemein bekannt war, nicht mehr bei den Bayreuther Festspielen aufzutreten. Das Israel Philharmonic Orchestra war eigenständig und entschied erst nach der Reichskristallnacht 1938, Wagner nicht mehr aufzuführen. Die mit Wagner wegen des Missbrauchs seiner Musik durch die Nazis verbundenen Assoziationen wogen zu schwer.

Nachdem etliche Versuche fehlgeschlagen waren, lud mich das Israel Festival ein, am 7. Juli 2001 ein Konzert zu dirigieren, und zwar während der Israel-Tournee der Staatskapelle Berlin. Auf dem Programm stand unter anderem Musik von Wagner. Ich habe größtes Verständnis und Mitgefühl für alle Überlebenden des Holocaust und ihre schrecklichen Assoziationen bei Wagners Musik. Daher sollten Wagners Werke nicht im Rahmen von Abonnementkonzerten gespielt werden, wenn treue Abonnenten mit Musik konfrontiert würden, die bei ihnen entsetzliche Erinnerungen weckt. Allerdings muss die Frage gestellt werden, ob irgendjemand das Recht hat, einen anderen, der nicht dieselben Assoziationen hat, der Möglichkeit zu berauben, diese Musik zu hören. Damit würde man indirekt dem Missbrauch von Wagners Musik durch die Nazis Vorschub leisten. Schließlich beruhte die Entscheidung des Israel Philharmonic Orchestra, nicht mehr Wagner zu spielen, nicht auf Wagners Antisemitismus, der sich seit dem 19. Jahrhundert festgesetzt hatte, sondern auf den schrecklichen Assoziationen, welche die Nazis verursacht hatten. Manche Entscheidungen sind zu ihrer Zeit richtig und verständlich. Allerdings führen neue Entwicklungen bisweilen zu einer Veränderung der Ausgangssituation und machen ein Überdenken von Entscheidungen der Vergangenheit notwendig.

Ein Beispiel hierfür ist die Position, die das Israel Philharmonic Orchestra nach dem Zweiten Weltkrieg und dem Holocaust eingenommen hat, als es beschloss, Solisten und Dirigenten wie Bruno Walter und Otto Klemperer nicht mehr einzuladen, da diese während des Krieges oder noch davor dem Judentum abgeschworen hatten. In Anbetracht der damaligen Umstände ist dies eine verständliche Entscheidung. Im Lauf der Zeit wurde dieses Vorgehen jedoch aufgegeben, da eine Konversion vom Judentum nicht länger als Zeichen von Schwäche oder als Versuch gedeutet wurde, durch Anpassung eine Verbesserung der eigenen Situation zu erreichen. Heute wäre es kein Problem mehr, einen zu einer anderen Religion konvertierten Juden das Orchester dirigieren zu lassen.

Die aktuelle Wagner-Debatte hat Ähnlichkeiten mit dieser Frage. 1938 war die Entscheidung gegen Wagners Musik nachvollziehbar, da die damit verbundenen schrecklichen Assoziationen zu stark waren. Ich verstehe auch, dass einige Menschen diese Assoziationen nicht vergessen können, und man sollte sie niemals zwingen, Wagner in einem Konzert zu hören. Dennoch sollte sich Israel als demokratischer Staat verhalten. Dies schließt ein, dass Menschen, die diese Assoziationen nicht haben, nicht davon abgehalten werden dürfen, Wagner-Musik zu hören. Ich habe nicht die Absicht, Israel in Sachen Wagner zu missionieren. Ich habe jedoch den Eindruck, dass diese Frage eine Gelegenheit darstellt, in der sich Israel als demokratische Gesellschaft definieren kann und sollte.

Das Konzert mit der Berliner Staatskapelle fand also am 7. Juli 2001 in Jerusalem statt, und auf dem Programm standen Werke von Schumann und Strawinsky, als Zugabe ein Stück von Tschaikowsky. Anschließend drehte ich mich zum Publikum um und schlug als weitere Zugabe »Vorspiel« und »Liebestod« aus Wagners *Tristan und Isolde* vor. Selbstverständlich wollte ich einem unvorbereiteten Publikum nicht einfach Wagner vorspielen, und so entspann sich ein etwa vierzigminütiges Gespräch mit dem Publikum. Denjenigen, die gehen wollten, bot ich an, dies zu tun, und denen, die Wagner hören wollten, sagte ich, dass wir bereit seien, zu spielen. Zwanzig bis dreißig Leute gingen. Die Übrigen blieben und spendeten uns am Schluss begeisterten Beifall, was mir das Gefühl gab, dass wir etwas Positives getan hatten. Erst am nächsten Tag brach der Skandal richtig los. Allerdings war er von Leuten organisiert worden, die das Konzert nicht besucht hatten, dafür aber politisch Einfluss nehmen konnten, was mich traurig stimmte.

In einer demokratischen Gesellschaft, wie sie in Israel besteht, sollte es keinen Raum für Tabus geben. Der Wagner-Boykott ist eigentümlich – das Israel Philharmonic Orchestra darf keine Musik von Wagner spielen, aber man kann Wagner-CDs in Israel kaufen, kann Wagner im israelischen Rundfunk hören, bekommt Wagner-Videos im israelischen Fernsehen zu sehen, und auch israelische Handys spielen den »Walkürenritt«. Ich glaube nicht, dass jemand, der zu Hause in Tel Aviv oder Jerusalem sitzt, leidet, weil er weiß, dass jemand in einer anderen Stadt Musik von Wagner spielt.

Leider ist die gesamte Wagner-Debatte mit der Tatsache verknüpft, dass wir den Schritt zu einer Identität als israelische Juden noch nicht geschafft haben und uns an alle möglichen Assoziationen mit der Vergangenheit klammern – die natürlich zu ihrer Zeit vollkommen verständlich und gerechtfertigt waren –, als müssten wir uns auf diese Weise an unser eigenes Judentum erinnern. Wenn wir sagen, Wagner darf in Israel nicht gespielt werden, schaffen wir damit eine weitere Verbindung zum Judentum der 1930er und 40er Jahre. Natürlich müssen wir einen Sinn für Geschichte bewahren, aber wir sollten auch wissen, wer wir heute als israelische Juden sind. Und solange uns das nicht gelingt, werden wir keinen fruchtbaren Dialog mit Nicht-Juden beginnen können. Und genau aus diesem Grund besteht ein Zusammenhang zwischen der Wagner-Debatte und unserem Verhältnis zu den Palästinensern.

Naguib Mahfouz hat geschrieben: »Die Grausamkeit des Gedächtnisses manifestiert sich in der Erinnerung an das, was ins Vergessen abgedrängt wurde.« Diese Aussage drückt etwas von dem aus, was ich für das Verhältnis zwischen Deutschen und Juden für sehr wichtig halte, da beide Seiten – jede auf ihre Weise – mit dem Problem der Vergangenheit fertig werden müssen. Manche Angelegenheiten erfordern die Großzügigkeit des Vergessens, andere dagegen die Aufrichtigkeit des Gedenkens. Aus meiner Sicht liegt darin die Schwierigkeit der Nachkriegsgenerationen in Deutschland, obwohl ich selbst keine persönlichen Erfahrungen mit Xenophobie oder Antisemitismus gemacht habe. Das vor kurzem geäußerte Statement eines bekannten Berliner Politikers über den »Juden Barenboim« stand in einem Zusammenhang, der nichts mit dem Judentum zu tun hatte, und daher interpretiere ich es als ein Zeichen für sein falsches Verständnis des Judentums.

Es stimmt, das Judentum lässt sich nicht leicht erklären. Es ist teils Religion, teils Tradition, teils Nation – und teils ein unglaublich buntes Volksgemisch. Mit ihm umzugehen ist schwer, für die Juden selbst ebenso wie für alle anderen, vor allem aber für ein Land wie Deutschland, das mit den Juden eine schreckliche Geschichte gemeinsam hat. Leider habe ich nach vielen Jahren in Deutschland den immer stärkeren Eindruck gewonnen, dass nicht viele Deutsche diesen Teil ihrer Geschichte verarbeitet oder verstanden haben. Dieses Nicht-Wissen könnte zu neuem Antisemitismus führen oder zu Philosemitismus, was ebenso falsch wäre.

Ich glaube nicht an kollektive Schuld, vor allem nicht, wenn so viele Generationen mittlerweile nachgefolgt sind, und habe daher kein Problem, in Deutschland zu leben und zu arbeiten. Zugleich erwarte ich aber von jedem Deutschen, diesen Teil der Geschichte seines Landes nicht zu vergessen und besonders vorsichtig damit umzugehen. Dies kann ihm nur gelingen, wenn er sich selbst und die Vergangenheit versteht, die ihn geformt hat. Wenn man nämlich ein wichtiges Element seiner selbst unterdrückt, kann man kein ungehemmtes Verhältnis zu anderen entwickeln.

Diese Gedanken führen zur Frage nach der deutschen Identität und zu der allgemeiner gefassten Frage, woraus Identität an sich besteht. Gibt es wirklich nur eine einzige Identität für einen Menschen oder ein Volk? Die jüdische Tradition weist zwei deutlich getrennte Tendenzen auf. Auf der einen Seite steht das eher fundamentalistische Verständnis vom Judentum, welches von den Philosophen, Dichtern und Gelehrten repräsentiert wird, die nur an jüdischen Fragen und der jüdischen Weltanschauung interessiert waren. Auf der anderen Seite gibt es eine Tendenz, welche mit Personen wie Spinoza oder Einstein und bis zu einem gewissen Grad auch mit Heinrich Heine assoziiert wird. Sie wandten die Traditionen jüdischen Denkens auf andere Fragen und andere Kulturen an, unter anderem auch auf die deutsche. Es fällt nicht schwer zu erkennen, dass sich unter den Juden eine doppelte Identität zu entwickeln begann.

Meiner Meinung nach ist es zu Beginn des 21. Jahrhunderts niemandem möglich, glaubhaft auf einer einzigen Identität zu bestehen. Eine der Schwierigkeiten unserer Zeit liegt darin, dass die Menschen sich um immer kleinere Details kümmern und dass sie oft nur wenig Gespür dafür haben, wie Dinge zusammenhängen und ein Ganzes bilden. Die Deutschen haben der Welt in geistiger Hinsicht so vieles geschenkt – man denke nur an Bach, Beethoven, Wagner, Heine oder Goethe. Vielleicht machen es die schrecklichen Erlebnisse der Nazizeit und kurz danach einem Deutschen von heute besonders schwer, sich seiner Geschichte als Ganzer zu stellen.

Ich betrachte die Frage der Identität sowohl als Musiker als auch vor dem Hintergrund meiner eigenen Geschichte. Ich wurde in Argentinien geboren, meine Großeltern waren russische Juden, ich bin in Israel aufgewachsen, und ich habe die meiste Zeit meines Erwachsenenlebens in Europa verbracht. Ich denke in der Sprache, die ich in dem Augenblick spreche. Ich fühle deutsch, wenn ich Beethoven dirigiere, und italienisch, wenn ich Verdi dirigiere. Dennoch habe ich nicht das Gefühl, mir dabei selbst untreu zu werden, im Gegenteil. Verschiedene Stile zu spielen kann überaus aufschlussreich sein. Hat man gelernt, was ein Pianissimo bei Debussy bedeutet und kehrt dann zu einem Beethoven'schen Pianissimo zurück, weiß man noch besser, worin die Unterschiede bestehen, und stellt fest, dass man es mit zwei völlig verschiedenen Klängen zu tun hat. Bei Debussy ist das Pianissimo körperlos, bei Beethoven hingegen muss ein physischer Kern in Ausdruck und Klang zu spüren sein.

Es ist nur natürlich, Ausflüge in andere Kulturen zu schätzen, wobei die deutsche Kultur etwas Besonderes ist – und hier ist falsche Bescheidenheit fehl am Platz. Wenn man Beethoven als einen Menschen begreift, der deutsch war und zugleich universell, dann wird auch deutlich, dass Deutsche sich – mehr als andere Nationen – mit vergangenen Kulturen beschäftigt haben, zum Beispiel mit griechischer Mythologie, Literatur und Philosophie. Beethovens gesamtes Werk basiert zu einem gewissen Grad auf dem griechischen Prinzip der Katharsis, die eine typisch deutsche Haltung widerspiegelt: Du sollst dich nicht davor fürchten, ins Dunkel einzutreten und wieder im Licht aufzutauchen. Der erste Satz von Beethovens Vierter Symphonie etwa beginnt in den Tiefen des Chaos und findet einen außergewöhnlichen Weg zu Ordnung und Jubel.

In einer Rede des Bundespräsidenten Johannes Rau aus

dem Jahr 2000 fand ich eine besonders zutreffende Aussage, in der es um die Unterschiede zwischen Nationalismus und Patriotismus ging. Rau sagte: »Patriotismus kann nur da gedeihen, wo Rassismus und Nationalismus keine Chance haben. Wir dürfen niemals Patriotismus mit Nationalismus verwechseln. Ein Patriot ist einer, der sein eigenes Vaterland liebt. Ein Nationalist ist einer, der die Vaterländer der anderen verachtet.« Das scheint mir ein wichtiger Gesichtspunkt zu sein. Ich glaube, viele Deutsche haben in der zweiten Hälfte des 20. Jahrhunderts ihren Sinn für Patriotismus, die Zuneigung zu ihrem Land verloren, und zwar zum Teil aus Furcht vor Nationalismus. Das ist bedauerlich. Der Wandel fand in der Zeit einer großen Immigrationswelle statt, als mehr Fremde denn je nach Deutschland wollten oder mussten. Deutschland öffnete seine Tore und bediente sich der Immigranten, ohne bereits die Toleranz eines Staates zu besitzen, der auf Immigration basiert, wie etwa Argentinien oder die Vereinigten Staaten von Amerika. Die fremdenfeindliche Haltung vieler Deutscher scheint mir von der Tatsache herzurühren, dass die letzten zwei oder drei Generationen nicht gelernt haben, was Immigration bedeutet. Sie können nicht begreifen, dass man mehr als eine Identität zur selben Zeit haben kann und dass Menschen anderer Herkunft mit anderen Sitten und einer anderen Kultur Teil des eigenen Landes werden können, ohne die eigene deutsche Identität zu gefährden.

Das beste Beispiel für dieses spezifisch deutsche Problem ist die derzeitige Situation in Berlin, wo einige Menschen fürchten, ihre Hauptstadt könne multikulturell oder multidimensional werden. Diese Furcht stammt sicher aus einer Vergangenheit, die nicht vollkommen verarbeitet wurde. Berlin war die einzige geteilte Stadt in Deutschland, und die beiden Teile der Stadt bekamen außergewöhnlich viel Hilfe von außen – sowohl die Bundesrepublik als auch die DDR sahen Berlin als eine Stadt mit Sonderstatus an. Ich hoffe, dass Berlin seine besondere Stellung nicht wegen der Wiedervereinigung verlieren wird – im Gegenteil. Gerade wegen der vierzigjährigen Teilung und der zwei nebeneinander existierenden Systeme hat Berlin ein einzigartiges Potential zur Überwindung von Unterschieden, ein Potential, von dem man jetzt Gebrauch machen sollte. Anstatt sich über die aus der Geschichte herrührende Teilung zu beklagen, sollte man diese als positive Kraft behandeln, für Berlin und auch für die Beziehungen der Stadt zum übrigen Deutschland und zu anderen Ländern. Schließlich ist Berlin die einzige Stadt Deutschlands, in der sich weder eine Delegation aus Moskau noch eine aus Washington vollkommen fremd fühlen.

Beim Verständnis der Natur, der Eigenschaften des Menschen oder der Beziehung zu Gott oder einem sonstigen höheren geistigen Prinzip können wir viel durch Musik lernen. Musik ist so wichtig und interessant für mich, weil sie zugleich alles und nichts bedeutet. Wer lernen möchte, wie es sich in einer demokratischen Gesellschaft lebt, sollte einmal in einem Orchester mitspielen. Dann weiß man nämlich, wann man führen und wann man folgen sollte. Man lässt anderen Raum, hat aber keine Hemmungen, ebensolchen Raum für sich selbst zu beanspruchen. Und dennoch oder vielleicht gerade deshalb ist Musik das beste Mittel, um den Problemen der menschlichen Existenz zu entfliehen.

Für mich ist Busonis Definition von Musik als »tönender Luft« die einzig zutreffende. Alles, was sonst über Musik gesagt wird, bezieht sich auf die unterschiedlichen Reaktionen, die sie bei den Menschen hervorruft: Sie wird als poetisch, sinnlich, spirituell, emotional oder in formaler Hinsicht faszinierend empfunden – Möglichkeiten gibt es unzählige. Da Musik zugleich alles und nichts ist, kann sie leicht missbraucht werden, wie etwa von den Nazis. Beim Workshop in Weimar haben Musiker aus Israel und den arabischen Ländern zusammengearbeitet und gezeigt, dass eine zuvor für unmöglich erachtete Annäherung und Freundschaft durch Musik erzielt werden kann; dies bedeutet jedoch nicht, dass Musik die Probleme des Nahen Ostens lösen wird. Musik kann die beste Schule des Lebens sein – und zugleich das beste Mittel, ihm zu entfliehen.

Anhang

Anmerkungen Daniel Barenboims anlässlich eines Konzerts des Israel Philharmonic Orchestra in Tel Aviv am 25. Dezember 1996, bei dem ihm die Ehrendoktorwürde von der Hebrew University of Jerusalem verliehen wurde.

Tief bewegt stehe ich hier vor Ihnen, um die Ehrendoktorwürde der Hebrew University of Jerusalem entgegenzunehmen. Ich bin aus verschiedenen Gründen bewegt, doch hauptsächlich wegen der großen Ehre, nun in die lange Liste hervorragender und wichtiger Leute aufgenommen zu werden, die vor mir mit dieser Ehrung ausgezeichnet wurden. Der zweite Grund ist, dass dies ein Ehrendoktor der Philosophie ist, ein Gebiet, das die Unterscheidung zwischen lediglich aneinander gereihten Noten und Musik ermöglicht, einem Gebiet, das hilft, Musik zu begreifen und darin nicht nur eine Ansammlung von Noten, sondern eine allgemeine kosmische Äußerung zu sehen. Der dritte, ebenso wichtige Grund liegt darin, dass ich diese Auszeichnung von einer berühmten und wichtigen Institution bekomme, der Hebrew University of Jerusalem, mit der Betonung auf Jerusalem.

Obwohl ich in Tel Aviv aufwuchs und zur Schule ging, war Jerusalem für mich immer das Symbol der engen Beziehungen zwischen der Tradition des Gestern und der Zukunft, die morgen beginnt. Jerusalem ist nämlich der Ursprung aller europäischen Kulturen. Die Kultur Roms, Griechenlands, Ost- und Westeuropas wurde von Quellen genährt, die in Jerusalem zu finden sind. Jeder Mensch, der irgendetwas mit Kultur zu tun hat – sei es Musik, Literatur oder Wissenschaft – bringt, wenn er nach Jerusalem kommt, etwas von dem zurück, was er auf direktem oder indirektem Weg hier empfangen hat, und daher sehe ich in Jerusalem das geistige Zentrum aller Nationen. Es ist dies keine einfache Zeit im Hinblick auf die Spannungen zwischen verschiedenen Gruppierungen unseres Volkes und die schwierigen Auseinandersetzungen zwischen Orthodoxie und Säkularismus. Ich glaube, wir müssen heute zunächst einmal definieren, wer Jude ist. Die Definition eines orthodoxen Juden ist eindeutig, die eines weltlichen Juden dagegen ist komplex, und erst wenn es uns gelingt zu erklären, was eine Person dazu bringt, Jude zu sein und sich als Jude zu fühlen, werden wir in der Lage sein, uns selbst zu erklären, worauf unsere Existenz beruht, und erst dann werden wir in der Lage sein, einen Dialog untereinander und mit unseren palästinensischen Nachbarn zu führen.

Das ist unser fundamentales Problem. Und solange wir dieses Problem nicht verstehen und intelligent genug sind, es zu benennen, droht der Staat Israel zu einer Theokratie zu werden, so wie sich die arabischen Staaten aller Wahrscheinlichkeit nach dem Fundamentalismus annähern. Ein Mensch, der unfähig ist zu einer Definition seiner selbst und zur Zufriedenheit mit sich selbst, wird auch unfähig sein, mit anderen einen Dialog zu führen, und so wäre es uns weiterhin verwehrt, normale, vernünftige Beziehungen zu unseren palästinensischen Nachbarn zu entwickeln. Dann bliebe zu meinem Leidwesen die Vision des Staates Israel und des Zionismus eine vorübergehende, historische Episode.

Jedes sterbliche Wesen bemüht sich verzweifelt darum, den Lauf der Zeit aufzuhalten, was wir natürlich nicht tun können. Daher muss sich meiner Ansicht nach auch das

Konzept des Zionismus weiterentwickeln und den goldenen Mittelweg finden, der zu harmonischen Beziehungen nach innen wie nach außen führt. Diese Harmonie kann – genau wie in der Musik – selbst dann entstehen, wenn sie sich aus einander bekämpfenden Elementen zusammensetzt, auch wenn diese stark und radikal sind – vorausgesetzt, jedes Element kann sich voll entfalten.

Ich träume davon, dass alle Probleme, die ich angesprochen habe – die jüdische Selbsterkenntnis, die Beziehungen zwischen dem Religiösen und dem Weltlichen und die Notwendigkeit angemessener, fairer Beziehungen zu unseren palästinensischen Nachbarn – bald gelöst sein werden. Ich glaube, dies ist der einzig mögliche Weg, und ich glaube auch, dass Israel dann ein wichtiges kulturelles Zentrum im Nahen Osten sein wird, ein leuchtendes Vorbild auch für andere Nationen.

Es freut mich sehr, dass die Hebrew University of Jerusalem diesen Ort ausgewählt hat, um mir die Ehrung zu überreichen. Ich fühle mich diesem Haus sehr verbunden, umso mehr, als ich hier, mit diesem Orchester, während der letzten vierzig Jahre häufig aufgetreten bin. Die Bande zwischen uns sind stark, kräftige Bande, die auf gegenseitiger Wertschätzung und professionellen wie freundschaftlichen Beziehungen gründen. Daher betrachte ich die Ehrendoktorwürde als nicht nur für mich, sondern auch für die heute Abend hier auf dem Podium sitzenden Orchestermitglieder bestimmt und darüber hinaus auch für all diejenigen, die in der Vergangenheit wichtige musikalische Erlebnisse mit mir geteilt haben.

Ich hoffe, dies rechtfertigt das Vertrauen, das Sie mir ausgesprochen haben, indem Sie mich mit diesem bedeutenden Titel auszeichnen, und dass ich auch in Zukunft meine Fähigkeiten in den Dienst des Staates als Ganzes und Jerusalems im Besonderen stellen kann.

Ich danke der Hebrew University of Jerusalem und ihren Leitern, dass sie mir diesen Titel verliehen haben, auf den ich sehr stolz bin.

Zur Entstehung

Zur Ausgabe von 1991

Bücher von Musikern sind in den letzten zehn bis fünfzehn Jahren in großer Zahl erschienen. Die meisten davon haben biographischen Charakter, manche geben aber auch Gedanken über Musik oder – vor allem bei den Dirigenten – Gedanken über das Handwerk wieder. In vielen Fällen lässt sich über die Notwendigkeit dieser Bücher streiten, in vielen Fällen geben auch große Künstler, die ständig im Rampenlicht stehen, ihren Namen dafür her, ohne überhaupt eine Zeile selbst zu schreiben, da sie sich von einem Buch zusätzliche Publicity erhoffen.

All dies trifft auf das vorliegende Buch nicht zu. Daniel Barenboim hatte schon seit zehn Jahren vor, seine Gedanken über das Wesen und die Erscheinungsformen der Musik in einem Buch zusammenzufassen. Allein der überreiche Zeitplan des Künstlers, der in den achtziger Jahren nun gleichermaßen als Dirigent wie als Pianist gefragt war, ließ eine Phase der Konzentration und Ruhe, die für ein solches Projekt notwendig ist, nicht zu. Nun ergab sich für Daniel Barenboim nach dem Scheitern des Bastille-Projekts eine Gelegenheit. In der Zeit vor seinem Amtsantritt als Chefdirigent des Chicago Symphony Orchestra – in der er zwar auch einen vollen Terminkalender hatte – konnte er so immer wieder über Zeiträume disponieren, in denen es ihm möglich schien, dieses Buchprojekt endlich in Angriff zu nehmen.

Ich lernte Daniel Barenboim in Bayreuth durch Harry

Kupfer kennen. Da ich aufgefordert worden war, ein Buch über den inzwischen legendären Bayreuther Ring von Daniel Barenboim und Harry Kupfer zu schreiben, kam es zu einer ersten Zusammenarbeit, in deren Verlauf mich Barenboim fragte, ob ich denn Lust hätte, ihm bei der Arbeit an diesem Buch zur Hand zu gehen. Denn eines war klar: wenn er seinen Posten in Chicago im Herbst 1991 endgültig antreten würde, würde auf längere Zeit keine Chance mehr für eine Verwirklichung dieses Projekts bestehen. Selbstverständlich sagte ich sofort zu, zumal ich wusste, dass Barenboim alles andere als einen Ghostwriter oder einen Koautor suchte. Zu diesem Buch existierten bereits eine Menge Aufzeichnungen, und in gemeinsamen Gesprächen diskutierten wir die Struktur und den weiteren Arbeitsverlauf.

Das Ergebnis ist aber trotz meiner Unterstützung ausschließlich ein Buch von Daniel Barenboim, der in der knappen Zeitspanne der eigentlichen Entstehung tatsächlich, wann immer es erforderlich war, zur Verfügung stand. So entstand dieses Buch denn auch zwischen Bayreuth und Chicago, Paris und Dresden, London und Salzburg, Gstaad und Wien. Meine Aufgabe war es, lediglich die vorhandenen Texte zu organisieren und für unser nächstes Treffen vorzubereiten, sodass es Barenboim tatsächlich möglich war, das Projekt in der vorgegebenen Zeit abzuschließen.

Dieses Buch wäre allerdings nicht ohne die spontane Begeisterung und kreative Unterstützung von Lord Weidenfeld zustande gekommen, der das Projekt vom Anfang bis zum Schluss mit Enthusiasmus begleitete.

Ich möchte mich – auch im Namen von Daniel Barenboim – bei den hervorragenden Mitarbeiterinnen dieses Projekts bedanken, ohne die eine Fertigstellung in so kurzer Zeit niemals möglich gewesen wäre.

Wir danken Lesley Fuchs-Robetin, die die überaus schwierige Aufgabe hatte, viele unserer Gespräche und Korrekturen vom Band abzuschreiben und in eine lesbare Form zu bringen, und Gitta Deutsch-Holroyd-Reece, die mir half, die ersten Fassungen des Buches zu erstellen.

Ganz besonders möchte ich meiner Mitarbeiterin Irmelin M. Hoffer danken, die an der Gestaltung und Form entscheidenden Anteil hatte.

Last not least gilt unser besonderer Dank aber Hilary Laurie von Weidenfeld and Nicolson, die dieses Buch nicht nur als Lektorin betreut hat, sondern auch alle multilingualen Probleme, die bei der Entstehung aufgetaucht sind, gelöst hat und mit viel Geduld und Sachkenntnis mit Daniel Barenboim die Schlussfassung redigiert hat.

Michael Lewin, Wien, Juli 1991

Zu dieser Ausgabe

Als im Frühjahr 2000 die Idee entstand, Daniel Barenboims Gedanken zur Musik – zehn Jahren nach ihrem erstmaligen Erscheinen – erneut zu veröffentlichen, stand fest, dass dies keine bloße Neuauflage mit einigen Korrekturen sein konnte, da sich während der letzten Dekade zu viele neue Herausforderungen für ihn ergeben hatten und er selbst seine Ansichten weiterentwickelt hatte.

Der größere Teil des neuen Materials entstand im September 2000 in seinem Berliner Zuhause, und zwar genau so, wie das ursprüngliche Buch geschrieben worden war. Im Verlauf des folgenden Jahres behinderten meine beruflichen Verpflichtungen und auch Daniel Barenboims Reisen um die ganze Welt eine zügige Vollendung des Projekts. Daher bin ich Phillip Huscher sehr dankbar, dass er die Arbeit an diesem Buch mit Daniel Barenboim in Chicago zu Ende führte.

Michael Lewin, Berlin, Mai 2002

Unweigerlich hat das vergangene Jahrzehnt entscheidende Kapitel zu Daniel Barenboims Leben als Musiker hinzugefügt, darunter zwei wichtige Posten in Chicago und Berlin. Seine Arbeit während der letzten zehn Jahre hat mehr denn je gezeigt, dass bei ihm Leben und Kunst untrennbar verbunden sind. Dies spiegelt sich in dieser aktualisierten und um sechs Kapitel erweiterten Neuausgabe von *A Life in Music* [dt. *Die Musik – Mein Leben*] wider. Daniel Barenboim arbeitete an der Neufassung seines Buches zuerst mit Michael Lewin in Berlin, dann mit mir in Chicago, ohne dabei seine umfangreichen Konzertverpflichtungen zu vernachlässigen. Täglich hat er somit die nahtlose Verbindung zwischen Musizieren und Denken, die seine Karriere kennzeichnet, unter Beweis gestellt.

Ich möchte Benjamin Buchan von Weidenfeld & Nicolson danken, der der Vollendung dieses Buches geduldig entgegensah, außerdem den vielen Helfern, die Informationen beschafften, Fehler korrigierten und Fotografien bereitstellten. Dennoch ist dies ganz und gar das Buch Daniel Barenboims und seiner unerschütterlichen Vision von Musik als einem untrennbaren Bestandteil unseres Lebens.

Phillip Huscher, Chicago, Mai 2002

Personenregister

Abbado, Claudio   54, 236
Abboud-Ashkar, Saleem   267
Agoult, Marie Catherine Sophie,
   Gräfin d'   98
Albert, Eugen d'   78, 93
Argerich, Martha   12
Aristoteles   290
Aronowitz, Cecil   116
Arrau, Claudio   11, 73, 88,
   98f., 127, 208

Bach, Johann Sebastian   17, 23,
   27, 58, 78, 103, 117, 144, 181,
   258, 285, 296, 310, 318f., 327
Backhaus, Wilhelm   11, 88
Baker, Janet   165
Ballardie, Quintin   104
Barbirolli, Sir John   93ff., 104,
   168, 171, 184, 311, 315
Bartók, Béla   72, 80, 96, 103,
   130, 134f., 137, 168, 173, 192,
   226, 300
Beethoven, Ludwig van   12, 15,
   21, 27f., 44, 46, 48f., 56, 61,
   66–69, 71ff., 77, 79f., 84ff.,
   91ff., 96, 98f., 101, 115f.,
   118ff., 124ff., 128, 130,
   134–138, 142, 146, 167, 171f.,
   177, 180, 191, 199, 214, 222f.,
   231f., 239, 258, 266, 278ff.,
   292, 296ff., 300, 305, 309,
   312, 315, 327f.
Ben Gurion, David   33, 110,
   154ff., 259

Ben-Haim, Paul   40, 44, 316
Berg, Alban   72, 74, 115, 129
Bergé, Pierre   212f.
Berlioz, Hector   73, 92, 94,
   189ff., 204
Birtwistle, Harrison   232, 320f.
Blomstedt, Herbert   43
Boccherini, Luigi   113
Böhm, Karl   24, 26
Bogianckino, Massimo   32
Boulanger, Nadia   40, 44, 51f.,
   71f., 316
Boulez, Pierre   21, 72, 96, 115,
   129ff., 136f., 166, 168f., 173,
   176, 179, 194, 201f., 210ff.,
   214, 216, 225ff., 232, 236,
   243, 266, 286, 299, 305, 316,
   320, 322
Boult, Adrian   116
Brahms, Johannes   26, 30, 44,
   49, 71, 76, 80, 91f., 94, 96ff.,
   101f., 114, 119f., 136, 138,
   143, 149, 162, 164, 169, 193,
   214, 258, 291, 312
Brandis, Thomas   148
Britten, Benjamin   101, 103
Brod, Max   39
Bronfman, Yefim   58
Brossman, Jean-Pierre   210
Bruckner, Anton   56, 92, 97,
   120, 138f., 169, 171f., 174,
   176, 189f., 193, 195, 214,
   226f., 272, 293, 310, 312
Buber, Martin   39

Busch, Adolf   12, 14
Busch, Fritz   220
Busoni, Ferruccio   78, 88f., 208, 269, 330

Carli, José   315f.
Carter, Elliott   232, 320f.
Casals, Pablo   112, 143ff.
Celibidache, Sergiu   13, 49, 120, 195f., 236, 305
Chéreau, Patrice   201, 211f., 240ff.
Chirac, Jacques   213
Chopin, Frédéric   48, 64f., 70, 73, 79, 113, 120, 127, 299, 314
Cimarosa, Domenico   162
Clark, Graham   235
Cocteau, Jean   50
Comte, Auguste   37
Console, Hector   315
Cortot, Alfred   88
Curzon, Sir Clifford   86ff., 169

Da Ponte, Lorenzo   29, 198f., 208, 214, 227, 242
Debussy, Claude   21, 73, 94, 98, 126, 134, 136, 172, 177f., 190f., 211, 264, 291, 293, 328
Descarte, René   266
Diamand, Peter   197f.
Disney, Walt   71
Dohnányi, Christoph von   212
Domingo, Plácido   234
Dutilleux, Henry   174
Dvořák, Anton   57, 88, 113, 190, 223, 315

Einstein, Albert   327
Elgar, Edward   92, 94f., 143, 174, 315

Eskin, Jules   143
Evans, Geraint   198

Felsenstein, Walter   101
Ferencsik, János   96
Fiore, John   235
Fischer, Edwin   26ff., 87f., 102
Fischer-Dieskau, Dietrich   49, 140, 161f., 165, 199
Fish, Asher   235
Fleming, Renée   246
Francesatti, Zino   60
Franck, César   73, 97, 113
Friedrich, Götz   200, 240, 243
Furtwängler, Wilhelm   11, 27, 45ff., 56, 73, 96f., 104, 122, 127, 167, 180, 199, 244, 280, 314

Garcia, José Luis   108
Genet, Jean   322
Gielen, Michael   30, 236
Gieseking, Walter   11, 88
Gilels, Emil   88
Giulini, Carlo Maria   179, 208
Gould, Glenn   53f.
Goethe, Johann Wolfgang von   258, 260, 266, 298, 327
Gravina, Graf   101
Grieg, Edvard   86

Händel, Georg Friedrich   12, 63, 103
Haydn, Joseph   27, 44, 49, 65, 94f., 113, 137, 297, 318
Heifetz, Jascha   62
Heine, Heinrich   327
Hitler, Adolf   100
Hofmann, Josef   89
Holl, Robert   246
Hollreiser, Heinrich   30

Horowitz, Wladimir 62, 88
Hubermann, Bronislaw 40f.,
 92, 322
Hunter, Ian 102
Hurok, Sol 60ff., 93, 98
Hurwitz, Emanuel 106

Jerusalem, Siegfried 234,
 244
Jones, Philip 102
Jordan, Philippe 235

Kannen, Günter von 235
Karajan, Herbert von 176
Katims, Milton 40
Kauffmann, Bernd 258f.
Kempff, Wilhelm 88
Kertesz, István 139
Kierkegaard, Søren 39
Kleiber, Erich 11
Klein, Alex 237
Klemperer, Otto 73, 91, 104,
 113ff., 127, 138, 166, 180,
 244f., 280f., 311, 323
Kodály, Zoltán 57
Kollek, Teddy 154
Krause, Martin 98
Krips, Josef 52
Kubelík, Rafael 75f., 176, 178,
 223f., 239
Kundera, Milan 285
Kupfer, Harry 203, 208f.,
 211f., 232, 239f., 336f.

Lalo, Édouard 169
Landowska, Wanda 86
Lee, Ella 101
Legge, Walter 104
Leppard, Raymond 103
Leschetitzky, Theodor 88
Liszt, Franz 17, 63f., 73, 79,

86, 88f., 98f., 101, 162, 191f.,
 258, 280, 284f., 321
Lutosławski, Witold 137, 162,
 174, 214

Maazel, Lorin 170
Mahfouz, Naguib 326
Mahler, Gustav 92, 94f., 97,
 162, 168, 176, 178f., 190f.,
 311ff., 318
Markewitsch, Igor 13f., 23, 43,
 45, 51
Mederos, Rodolfo 315
Mehta, Zubin 54ff., 96f., 104,
 179, 212, 236
Meier, Waltraud 234, 244
Meir, Golda 155
Mendelssohn-Bartholdy,
 Felix 75, 149, 169, 280
Menuhin, Yehudi 14, 110, 119
Messiaen, Olivier 132, 137
Michelangeli, Arturo
 Benedetti 88
Milstein, Nathan 148f.
Mitropoulos, Dimitri 74f., 128,
 166, 240
Mitterand, François 212
Molinari-Pradelli, Francesco 60
Monteverdi, Claudio 201
Mortier, Gérard 210
Moses, Charles 76
Mozart, Wolfgang Amadeus 15,
 21, 24, 26ff., 51f., 68, 71, 86f.,
 91, 96, 98, 102f., 108f., 115,
 120, 126ff., 134, 136, 138,
 162ff., 186f., 197ff., 201, 204,
 206, 208, 214, 235, 241, 247,
 269, 280, 285, 297f., 314, 318f.
Müller, Heiner 240, 243ff.,
 323
Munch, Charles 176

Nasser, Gamal Abd el 150
Nat, Yves 88
Norman, Jessye 165

Oistrach, David 14, 31, 41
Ormandy, Eugene 146
Ortega y Gasset, José 10

Paganini, Niccolò 222
Palm, Siegfried 200
Pape, René 234
Pappano, Antonio 138, 235
Perlman, Itzhak 140, 146ff.
Perón, Juan 10f.
Piston, Walter 51
Pitz, Wilhelm 139, 199
Polaski, Deborah 234
Pollini, Maurizio 88
Ponnelle, Jean-Pierre 198f.,
   201ff., 207f., 211f., 240, 243
Pré, Jacqueline du 13, 35, 55,
   66f., 110f., 113f., 116, 140,
   143, 146f., 150, 161, 169, 175,
   184f., 200
Pritchard, John 102
Prokofjew, Sergej S. 15, 62,
   71f., 128
Puccini, Giacomo 56, 94, 101,
   309f.

Quesada, Ernesto de 62

Rabin, Itzhak 251
Rachmaninow, Sergej W. 88
Rau, Johannes 328f.
Ravel, Maurice 94, 128, 134,
   189, 226, 291, 299
Reger, Max 97
Reimann, Aribert 162
Reiner, Fritz 173
Richter, Swjatoslaw 88

Rieger, Fritz 96
Riezler, Walter 56
Röschmann, Dorothea 234
Rosenthal, Ernesto 13f., 23, 30
Rossini, Gioacchino 201
Rostropowitsch, Mstislaw 112
Rubinstein, Artur 11, 13, 19,
   60ff., 74, 77, 102

Said, Edward 265ff.
Saura, Carlos 211
Sawallisch, Wolfgang 43
Scaramuzza, Vicente 12
Schiller, Friedrich 258
Schmidt, Andreas 246
Schnabel, Artur 86ff., 197
Schönberg, Arnold 71f., 91, 94,
   104, 129, 136f., 174, 179, 194,
   232
Schostakowitsch, Dmitri 312
Schubert, Franz 27, 30, 49, 52,
   86, 89, 98, 162f., 169, 187,
   285, 312
Schumann, Robert 61, 70, 80,
   174, 191, 267, 280
Seiffert, Peter 246
Serkin, Rudolf 168
Shakespeare, William 81
Shaw, Robert 169
Singer, George 41f.
Skernik, Abraham 143
Solti, Sir Georg 173, 175f., 179,
   212, 214ff., 223f., 227, 236
Spinoza, Baruch 39, 83, 182, 287f.,
   290, 298, 303, 306, 308, 327
Stein, Peter 211
Steinberg, William 91ff.
Stern, Isaac 14, 41, 58, 62, 145f.
Stokowski, Leopold 71ff.
Strauss, Richard 11, 56, 95ff.,
   116, 173

Strawinsky, Igor 57, 61, 129f., 137, 162, 169, 226, 299, 310, 318, 324
Strebi, Ursula 102
Stresemann, Wolfgang 96f.
Struckmann, Falk 235
Szell, George 166ff., 176

Tansman, Alexandre 71
Thielemann, Christian 235
Tomlinson, John 234
Tortelier, Paul 112
Toscanini, Arturo 11, 40, 73, 92, 95, 220, 322
Ts'ong, Fou 110
Tschaikowski, Peter Iljitsch 76, 113, 147, 172, 179, 223, 324

Ustinov, Peter 198

Verdi, Giuseppe 29, 56, 172, 190, 204, 269, 324, 328

Wagner, Richard 21, 41f., 56, 97, 99, 111, 136, 156, 177, 190ff., 200f., 204, 223, 232, 235, 239f., 244, 246f., 250, 254, 266, 269, 280, 292, 297ff., 310, 312, 318, 322ff., 327
Wagner, Wolfgang 201ff., 208, 243ff., 247f.
Walter, Bruno 97, 323
Webern, Anton von 120
Weigle, Sebastian 235, 261
Wieniawski, Henryk 145
Wilde, Oscar 286
Williams, Vaughan 95
Wolf, Hugo 162
Wonder, Erich 244
Wosner, Shai 267

Young, Simone 235
Yo-Yo Ma 262, 264f., 267

Zecchi, Carlo 54, 59
Zelzer, Harry 93
Zukerman, Pinchas 140, 146, 169

Bildnachweis

Clive Barda 16, 20, 21; EMI Music 26; Ian Hunter 27; Werner Neumeister 33; Dan Rest 39; Monika Rittershaus 31, 40, 41, 42; Rosenthal Archives, Chicago Symphony Orchestra 30; Marion Schöne 34, 35; Maik Schuck 36, 37; Jim Steere 28, 29; Kunio Tsuchiya 32. Alle weiteren Fotos sind im Besitz von Daniel Barenboim.